新编市场营销实务

周　丽　主编

哈尔滨工程大学出版社

内 容 简 介

《新编市场营销实务》是一本基于不同行业市场营销特点的营销实务教材。本教材以行业基本知识为主线，辅之以案例学习，并通过案例学习诠释抽象的行业营销知识，帮助学生加强对主要知识点的认识和理解。主要内容包括汽车行业、旅游行业、医药行业、餐饮行业、航空业等十四个行业（产品品类）的基本概念、市场细分与目标市场、产品策略、定价策略、分销渠道策略和促销策略等，力求让学生在学好市场营销专业基础知识的同时拓宽视野，更加重视行业实操能力的培养。

本教材可作为本专科院校市场营销专业实务类教材，从事市场营销工作人员的培训教材，也可作为有意学习市场营销知识的读者的自学用书。

图书在版编目（CIP）数据

新编市场营销实务/周丽主编.—哈尔滨：哈尔滨工程大学出版社，2012.7

ISBN 978－7－5661－0392－5

Ⅰ.①新… Ⅱ.①周… Ⅲ.①市场营销学－高等学校－教材 Ⅳ.①F713.50

中国版本图书馆 CIP 数据核字（2012）第 163208 号

出版发行 哈尔滨工程大学出版社
社 址 哈尔滨市南岗区东大直街 124 号
邮政编码 150001
发行电话 0451－82519328
传 真 0451－82519699
经 销 新华书店
印 刷 哈尔滨市石桥印务有限公司
开 本 787mm×1 092mm 1/16
印 张 14
字 数 337 千字
版 次 2012 年 7 月第 1 版
印 次 2012 年 7 月第 1 次印刷
定 价 29.00 元
http://press.hrbeu.edu.cn
E-mail:heupress@hrbeu.edu.cn

前　　言

对于企业而言,市场营销是十分重要而紧缺的岗位,但同时也是录用率偏低、离职率居高不下的岗位。形成这种强烈反差的原因,一是企业人力资源管理存在问题,二是应聘大学生对于所进入的行业缺乏必要的了解和认识。历届市场营销专业毕业的大学生在进入具体行业和企业工作后,都有一个共同的心声:市场营销的基础知识固然重要,但是与行业紧密相关的营销知识似乎更加能够帮助自己解决岗位上遇到的实际问题。而《新编市场营销实务》一书即是基于不同行业市场营销特点而编写的营销实务教材。

本书从行业特点和营销策略出发,以培养应用型人才为目标,以提高学生的实际应用能力为主线,注重对学生创新精神和实践能力的培养。本书结合学科特点、培养对象的特点,在知识体系、阐述方法等方面进行大胆尝试,借鉴了国内外市场营销领域的新成果,结合我国的营销实践,将理论与实践巧妙结合。本书主要内容包括汽车行业、餐饮行业、航空业、旅游业等十四个行业(产品品类)的基本概念、市场细分与目标市场、产品策略、定价策略、分销渠道策略和促销策略等,力求让学生在学好市场营销专业基础知识的同时拓宽视野,提高能力,以行业基本知识为主线,辅之以案例学习,并通过案例学习诠释抽象的行业营销知识,帮助学生加强对主要知识点的认识和理解。尽管本书内容不能覆盖所有行业以及行业大类中的细分行业,但是,其编写思路可以教育学生,只有将市场营销基础知识的普遍性与行业营销知识的特殊性结合起来,才能更好地解决工作中的具体问题。

本书由广东肇庆学院周丽副教授负责编写。其中广东工业大学项目管理研究生班的孙静静同学结合其工作经验完成了第四章的初稿。此外,张杰东、蔡玉苹、刘晓彬、罗若禧、黄炎生、梁海冰、赵艳萍、孙瑞芦、赖淑敏等多位学生也参与了本书的资料收集工作。余腾夏先生、蔡玉苹女士也牺牲了大量休息时间对全书进行了文字校对,在此一并表示由衷的谢意!肇庆学院经济与管理学院的丁孝智教授、刘玉勋教授、季六祥教授、盛革教授、龙镇辉副教授、周菁副教授、周雪晴副教授、徐海清老师等在百忙之中审阅了初稿,对编撰工作提出了宝贵的意见,在此深表感谢!

在本书的编写过程中,编者参考了国内外大量的文献,书末附有参考文献,如有遗漏,还望海涵!由于编者水平有限,书中难免有疏漏或错误之处,恳请同行专家和读者不吝赐教,以便今后进一步修改与完善。在此,本人对所有为本书问世作出贡献的单位和个人表示真诚的谢意!

编　者

2012 年 3 月

目　录

第一章　汽车行业市场营销

本章学习要点：

- 基本概念
- 汽车营销渠道
- STP 策略在汽车营销中的运用
- 汽车营销策略
- 汽车营销的发展趋势

第一节　基 本 概 念

一、汽车营销的定义

汽车营销是指汽车生产企业或咨询机构(个人)通过调查,预测顾客需求,把满足顾客需求的、具有自身品牌特色的汽车商品流和服务流从制造商引向顾客,从而实现其经营目的的过程。汽车作为大件耐用消费品,其市场和营销方法不同于其他生活消费品,这也对汽车营销从业人员提出了更高的要求:既要熟悉营销管理方面的基本知识,又要对国家的宏观经济状况、政策和法规等有充分的认识,还要掌握汽车技术方面的相关知识。

二、汽车市场营销的功能

1. 发现和了解消费者的需求

现代市场营销观念强调市场营销应以消费者为中心,汽车企业也只有通过满足消费者的需求,才可能实现企业的目标。因此,发现和了解消费者的需求是市场营销的首要功能。

2. 指导企业决策

企业决策正确与否是企业成败的关键,企业要谋得生存和发展,很重要的一点就是要作好经营决策,企业通过市场营销活动分析外部环境的动向,了解消费者的需求和欲望,了解竞争者的现状和发展趋势,结合自身的资源条件,指导企业在产品、定价、分销、促销和服务等方面作出相应的、科学的决策。

3. 开拓市场

企业市场营销活动的另一个功能就是通过对消费者现在需求和潜在需求的调查、了解与分析,充分把握和捕捉市场机会,积极开发产品,建立更多的分销渠道,采用更多的促销形式,开拓市场,增加销量。

4. 满足消费者的需要

满足消费者的需求与欲望是企业市场营销的出发点和中心,也是市场营销的基本功能。企业通过市场营销活动,从消费者的需求出发,并根据不同目标市场的顾客,采取不同的市场营销策略,合理地组织企业的人力、财力、物力等资源,为消费者提供适销对路的产品，并提供各种售后服务，让消费者满意。

三、影响汽车营销的主要因素

1. 企业实力

对于不同的生产企业，它们的生产规模、资本实力、产品开发能力、企业名声、产品品种等各方面都会存在差异，这就决定了它们的市场营销策略会有较大的差别。比方说，相对于小企业而言，大企业就易于组建自销渠道，同时也容易得到较有实力的汽车经销商的支持，建立规模大、功能齐全、覆盖面广的汽车营销网络和比较完善的汽车服务体系。

2. 产品特性

不同品种的产品在产量、质量、功能、价格、储运和技术服务要求等方面存在差异，促销策略的建立应在综合考虑客户个性化、多样化的基础上，围绕主导产品，发展产品系列，以利于主导产品的市场营销。

3. 市场特性

产品销售的地域，购买者的层次、分布状况和购买习惯，以及市场竞争状况等因素，也影响着市场营销的建立和发展。并且，各企业的目标市场不同也决定了其营销特点不同。

4. 税收政策

汽车税收是国家财政收入的重要来源。汽车用户对汽车税（费）赋的关注程度越来越大，因为汽车税（费）赋在汽车购买的费用中占了一定的比例。汽车税征收过高大大增加了购车用户的经济压力，乱收费会影响购车用户的购车意向，使汽车市场的销售量下降，从而抑制汽车工业的发展。

5. 城市规划、交通网络和公路建设

在城市交通中，轿车具有其他类型车辆所无法比拟的舒适性、方便性和快速性等特点。随着城市普及轿车进程的加快，轿车保有量稳步上升，在城市交通中所占比重日益提高，发展轿车工业对增长经济、拉动内需以及发展城市交通有着重要意义。随着经济的发展，轿车在城市的发展和普及不可避免，我国是人口大国，拥有超过美国的轿车需求量，而现在的问题是城市规划跟不上、交通网络混乱、公路建设不符合标准，这些都必将导致停车场所拥挤、交通堵塞、交通事故增多等现象的发生。可以这样说，将来制约中国汽车工业发展的不是汽车制造技术，也不是汽车能源，而是汽车行驶和停放的空间。

第二节　汽车营销渠道

一、汽车营销渠道的定义

汽车营销渠道指汽车产品（及相关服务或劳务）从汽车生产者（制造商）向汽车消费者（用户）转移时取得汽车产品（及相关服务或劳务）所有权的所有组织或个人，即汽车产品由生产者到用户的流通过程中所经过的各个环节连接起来形成的通道。汽车营销渠道是促使汽车产品和服务顺利地被使用或者消费的一整套相互依存的组织。汽车营销渠道的目标就是使汽车产品顺利地被使用或者消费。汽车营销渠道所涉及的是汽车商品实体和所有权从汽车生产企业向汽车最终消费者转移的整个过程。汽车营销渠道的中间环节可能包括生产者自设的销售机构、批发商、零售商、代理商、中介机构等。汽车营销渠道的任务就是在适当的时间，把适量产品送到适当的销售点，并以适当的陈列方式，将汽车产品呈现在目标市场的消费者眼前，以方便消费者选购。整个汽车营销渠道中流动的内容包括四大部分：商流、物流、信息流和资金流。

二、汽车营销渠道决策

汽车营销高度依赖渠道，即使是最强势的汽车品牌，在对待渠道的问题上也丝毫不敢掉以轻心。由于低成本的需要、信息化的需要和服务资源整合的需要，汽车营销已经进入了渠道时代。汽车营销渠道决策是汽车企业的重要决策之一，直接影响到汽车企业的其他营销决策。从本质上讲，汽车企业建立何种营销渠道最终取决于各种营销渠道对汽车生产企业长期成本和收益的影响对比。绝大部分汽车营销渠道是靠外部力量的结合，要投入大量的时间才能建立起来，它代表汽车生产企业与中间商（汽车销售商）之间的长期承诺，也代表着汽车生产企业的一项营销组合策略的选择。因此，汽车生产企业在选择营销渠道时，必须要注意营销环境的趋势变化，以长期的眼光来规划企业的营销渠道。

三、中外汽车营销模式及发展趋势

1. 中国模式

随着我国汽车营销市场的发展，营销体制、营销模式和营销渠道上的差别在逐渐缩小。国际上各大汽车公司的营销体制在成熟的过程中所体现出来的共性，奠定了产销合一、产销分离和产销结合这三种营销体制的基础。当前，我国借鉴国际汽车产销结合模式建立自己的汽车营销体系，主要有以下四种形式：

（1）代理制和市场责任制。代理商大多是独立中间商，一般从事整车销售代理业务，也是汽车生产厂家的售后服务站。生产厂家对代理商的进货渠道、销售地区、代理佣金及其支付方式等都有明确规定。汽车厂家可将全国市场划分为若干市场区域，通过合理划分市场责任区范围，使各渠道成员保持适度规模经营。

（2）从“四位一体”转向“五位一体”专卖店。“四位一体”即汽车销售、零部件供应、售后服务和信息反馈，这种多功能一体化的专卖店，一般是由汽车厂家统一制定经销商“四位一体”的管理标准、技术标准、服务收费标准，统一培训经销人员和维修人员，最大限度地满足顾客的已知需求和潜在需求。“四位一体”的汽车销售模式的营销队伍素质较高，表现为文化水平较高、接待礼仪规范、服务项目不断扩大、标志醒目、讲究外在形象的塑造等。目前，中国汽车企业市场营销正在经历从“四位一体”到“五位一体”的转型，即在原“四位一体”的基础上加上“汽车召回”。这种多功能一体化的专卖店，延伸了专卖店的服务项目，一般是由汽车制造商统一制定汽车经销商“五位一体”的管理标准、技术标准、服务收费标准，同时为方便服务，对所有同类产品的汽车经销商，其产品销售手续、用户登记及变化、维修服务记录，都实行计算机联网。这种“五位一体”专卖店营销方式，使汽车制造商与汽车经销商充分认识到汽车产品完善的概念。汽车的核心产品、有形产品和附加产品这三个层次都通过“五位一体”专卖店来实现，最大限度地满足客户的已知需求和潜在需求，客观上使汽车制造商与汽车经销商之间结成了风雨同舟的同盟关系，汽车制造商能迅速地通过营销网获取用户的意见和市场信息，区域性的经营也便于统一销售政策。

（3）汽车有形市场。汽车有形市场即汽车交易市场，这种百货超市式的大型汽车交易市场,集纳众多的经销商和汽车品牌于同一场地,形成了集中的、多样化的交易场所,工商、交管等部门现场办公,并设专人协办、代办牌照,既提高购车效率,又降低了交易成本。

(4)汽车园区。汽车园区是汽车有形市场发展的新阶段。汽车园区的目标定位是与国际汽车市场接轨,以轿车为主,商务用车和专用车为辅,以汽车相关产业为重点并涉及递延行业,形成"四位一体"专卖店集群的高中档次的汽车贸易服务园区。园区集合汽车交易、服务、展示、文化等众多功能,体现汽车销售由单一走向集约化、趋同性的趋势。同时,独立经销商和分散的个性化销售也在悄然兴起。汽车经销商中,一批私人、私营、股份制的商家迅速崛起,有的私营或股份制汽车企业或企业集团被多个汽车厂家所看好,成为多个品牌的特许专营,他们正在成为汽车销售服务领域的生力军和主力军。

2. 美国模式

美国汽车销售模式主要由三大渠道构成,分别为排他性特许经销商,只销售一个厂家的某个品牌;非排他性特许经销商,销售不同厂家的几个品牌;还有就是厂家直销。美国汽车销售模式最大的特点就是"专业性"。首先表现在汽车销售的主流模式仍然是汽车专卖店,但大多数专卖店只作销售,少数具有一定规模的专卖店才建有售后服务体系。其次表现在美国的汽车售后服务逐渐趋向专业化经营,汽车销售已经实行销售和售后服务的分离,也就是说,美国的汽车销售是特许经营的,而售后服务则是相对独立的。同时,汽车售后服务也趋向专业化:汽车零配件的专业化、汽车保修的专业化、汽车售后服务的专业化。其汽车销售模式具有"两低三高"的特点:低成本、低投入、高产出、高效率和高素质。

3. 欧洲模式

比起美国汽车销售的专业化经营,欧洲的销售更注重服务的全方位提供和销售网络的建设。其销售体系的建立以生产厂家为中心,分销商、代理商、零售商以合作或产权等为纽带,依靠合同与生产商的利益紧密结合在一起。销售网络通常由两个环节组成,即一级销售网点和二级销售网点。由汽车厂商发货到分销商为一级网点;由分销商发货到零售商为二级网点。在流通体系中一级网点数量较少,而二级网点数量较多。由于在分销渠道的各环节中还存在更多细小环节,如在一级环节中包括几级分销商,二级环节中又有几层代理商,因此这种多层次的分销环节反而导致了低效率和高成本。所以,目前大多汽车分销渠道趋向于少环节、多直销的方式,以降低分销成本,提高分销效率。分销商主要负责从汽车生产厂进货,然后批发给零售商,也就是负责汽车的中转和运输业务,不具备零售功能;汽车零售业务则由代理商或零售商完成,即销售体系中的一级网点负责批发业务,二级网点负责零售业务。这种严密的分工是为了维护各级经销商的利益和长久的合作关系。从20世纪80年代开始,欧洲的汽车兼销店日益发展起来,即零售店同时经营多个厂家的产品,兼销店的产生适应了汽车生产方式的变化和市场的激烈竞争,形成了今天专销店与兼销店并存的欧洲汽车销售的多元化局面。

4. 日本模式

日本的销售渠道体系有两种流通模式:一是独立经销商经销;二是厂家出资、经销商进行销售。日本汽车销售模式以地区经销店为代表,业务构成分三部分,即新车、二手车和售后服务。地区经销总店一般负责一个地区的品牌销售,经销总店下设若干分店,遍布全县。总店具有全套功能,包括整车销售、旧车交易、维修和配件销售等,并负责组织该地区统一进货;分店的功能除了整车销售外,至少提供一些易损配件和具备简单的维修设备。日本汽车销售的模式灵活多变,不同品牌的销售方式不尽相同。以日本最大的汽车企业丰田为例,很多销售丰田汽车的品牌店是由厂商直接出资参与的,而其销售网络发展至今已形成多种渠道,包括厂商直营等营销模式。

丰田汽车从丰田品种多、受众范围跨度大的特点着手,设立了丰田店、丰田PET店、丰田花冠店和NETZ这四种类型的销售通道,销售不同型号的汽车以及提供不同的服务。下属店铺的规模也是风格迥异,既有大型丰田展示馆,也有露天二手车交易市场,还有常见的普通经销店。这种灵活多变的大型销售体系,有助于面向不同的受众群体,开拓更广的市场份额,对中国汽车营销模式的构建极具借鉴意义。

第三节　STP策略在汽车营销中的运用

随着我国国民经济的发展和加入世界贸易组织,国内外环境的变化给我国汽车工业带来了新的挑战和机遇,汽车营销行业也面临着巨大的市场机会。汽车营销的理论方法有很多,其中一种重要的方式是STP营销战略。现代市场营销十分重视STP营销,STP营销即汽车市场细分化(Segmentation)、选择汽车目标市场(Targeting)和汽车产品定位(Positioning)。当今社会汽车销售竞争激烈,消费者的需求千差万别,企业无法在整个市场上为所有用户服务。慧聪行业研究认为,企业不应试图在整个市场上争取优势地位,而应该在市场细分的基础上选择对本企业最有吸引力并能有效占领的那部分市场为目标,并制订相应的产品计划和营销计划为其服务,这样企业就可以把有限的资源、人力和财力用到能产生最大效益的地方,确定目标市场,为企业及产品在目标市场上树立一定的特色,选择那些与企业任务、目标、资源条件等一致的市场空间,塑造预定的形象,以取得竞争的优势地位。

一、汽车市场细分化

市场细分,就是企业根据市场需求的多样性和购买者行为的差异,把整个市场(即全部用户)划分为若干具有某种相似特征的用户群(即细分市场),以便执行目标市场营销的战略和策略。每一种产品都有购买者,由于种种因素,不同的购买者有着不同的需求,任何一个大企业都不可能全部给予满足,为所有的购买者提供有效的服务。因此,每个企业都应当依据一定的标准对市场进行细分,确定自己在市场竞争中的地位,搞好销售。日本的本田公司就成功地运用市场细分化使自己的摩托车在美国占有一席之地,扩大了自己的目标市场,针对不同的目标市场制定了有区别的营销策略,进行针对性营销,这是它在美国市场取得辉煌胜利的关键。本田公司所选择的目标市场是差异性市场策略:当时的美国摩托车企业只是针对专业车手、喜爱摩托车的人,而本田公司意识到了潜在的顾客需求,并积极采取各种方式开发这部分顾客,通过广告宣传淡化人们对那些“空黑皮夹克的摩托车手”的成见,重新定位了摩托车在美国人头脑中的地位,并且针对行使方便、安全省钱的交通工具这一细分市场的特性吸引了潜在的消费者,营销的关键是要使他们放心、安心地使用摩托车。在本田公司的市场细分中,从消费市场的角度来看,其主要是以年龄、性格、利益等因素作为细分的因素。

二、目标市场营销

在现代营销活动中,对任何企业而言,并非所有的环境机会都具有同等的吸引力,由于资源有限,也为了保证资源有效,企业的营销活动必然局限在一定的范围内,确定具体的服务对象,即选定目标市场。企业选择目标市场是在市场细分的基础上进行的,通过分析细分市场要求满足的程度,去发现那些尚未得到满足的需求,相应地确定准备为哪些细分市场提供服务。

仍以本田公司在美国销售摩托车为例。第二次世界大战期间,针对新出生的这代人的特点,在细分市场的基础上,认为注重年轻人个性的产品一定会流行起来,推出了相应的个性化产品,并取得了很大的成功。越南战争期间,由于社会原因,市场的需求又发生了很大的变化,此时本田将目标转向妇女,在妇女们的需求基础上,对摩托车的价钱、质量和外形颜色等方面作了修改,再次赢得了市场。

从本田成功进入美国摩托车市场并获得了巨大的成效中可以看到,本田公司在经过分析、衡量后,选择了差异性市场营销策略,应用了 STP 营销策略。虽然生产成本和营销费用会相应地增加,但是,本田公司应用市场细分和差异性市场营销战略,获得了巨大的成功,这一点是无可争议的。其后本田公司凭借其摩托车在美国销售的成功经验,又如愿以偿地把本田汽车成功地推向美国市场,同样也采取了市场细分化策略,以其节约能源、小巧轻便的优势而深受美国消费者欢迎。

三、市场定位

所谓市场定位,指的就是企业根据用户对所生产产品的需求程度,根据市场上同类商品竞争状况,为本企业产品规划一定的市场地位,即为自己的产品树立特定的形象,使之与众不同。市场定位的过程就是在消费者心目中为公司的品牌选择一个希望占据位置的过程。

福特 T 型车是一个很好的例子。T 型车具有自己的独特之处,浑身上下找不到一丝装饰或华而不实之处,百分之百地实用,它的车体轻而坚固,且性能求精,普通人也买得起。T 型车一投入市场就受到广泛的欢迎,它之所以跃居当时各类汽车销量之首是因为农民正需要这种车,普通人又都买得起。它的机械原理极为简单,外行人也容易掌握。与当时其他类型汽车相比,T 型车具有经久耐用、构造精巧和轻盈便利的优点。福特汽车公司这一时期的盈利情况也证明福特关于生产廉价车的决定是无比明智的。T 型车仅用一年时间就跃居畅销车之首,成为第一号盈利车。这一年出售了 1.1 万辆,在销售量和利润方面均超过其他汽车制造商。大众化产品策略为福特公司找到了自身的市场定位,因而赢得了巨大的市场发展机会。第二次世界大战期间,福特公司为适应战时需要,转产飞机发动机等产品,由埃德塞尔·福特发起的庞大的战时计划,在不到 3 年的时间内一共制造了 8 600 架四引擎 B-24“解放者”轰炸机、57 000 台飞机发动机以及超过 250 000 台的坦克及其他战争用机器。在第二次世界大战中,福特公司的杰出表现为其赢得了口碑,树立了良好的企业形象。

从以上两大汽车工业财团的成功事例中,我们可以看到其灵活地运用了 STP 营销策略,赢得了市场和消费者。近年来,我国经济发展迅速,汽车工业也开始迅速崛起。我国汽车市场产销发展迅猛,但是由于市场环境急剧变化,使我国汽车产业面临重组和整合的压力,企业利润不断下降。这就迫使汽车企业不断地适应市场变化,寻找新的利润增长,从而获得长足的发展。对于我国的汽车生产企业来讲,现实的可行之路就是必须迎合市场需求变化、提高服务水平、建立自主品牌、选择适合的销售模式,只有这样才能够在更加激烈的竞争中寻求自身的发展。

第四节　汽车营销策略

一、文化营销

从目前全国汽车销售市场来看,技术含量已经不是影响某一车型市场占有率的主要因素,由汽车带来的或者改变的生活更被人们所关注,因为迄今还没有任何一件产品能够像汽车那样,对人们的出行交往、生活观念、人类的资源能源环境等众多方面产生如此强烈而深远的影响。

回顾过去,我国的汽车市场从供不应求到价格战、促销战,汽车营销逐渐从低层次向较高层次演进,进入营销和文化相结合的时代。实施文化营销,将是今后我国汽车营销的发展趋势之一。综观汽车市场,文化营销逐渐成为企业重要的营销手段,越来越多的汽车企业正在通过文化营销的方式进行品牌传播,树立美誉度,促销产品,对消费者进行潜移默化的影响,最终达到促进销售的目的。

东风风神一直以“从容进取,品质生活”为自己的品牌理念。借助支持“征服五大洲”品质之旅活动,东风风神帮助广大消费者实现环游世界、享受品质生活这一梦想。在整个活动期间,东风风神招募了征服五洲阶段车手6名和助威选手3名,另在三大洲行程中,分别招募了2名消费者参与部分路段自驾,6名征服五洲阶段的车手全部通过抽奖形式产生。在此次活动中,我们看到,既有自驾游爱好者的参与,同时也有消费者和网友的参与,这就形成了良好的互动,对于品牌形象的传播将起到很好的作用。

回顾汽车营销理论的发展历史,一个显著的特征就是文化涉及的价值观念、社会思想、社会关系等因素在汽车营销中的作用越来越大,分量越来越重。现代营销理论告诉人们,消费者在购买汽车时,并不仅仅只是购买汽车产品本身的使用功能,实际上还包括汽车所蕴含的文化内涵。人们在享受汽车本身的功效时,也获得一种超出汽车本身的精神满足。汽车营销过程在实物上表现为产品传递以满足需要的过程,而在内层方面,则是一种文化价值的传递和达到满意的过程。在一定意义上,现代汽车营销是物化营销和文化营销的结合,汽车营销离不开文化,汽车品牌体现的更是文化价值的发掘与传递。在汽车日益同质化的今天,随着市场竞争的激烈和消费者的逐步成熟,与其说我们在销售汽车这种有形产品,不如说我们在销售汽车产品的品牌文化。用文化来赢得目标客户的心,将是一种非常重要和有效的营销手段。

二、品牌营销

目前在国内汽车销售市场上,初次购车者仍占多数,但二次以上购车群体增长很快,较早拥有私家车的汽车消费者,已经开始换车或计划购买第二辆车,汽车所带来的生活便利越来越深入人心。对汽车营销人员来说,维系老客户的稳定关系,并从提高老客户对产品的满意度入手来促进持续营销,可以开拓更大的市场空间,而持续营销的关键要看客户对现有产品是否满意,从而保持对品牌的忠诚度。

客户忠诚度是指客户因为接受了产品或服务满足了自己的需求而对产品本身或产品服务产生的心理上的依赖及行为上的追捧。客户忠诚度是客户忠诚营销活动的中心结构,是消费者对产品感情的量度,反映出一个消费者转向另一品牌产品的可能程度。当该产品在价格或产品特性上有所变动时,消费者受到竞争行为的影响程度并没有提升。所以客户忠诚度是反映消费者的忠诚行为与企业未来利润相联系的产品财富组合的指示器,客户对企业产品的忠诚将能够直接转化成未来的产品销售。

目前,趋同化效应已经成为困扰全球汽车企业的难题,经济全球化使得地球村效应日渐明显,企业在管理手段、生产技术和经营模式方面越来越没有秘密,汽车产品的质量和价格越来越失去差异化。趋同化效应导致消费者购买习惯变化容易,不利于形成稳定的客户忠诚度,造成汽车企业的销售额不稳定,难于准确预测市场占有率。以提高客户忠诚度为目的的营销策略可以使企业广结人缘,同客户形成稳定的营销关系,保持和发展客户,提高市场份额,增强企业竞争优势。

对汽车企业来说,客户忠诚度是一笔巨大的财富,主要体现在以下两个方面:稳定企业销售额,降低宣传成本。众所周知,吸引新用户比保持现有用户的营销费用要高很多,故保持老客户显得尤其重要。取得老客户的信任,并在互惠的基础上形成长期稳定的合作关系,可以利用比较低的成本和有效的营销手段将顾客忠诚度逐步提升。客户形成产品忠诚度后就会产生重复性的购买行为,且对竞争对手的促销活动无动于衷;客户也会直接影响到朋友或家人对产品的购买行为,从而起到宣传效应,使企业降低宣传成本,提高市场占有率,形成良好的形象效应和口碑效应。美国汽车工业调查显示,一个忠诚的客户会引起8笔潜在的生意,其中至少1笔能成交;反之,一个不满意的客户会影响25个人的购买意愿。客户的产品忠诚度会造成客户在某些场合时不时地流露或表达出产品及其服务的优点,这本身就是企业免费而且有效的广告宣传资源。通过营销活动能让客户成为一个义务的推销员,他的推销比企业派出的任何一个营销员都更具说服力,而且口碑效应和形象效应对企业来说意义匪浅。

三、低碳营销

在低碳经济条件下,汽车企业为贯彻汽车产业发展政策,适应汽车制造标准不断提高的需要,赢得市场竞争优势,积极满足消费者低碳消费的需求,汽车企业应以低碳观念为指导,积极开展绿色营销。主要内容表现为以下几个方面。

1. 强化绿色营销观念

绿色营销观念要求企业在发展中坚持可持续发展,并要保护好地球的生态环境,追求经济和生态的协调可持续发展,以实现企业利益、消费者利益、社会利益及生态环境利益的统一。首先,要树立绿色营销的需求观。汽车这种产品对安全性要求高,并在其运行中对环境产生的影响大,其质量和性能的好坏直接危及消费者的人身和财产安全,并直接影响着环境的好坏。因此,企业必须重视对产品全面性的研究,满足顾客对产品的各种要求,这包括对美好生存环境的需求,对安全、无害的生产和消费方式的需求,等等。企业要能发现需求、满足需求,而且要引导需求,应积极主动地引导消费者进行合理消费,避免不合理需求引发不合理的生产和消费方式。其次,要树立绿色营销的资源观。企业要协调需求和自然资源的供给关系,科学开发、合理利用和节约资源,高效率地利用资源。第三,要树立绿色营销的环境观。企业要把环境保护作为营销活动的导向之一,关注人类对环境质量的需求,并将其贯彻到企业的整个经营活动中。第四,要树立绿色营销的效益观。正确处理和协调经济效益、环境效益和社会效益三者的关系,使三者达到统一。

2. 重视低碳产品研发和设计

低碳产品研发是企业绿色营销的源泉和起点。低碳产品研发要力求在整个产品循环中做到:减少非再生资源的消耗;节省原料和能源;使产品容易回收;低污染或无污染;不危害消费者身心健康。在2010年主题为“畅想绿色未来”的北京国际车展上,990款新车中,有95款新能源车亮相,国内外车企以前所未有的绿色阵营“亮剑”车展,涌起了一股强劲的全球低碳浪潮。如BMW高效混合动力7系;全球首发的雪佛兰VoltMPV5电动概念车;沃尔沃推出的零排放C30电动车,展示了沃尔沃汽车在环保领域的突破性进展;凯迪拉克Converj概念车应用创新电力驱动技术,不但拥有澎湃动力,而且实现零油耗、零排放,充分体现凯迪拉克在发展绿色环保产品中所取得的成就;奥迪e－tron——全球第一款纯电动超级跑车四驱版,可以达到200千米的最高时速,并可实现250千米的续航里程,将纯电动汽车的性能提高到了一个新境界。目前,奥迪又推出了更为贴近实用和量产的A1etron,作为与原型车A1同步亮相的电动车型,A1etron定位于未来绿色都市之车,通过增程发电机可以实现超过200千米的续航里程;东南汽车带来了国内首款纯电力轻客——得利卡电动车,不仅具备了极高的安全性,更可实现充满电后长达150千米的驾驶里程,得利卡电动车可以支持简易的家庭充电模式,直接利用任何普通电源进行充电,百千米耗电仅16度,费用在10元左右,仅为汽油车的15%,而且噪音小、零排放,真正做到节能环保。

3. 推行清洁生产方式

联合国环境规划署工业与环境规划中心于1989年首先提出“清洁生产”,并将之定义为将综合预防的环境策略持续地应用于生产过程和产品中,以便减少对人类和环境的风险性。对生产过程而言,清洁生产淘汰有毒材料,并在全部排放物和废物离开生产过程以前已经减少了它们的数量和毒性。对产品而言,清洁生产策略旨在减少产品在整个生产过程对人类和环境的影响。清洁生产的内容有四个方面:首先是清洁的能源方案,提高现有能源利用效率,加速开发可再生新能源;其次是清洁的物料资源方案,清洁地使用原辅材料,提高利用率,加速有毒、有害原辅材料替代技术的进步与应用;再次是清洁的生产过程方案,主要是在生产工艺、生产设备、生产自动化控制、生产过程的现场管理方面,尽量采用循环利用、再资源化、综合利用技术;最后是清洁的产品方案,改善产品使用过程对人体健康和生态环境所产生的不良影响和危害,使产品失去使用功能后易于回收、再生、复用等。

四、网络营销

传统媒体广告市场份额持续下降,其中,相当大的市场份额被网络广告市场所抢占。随着网络内容的日渐丰富,以及面向中产阶级的网站的崛起,汽车市场的网络营销趋势将势不可挡。同时由于网络广告市场的精准性、互动性,以及内容丰富、黏性高和成本低等特点,均将为汽车广告主带来超值回报。例如,丰田锐志不仅在新浪、搜狐等国内主流门户网站的汽车频道上有计划、有规模地投放广告,而且还实施网络公关,制造了“中级车价格将要崩溃”“锐志将打响价格大战”“中级车市的定时炸弹”等说法,人为地为消费者设定了较高的价格心理保险,为锐志的上市和目标客户的设定奠定了基础。锐志还将线下活动与网络营销充分结合起来,在邀请日本专业赛车手驾驶锐志为观众带来漂移表演的同时,还专门为活动建立网站,让网友在游戏中体验漂移的激情,同时在网友注册环节还完成了一次潜在用户的消费调查。

五、公益营销

自2006年比尔·盖茨等国际富豪和华人首富李嘉诚等宣布要捐赠巨额财富以来,公益营销就成为了企业家们关注的热点话题。不仅如此,如今上市公司不仅要发布财务报告、法律风险报告,还需要发布一份企业社会责任报告,这份企业社会责任报告就是披露企业从事的公益、慈善的投入。中国汽车营销进入了公益时代,中国汽车企业将会更多地通过选择公益营销模式来获得企业、慈善机构、受众群体及客户的多方共赢。汽车企业由于属于资金密集、技术密集和人才密集的高科技产业,处于产业链条的上游位置,因此承担一定的社会责任就成为其义不容辞的选择。当然,精明的由外资主导的汽车企业是不会错过这种借好事扬名的机会的。综合来看,汽车企业的公益行为主要集中于教育、体育、友好事业、质量建设和环保等领域。

六、体育营销

体育是人类共同的事业,赞助体育或者进行其他形式组合的体育营销,其观众注意力、品牌渗透力和影响力,是其他类型广告所不能达到的。其传播效果易被接受,而其追求速度的特性又使得汽车与体育有着千丝万缕的联系(赛车本身就是一项体育运动)。汽车品牌参与体育营销有着很长的历史,从经验看来,成功的体育营销必须是找准汽车品牌和体育赛事品牌的定位,并且力争锁住专一项目,长久坚持下来,便成为专业领域的盛大赛事,只有这样,才能产生强大的品牌影响力。

七、娱乐营销

娱乐营销正在为企业创造多元化的价值,娱乐营销可以在短时间内提升企业知名度,打造美誉度;娱乐营销可以快速推广新产品,宣传新概念。如果企业能够在消费者体验的接触点注入娱乐的元素,在提供产品和服务的同时,想方设法为他们提供更多的娱乐,就会取得更大成功。

八、色彩营销

在汽车外型日趋同化的今天,色彩已成为区别汽车造型的关键因素之一。在“眼球经济”时代,如何能让产品脱颖而出,吸引更多的消费者从而占据市场,不少专家开始着眼色彩这一随处可见的要素。色彩营销在不少行业中已经被引起重视,不但在服装、家纺行业中大行其道,电器电子产品也争先恐后以“色”诱人,比如佳能的“你好色彩”相机、摩托罗拉的“色彩旋风”手机。汽车的颜色也同样重要,不同的颜色就像不同的衣服,展现汽车不同的风味。在现代汽车销售中,色彩作为“无声的劝说者”,正在展现着日益突出的营销魅力。色彩营销已经成为21世纪汽车企业获取竞争优势的重要手段之一。

第五节　汽车营销的发展趋势

一、全民营销取代独角营销

长期以来,汽车厂商扮演着营销舞台上的主角,或者说汽车厂商主导市场营销。不过,消费者"当家作主"的时代正在来临,消费者在营销舞台上的声音渐高。如今,正处于以汽车厂商为核心的独角营销向全民营销发展的急速过渡期。这促进了营销舞台上主角的多元化,同时也使营销更加复杂化。从营销参与主体的角度看,营销可以划分为三个阶段:第一个阶段是汽车厂商职能部门营销阶段。汽车厂商内部的职能营销部门担负着汽车厂商营销重责,承担着推销任务。在这一阶段,营销的主要任务就是销售与客户关系的维系。第二个阶段是全员营销阶段。在这一阶段,汽车厂商内部的营销职能开始分化,诸如营销职能被分解,分化为市场、销售、信息、服务等职能,并成立多个部门来承担这些营销职能。同时,汽车厂商内部各个部门及全体员工都开始树立营销意识,直接或间接地服务于企业营销。第三个阶段是全民营销阶段。全民营销的概念已经超越了汽车厂商全员营销的概念,将营销从汽车厂商内部引向了汽车厂商外部,乃至全社会,或者说混合营销时代来临。Web2.0时代的到来,人人都成为媒体,人人都成为营销者。在很多时候,一些社会力量与社会群体会"不请自来",参与到汽车厂商的营销活动中。在这种情况下,汽车厂商从营销规则的建立者演变为营销规则的统一者,由市场秩序的主导者转变为市场秩序的规范者。

二、绿色营销战略取代绿色营销口号

"低碳经济"的旋风,汽车厂商环保责任义务化,以及消费者消费绿色化,都成为助推汽车厂商开展绿色营销的动力引擎。然而,很多汽车厂商开展绿色营销却仅仅是局部操刀,即仅在产品推广阶段打绿色牌,诸如开展一些关于节能、减排、环保等方面的公益活动。这种局部化操作只能在品牌形象塑造方面发挥非常有限的作用,无法从根本上促进产品销售以及真正打造绿色品牌。绿色营销的本质是以品牌为核心的全程绿色化营销,以打造绿色营销链为目标。绿色价值链是传统价值链的拓展,是从汽车产品设计、材料采购、产品制造、产品营销、物流配送、产品消费直至产品回收再生的动态闭环流程。打造绿色价值链,不但把绿色价值最大化,更把绿色价值战略化。汽车厂商打"绿牌",最终是要把自己打造成环境友好型品牌,或者资源节约型品牌,抑或公众亲和型品牌。打造绿色品牌是必经之路,既是汽车厂商的社会责任,又是汽车厂商的市场责任,更是汽车厂商的自我发展责任。

三、精益营销取代粗放营销

在中国,汽车厂商营销历经三个阶段:粗放营销阶段、系统营销阶段与精益营销阶段。最终,汽车厂商营销要步入"微营销"时代,即注重细节、效率与效益的时代。营销管理越来越注重科学管理的元素,越来越强调营销全业务链的整体配合效率,越来越注重管理的动态性、可持续性,以及管理的精细化、投入的可测量化。实施精益化营销,其核心是精心规划与管理,提高投资回报(ROI),获得更大的投入产出比;或者说,使营销过程逐步趋于精细化,使营销结果趋于可视化。需要强调一点,精益营销并不仅仅是减少不必要营销资源与要素投入,以此来扩大投入产出比,同时也是增加营销资源与要素有效投入的概念。但是,在增加的前提下,一定要获得更为合理的投入产出比,这才是关键。

四、互动营销取代单向营销

长期以来,大多数汽车厂商作营销的感觉就是三个字:累、苦、难。即便汽车厂商使出浑身解数,也未必能够赢得消费者的芳心。究其原因,就是消费者不再喜欢汽车厂商灌输式、填鸭式的单向营销,或者说以汽车厂商为核心的干扰式营销,这让消费者倍感疲劳——需要去识别信息、需要去理解产品、需要去比较抉择……繁杂、陌生、恐惧、顾虑等对消费者来说都是成本。但是,汽车厂商如果在产品研发、生产、销售等关键环节下足够的功夫,或许产品还没出厂,就已经被消费者从心里订购了。消费者希望被汽车厂商重视,希望被汽车厂商尊重,而被重视与被尊敬的前提就是“彼此接近”。“彼此接近”有两层含义:第一,汽车厂商主动接近消费者。过去,汽车厂商的接近办法是“请进来”,诸如邀请消费者小组进行座谈,或进行产品与营销测试。现在则需要汽车厂商“走出去”,走到消费者的实际消费情境中去,去体验、感受与发掘消费者的真实需求。通过开展参与式营销,获取有益于消费者的真实需求信息。第二,让消费者获得参与机会。消费者正在强权化,消费者的知情权、话语权、参与权越来越强烈,参与已经成为消费者的一种附加需求。

五、个性营销取代大众营销

如今,市场需求越来越显差异化、细微化,这体现为消费者个体需求的个性化。在这种情况下,汽车厂商需要精确营销,消费者需要精确购买。那么,汽车厂商要打好两张营销牌:第一是群体营销牌,以生活方式营销为主流趋势。著名营销专家科特勒把营销定义为“塑造并传递一种更高标准的生活”。在这里,“更高标准的生活”不是指生活质量,而是指生活方式,而生活方式是由生活形态决定的。第二是个体营销牌,以定制营销为主流趋势,即汽车厂商在大规模生产的基础上,将每一位消费者都视为一个单独的细分市场,根据个人的特定需求进行市场营销组合,满足每位消费者的特定需求。诸如新辉腾上市,就推出全新个性定制。在辉腾定制中心,消费者不仅得到一对一的服务,还可以根据个人喜好自由选择各种配置、内饰材料、颜色搭配等,最大限度地满足了个性化需求。不仅如此,经销商也可以采取定制,使汽车厂商针对不同经销商提供定制化服务。诸如河南中植汽车销售服务有限公司,根据多年的销售经验发现,那些追求汽车个性化的消费群体大多是以家庭为单位,而这些人群更多关注的是汽车的性能稳定、时尚安全、节能舒适、价格合理。经过充分论证,河南中植委托奇瑞公司按照河南市场特点及客户需求定制生产。

六、简单营销取代复杂营销

很多汽车厂商在营销上走进了一个误区,觉得投入越大、力度越大、动作越多,就越容易促进产品销售。于是投入更多的资金、打造更多的品牌、组建庞大的营销组织、推出更多的产品、占有更多的销售渠道、制定更多的促销政策、采取更多的媒体广告投放、提供更多的销售服务……这样只能把营销复杂化,从而陷入过度营销的泥潭。营销家亨利·大卫·梭罗指出,营销需要“简化,再简化”。简单是一场革命,简单是一个趋势,可以为汽车厂商增加非凡营销力。

七、管理口碑者取代放纵口碑者

虽然汽车厂商非常重视并强调“口碑”，但对于口碑的形成与传播，却始终处于一种放任自流的状态，现在看来已不合时宜。理由有三：其一，传播主体多元化。如今，除了现实消费者，汽车厂商、代言人、新闻媒体等都可以成为口碑的传播主体，甚至潜在消费者也拥有了“发言权”，或者以好传好，或者以讹传讹。其二，传播方式多元化。由单纯的关系人之间的口耳相传，到如今口耳传播、网络传播（论坛、社区、博客等）等多元传播方式，使口碑的传播速度与效率剧增。其三，传播管理困难化。网络社会化以及媒体个人化，直接导致口碑具有了病毒效应。传统口碑营销的精髓为“用别人的嘴来塑自己的品牌”。其实，别人的“嘴”是靠不住的，更何况口碑有正口碑与负口碑之分。因此，汽车厂商必须打破传统口碑营销理论的桎梏，积极参与到口碑营销中去，积极进行口碑引导，“用自己的嘴带动别人的嘴”。还有一个关键，那就是负面口碑的控制，不给负面口碑“惹祸”的机会。

八、营销快乐取代营销产品

消费者在产生某种情绪状态的时候，也往往会选择一些产品进行情绪的释放与表达，舒缓内心的不满与不悦，使自己恢复平静甚至快乐。随着汽车品牌数量的增多和市场竞争的加剧，汽车营销正从“程序化”转向“人性化”，并从提高客户“满意度”向“快乐度”转变。如今，生活压力倍增，这似乎是大家共同的感觉。贩卖快乐似乎很容易引起共鸣，并借此迅速获得消费者好感。北京现代伊兰特悦动是如今车市畅销家用轿车，不仅车名起得听起来令人快乐，而且在销售中提倡“快乐卖车和快乐用车”。同时，在卖车过程中，也努力为消费者制造快乐：针对特殊客户设置贵宾室，针对儿童设置了游乐园，针对高端客户设置了图书角……汽车产品不仅要带给消费者快乐体验，即购买并消费汽车的结果快乐，更要在营销过程中让消费者感到快乐，让消费者在营销氛围中享受快乐，而并非局限于在营销过程中开展娱乐化营销。对于汽车行业来说，快乐营销的操作点很多：产品快乐化——良好的驾乘体验、赏心悦目的产品色彩、易于操作的便利性等；传播快乐化——快乐的销售主张、具有娱乐性的传播活动、适时适度适量的媒体传播等；体验快乐化——参与产品试用体验、对消费者参与进行激励、开展快乐主题性活动等；服务快乐化——超乎预期的增值服务、舒适贴心的回访服务等。

习题

1. 汽车营销的基本概念。
2. 简单介绍汽车营销渠道的类别。
3. 如何运用 STP 策略促进汽车营销？
4. 谈谈汽车营销策略的主要内容。
5. 谈谈汽车营销的发展趋势。

案例学习及讨论

案例1 宝马系列电影中的营销学

吸引导演的不仅仅是与宝马这样一个卓越的公司一起工作,同时他们也渴望这样一个立竿见影的项目。这些电影短片总共花掉了1 500万美元,而这个花费大约是拍一部30秒电视广告费用的10倍,但这一系列短片的国际化气质和品位,很好地契合了互联网全球化的特质。所有的这些影片,都花了不到两周的时间去拍摄,而每部影片也只有8~11分钟的长度。这些影片能够在网上下载,并且被宝马到处推广——这些广告都可以在宝马的电影频道上下载,而不是在宝马的官方产品和销售网站。宝马的创意团队相信:这样的安排,与销售网站保持一定的距离,对于使这个项目从商业广告中脱颖而出非常重要。

在短短的几个月之内,宝马电影频道吸引了900万受众。不管是宝马的消费者,还是宝马的潜在消费者(他们中的许多人因为收入或者生活方式的影响,缺乏购买宝马的能力和动力),都在网站上的评论区热烈地讨论每一部影片。众多的媒体都留意到了这个有创意的突破,并仔细观看了这些影片,因为它们充分展现了电影的特色。《时代》杂志的电影和文化专栏记者理查德·科里斯(Richard Corliss)就写道:“运用于新媒体和高档品牌的终极方式终于到来了……它确实值得挑剔的电影观众的关注。”

007电影中使用的宝马Z8

Media Metrix,一家从事调查网络访问量和“最热新网站”的公司,曾调查过宝马电影频道,因为它在6周内吸引了787 000名访问者。对于宝马来说,这6周的访问量已经超过了原来6个月内的访问量。而这些访问者又恰好都是宝马的目标客户群。另一个重要指标,就是这些人都有很大比例的可支配收入。这些加起来能够与在NBC的《老友》电视剧间插播一个30秒的广告相抗衡,因为在那里宝马同样可以接触到1 000万个年收入在30万至50万美元之间的用户。宝马开始生产另一系列的电影短片。

对于2002年那一系列的“The Hire”电影短片的回顾证明,他们同前辈2001年的电影短片一样成功。《广告周刊》杂志的芭芭拉·利帕特曾说:“对于狗尾续貂之事往往有越来越差的诅咒,但是这次的三部后续影片却非常精明、非常具有挑战性,而且非常耐看。”

在广告战中,10%~15%的费用会花费在制作上,而剩余的大笔费用将花费在广告的发行上。宝马的电影却颠倒了这个比例,80%的费用花费在了制作上,使得广告非常之诱人,以至于其消除了广告发行需要的大量费用与作媒体发行的需求。

这彻底改变了广告的模式。许多消费者通过朋友的电脑观看这些影片或者从朋友那里得到影片进行观看,却没有访问这些网站。另外,宝马还发行了数以万计的DVD。而至于那些通过卫星电视和有线电视观看这些电影的观众就难以统计了。这些数百万次与消费者的接触,使得宝马收集到了数百万浏览网站的用户的E-mail地址和其他相关信息。

这种方式的奇妙之处在于,不是向消费者"填鸭式"地推广广告信息。在这个方面,可以说是宝马一反传统、反其道而行之的市场营销手段,创造了最有效的品牌塑造实例,超越了公司进行广告战的历史。

《纽约时报》的评论家卢巴斯曾这样评论道:"传统的广告并不会消失,但是我们却必须延展我们的广告组合去感动那些难以接触到的人群。去感动这些难以接触到的人群的方式,就是让他们来接触你。因此,这样的方式就要求一种全新的有创意的工具。"

资料来源:

《宝马的营销创新:宝马电影中的营销学篇》,摘自《网上车市》,2011-09-22,http://news.cheshi.com/20110922/

讨论题:

1. 如何定位新媒体和高档品牌的关系?
2. 宝马系列电影营销给我们的启示是什么?

案例2 丰田车——车到美国也有路

丰田汽车公司是日本最大的汽车制造商,也是世界十大汽车工业公司之一。它创立于1933年,创始人是大名鼎鼎的日本企业家丰田喜一郎。丰田公司的成功之路一向被世人视为经典案例,尤其是丰田车打入美国市场的过程,更是经典中的经典。然而,丰田车并非在一开始就"车到美国也有路",初入美国时,面对德国大众以及美国本土的几个汽车厂家,遭遇了相当大的挫折。当时丰田出口美国的是一种名为"光环"的轿车。但"光环"轿车在美国市场的激烈竞争中一败涂地,导致丰田公司出师不利,首战即告负。面对困境,丰田公司不得不重新考虑怎样才能成功打进美国市场。它制定了一系列的营销战略,这当中关键的一步就是进行大规模的市场调查工作,以把握美国的市场机会。

调查工作主要分以下几个方面进行。首先,丰田公司对美国的代理商及顾客需要什么,以及他们无法得到什么等问题进行彻底研究。除了日本政府提供信息外,丰田公司还利用商社、外国人及本公司职员来收集信息。通过多种渠道的搜集,得到了美国市场的一些新的需求信息。经过调查,他们发现美国人把汽车作为地位或性别象征的传统观念正在逐渐减弱,汽车作为一种交通工具,人们越来越重视其实用性、舒适性、经济性和便利性。其次,丰田公司还研究了竞争对手的不足和缺陷,制定了"攻占角落"的营销策略。例如,丰田公司在市场调研中发现,美国底特律的汽车制造商们骄傲自大、因循守旧、墨守成规,对竞争者的挑战、政府的警告、消费者拒绝购买和库存量的直线上升熟视无睹,继续大批量生产大型豪华车。小型车的空白市场给丰田轿车的侵入提供了机遇。最后,丰田公司还详细研究了其他国家汽车制造商在美国的业务活动,向竞争对手学习,从而制定出更好的销售和服务战略。丰田公司委托一家美国调研公司去访问大众汽车的拥有者,以了解顾客对大众车的满意和不满之处。调查表明,大众"甲壳虫"的成功原因主要有两个:一是它建立了能够提供优良服务的机构,从而消除了顾客对需要时买不到零配件的忧虑;二是其价格具有相当的吸引力。

市场调研只解决了"生产什么和为谁生产"的问题,要让顾客把车买回家还得解决营销层面的难题。丰田公司遇到的问题有三个:如何建立自己的销售网络;如何消除美国人心目中"日本货就是质量差的劣等货"的老印象;如何与德国的小型车抗衡。丰田公司以"人有我优"作为应对策略,即质量优、价格优、服务优。根据市场调研结果,丰田公司开发了一种新产品——皇冠牌汽车,一种更经济实惠的美国式汽车。这种美国化的汽车被称为"底特律"式车,其漂亮的外形和车厢内符合美国人口味的装饰完全不同于过去的试验型汽车:为手臂较长的人设置了靠手,并按照美国汽车的式样对座位进行了改变,安排了较大的伸脚空间。同时,产品的质量、可靠性和维修等也得到了同样的关注。新产品真正做到了"美国化"。

在定价方面,为吸引大量新的购买者,丰田公司将产品的售价定得比竞争对手低得多。这项战略促进了产品销售并降低了产品成本,成本的降低则进一步拉低了价格。丰田的价格战略产生了"滚雪球"效应:丰田皇冠定价低于2 000美元,之后推出的丰田"柯罗拉"定价低于1 800美元。这种进攻战略,为丰田公司赢得了一个既讲究质量,又经济实惠的形象。经过不懈努力,到1980年,丰田汽车在美国的销售量已达到58 000辆,两倍于1975年的销售量,占据了美国进口汽车25%的市场份额。丰田公司在占领美国中档汽车市场后并不满足,采取乘胜追击的战略,20世纪80年代后期又争夺美国的高档豪华车市场。有了前车之鉴的丰田公司把市场调研工作做得非常充分,派出专家小组前往美国,与山姆大叔同吃同住,并运用问卷、座谈会等方式对市场需求的每一细节都进行了调查。经过5年多的呕心沥血,推出了"凌志"车。"凌志"一改过去日本汽车经济实用的中低档形象,定位为豪华轿车。仅上市两年,其业绩就赶上了在高档车市场已苦心经营数年的"宝马"。

从初入美国市场遭受挫折,到如今在美国市场呼风唤雨,丰田公司成功的关键就在于通过市场调研不断地发现消费者需求的变化,并据此对产品加以改进。丰田公司真正实践了"了解顾客"的口号。丰田公司占领市场的战略就是不断完善其产品,以满足消费者的要求。从汽车的经济性、安全性到外形和车速,丰田公司都在不断改进,使其产品的性能、质量不断提高。丰田汽车的产品系列也从中低档车发展到豪华车,逐步获得了优质产品的良好声誉,从而使丰田车在世界市场上失去价格竞争优势的条件下,销量仍能增加。丰田汽车的美国之路告诉我们,任何企业在进入一个新市场时,市场调研都是关键的环节。企业应作好市场调研,并针对其结果制定产品价格、销售网络、服务体系等方面的策略。

资料来源:

1.《〈汽车市场营销〉课程案例集》,摘自《百度文库》,http://wenku.baidu.com/view/

2.廉红娥,卢静,《"丰田"向山姆大叔挑战》,摘自《销售与市场》,1995年第12期。

讨论题:

1.丰田在美国市场失利后的市场调查获得了哪些重要信息?

2.丰田针对竞争对手作出了哪些营销策略调整?

案例3 当东风小康遇到王宝强

当三个王宝强憨厚地露出洁白的牙齿、肩傍肩地在广告里最后喊出那句"驾东风,奔小康”时，你可以想象，有多少电视机前的农民兄弟恨不得钻进方盒子里与王大兄弟一齐奔上通往幸福的康庄大道。

明星代言广告的新鲜感和轰动效应似乎是发生在20世纪的老掉牙的过去，在这一广告手法愈来愈不能调动起观众的胃口甚至心生厌倦的今天，一款叫做东风小康的微型客车与一个叫做王宝强的草根儿明星的结合却能给观众和业界带来制造惊喜的能力。

王宝强火于《士兵突击》里的许三多，他从一件件看似微不足道的小事一步步积攒着成为“兵王”的能量，而现实中，王宝强也恰恰是依靠自己一点点的努力，完成了自己从农民到农民工再到明星梦的实现的转变。

而这恰是在广大的农村市场拥有众多消费者或潜在消费者的东风小康产品精神诉求的内核，于是当东风小康遇到王宝强，或者说遇到“许三多”这样贴合产品形象的明星人物时，自然会有一种如获至宝的心理——事实上，要给产品或者品牌找到一个合适的代言人实在是一件可遇而不可求的事情。

为什么我们很多时候对某个明星出现在广告里不能心生戚戚焉反而觉得厌烦？因为更多时候，代言人只是在其中扮演某个角色，在特定的情形间游走，却很难与产品的精神实质契合。2008年，东风小康以40%的增速比行业10%的平均增速多了30个百分点。看来，只要找到好的嫁接点，明星代言的活力仍然可以重新喷薄而出。

资料来源：

《汽车商业评论蓝皮书：十大最创意营销案例》，2009－3－10，http://auto.sohu.com/20090310/

讨论题：

1. 分析明星代言广告的利弊。
2. 试评价王宝强代言东风小康的成功之处。
3. 企业如何才能为自己的品牌找到合适的代言人？

第二章　旅游行业市场营销

本章学习要点：

- 基本概念
- 旅游产品概述
- 旅游产品的销售渠道
- 旅游创意策划
- 旅游活动策划
- 旅游市场营销策划

第一节　基本概念

一、旅游需求

旅游需求是人的一种高级需求。它是在人的基础需求得到满足以后才产生出来的社会行为。它以满足高层次需求为驱动力，属于以精神需求为主导的范畴。借鉴马斯洛需求层次理论，我们可以将人类旅游需求划分成五个不同层次：

第一层次为基础需求，包括生存与安全最基本的要求；

第二层次为生理及心理的需求，以舒适为基础的休憩，以健康为基础的康体、疗养，都是人体生理与心理调养的需要；

第三层次为精神需求，主要有修学、审美、交流等方面；

第四层次为综合需求，是一种集合了生理、心理与精神不同层次需求的统一体，是人类寻求突破、探险、新奇、刺激等新的生活阅历与感受的需求，在精神上是一种追求生活新体验的需求；

第五层次为一种生活方式的需求，这与自我实现的需求处于同一层次，是人类自我实现在旅游活动中的体现。

二、旅游资源

旅游资源是指自然界和人类社会当中能对旅游者产生吸引力，可以为旅游业开发利用，并可产生经济效益、社会效益和环境效益的各种事物和因素。旅游资源不同于旅游产品，旅游资源具有广泛多样性、区域独特性、群体组合性、季节变异性、价值不确定性、永续性和不可再生性以及观赏性，它的旅游价值体现在对游客的吸引，其本体的存在不以个别人的意志为转移，旅游产品是旅游资源的具体化。

三、旅游产品

旅游产品是指旅游经营者提供给旅游者购买的完整的旅游经历，它所包含的吃、住、行、游、娱、购六大要素，均与旅游资源有密切关系。旅游产品亦称旅游服务产品，是指旅行社为满足旅游者需求而面向旅游者提供的各种产品和服务。它具体由实物和服务综合构成，向旅游者销售的旅游项目，其特征是服务成为产品构成的主体，其具体表现主要有线路、活动和食宿等。

第二节　旅游产品概述

一、旅游产品的类型

根据旅游产品的功能和市场存在形态，可以大致分为观光旅游产品、度假旅游产品、事务旅游产品和专题旅游产品。

1. 观光旅游产品

观光旅游产品是以满足旅游者观赏游览自然风光和人文风情景观等为目的的旅游产品。观光旅游产品是一种古老而在现实市场又很常见的旅游产品，也是我国目前旅游市场上的主导旅游产品。旅游需求的差异，也使观光旅游产品的表现形式多种多样，常见的有自然观光和文化观光。

2. 度假旅游产品

由于度假旅游具有旅游度假地点的相对固定、在度假地停留时间相对较长、对旅游环境质量和休闲娱乐设施要求较高以及度假旅游者常常多次反复在同一度假地消费等特点，使得度假旅游产品开发对资源、环境的依赖性较强，更加注重休闲与康乐项目的开发。

3. 事务旅游产品

社会分工的细化以及经济发展的全球化，导致国际间以及地区间有关人员交往数量的快速增加，从而形成特殊的事务旅游消费者群。事务旅游的过程是事务旅游者花钱购买旅游产品和其他服务的综合消费过程。它具有目的地选择取决于工作需要或由他人决定、在目的地停留时间短、对服务要求高、消费水平高以及受季节影响小的特点。

4. 专题旅游产品

专题旅游产品是为满足人们特定旅游需求而开发的旅游产品。这里的特定旅游需求是指旅游者有着除观光、休闲、度假以外的带有明确主题的旅游目的，其目的可能是修学、教育、科考、探险或宗教等。旅游者明确主题的目的性对专题旅游产品的开发提出了资源、技术、人才方面的更高要求。

二、旅游产品的特征

旅游产品作为一种商品，它同样具有价值和使用价值二重性。其使用价值体现在满足人们的旅游及相伴产生的其他需求。旅游产品具有一般商品的基本属性，但它又有自身的特殊性。这种特殊性主要体现在以下几个方面。

1. 综合性

旅游者的需求是多种多样的，从而决定旅游产品的使用价值内容十分丰富，在旅游产品的生产过程中涉及的行业非常多，如满足旅游者吃、住、行的需求，就要涉及饭店业、饮食服务业和旅游交通业，而这些行业的延伸则为农副业、商业、建筑业、建造业等部门，他们间接地为旅游者提供旅游服务;此外,还需一系列间接的部门诸如海关、邮电、公安、银行、保险、医疗卫生等。由此看出,旅游行业是一个综合性的行业,而这种综合性则来自于旅游产品的综合性。这种综合性同时也就决定了旅游产品生产的脆弱性,只要所涉及的行业稍有波动,那么旅游产品的数量和质量便会有相应的波动。

2. 非实物性

这种非实物性可从生产、交换和消费三个环节中体现出来。旅游产品的价值构成来自于两个方面:一方面它包含了旅游生产者过去的物化劳动,如客房、菜肴等,都是物化劳动的具体体现;另一方面,旅游产品的价值更多地由旅游生产者的即时劳务所构成,从点菜、上菜,一直到结算这一过程中所有的人工服务,包括就餐环境的营造(如灯光、背景音乐、空调、餐具等)都构成这一旅游产品的具体内容。进入到旅游市场流通的旅游产品并不以实物形态出现,它是根据旅游生产部门所提供的各种信息来完成其交换价值的转移。在这一转移过程中,多数旅游产品会出现使用权与所有权的分离。旅游者购买的仅仅是旅游产品的使用权,而其所有权仍停留于生产者手中。这就决定了旅游产品的生产以旅游者需求为依据,而旅游产品的消费则由于其地域限制而产生异地现象。

3. 不可储存性

由于旅游产品的价值内容有相当部分是由生产者提供的即时劳务所构成,因而其决定了旅游产品的生产和消费具有同步性特征。当实物部分的旅游产品生产出来后并不意味着产品的生产已经形成,从生产转向消费这一过程所包含的各种劳务都构成旅游产品的价值内容。

4. 高附加值

与物质产品相比,旅游产品是一种经过较深加工的产品,原来分散存在于各行业的产品经过旅游生产者的设计、开发和经营,大幅度提高其原有价值,其产品价值中所包含的有形原料的转移价值比重很小,而加工过程中所付出的人类劳动力创造的价值很大,具有很高的附加值,这一附加值中劳务性比重相当大。旅游产品的高附加值这一特征决定了现代旅游业是一种劳务密集型产业,与其他产业比较,旅游产业耗费资源少,产出效益好,换汇成本低。

5. 较大的需求弹性

由于旅游产品满足人类较高层次的需求,从而决定其具有较大的需求弹性,具体表现在旅游者对旅游产品的需求强度小而且极不稳定,旅游消费要受到政治、文化、经济、战争等各因素的影响。这种高弹性的产品决定了人们的消费习惯具有较大的选择性。换言之,旅游产品具有较强的替代性,当某一旅游产品的价值上升时,消费者会购买其他旅游产品予以取代,这就决定了旅游者选择的余地很大,选择带有较强的随机性。

三、旅游产品的价值与价格

1. 旅游产品的价值

旅游资源是否具有价值不能一概而论,而应当针对具体情况作具体的分析。其一,从严格的经济学意义上看,有些旅游资源本身是没有价值的(一种是纯粹的自然旅游资源;一种是人文旅游资源中的各种历史遗产、文物古迹等)。其二,在现代旅游产业的发展过程中,人们为了旅游交换的目的而将上述两类旅游资源中的有些部分开发出来,在开发、维护和保养过程中付出了大量的人类劳动,这些劳动当然会凝结在旅游产品上,并形成其价值。其三,现代旅游产业发展中人们纯粹为了旅游目的而新建造了一些旅游资源。

2. 旅游产品价格的决定因素

(1)价值。旅游产品的价值是旅游产品价格内在的根本性决定因素。价值是价格的基础,产品价格是凝结在产品中的社会劳动的货币反映,价格变化必然要随旅游产品所含价值量的变化而变化。

(2)成本。旅游产品成本是决定旅游产品价格的最基本的因素。旅游产品成本是开发、创造及实现旅游产品过程中所支付的各种费用的总和。它主要包括旅游设施的物化劳动转移部分和旅游企业职工劳动报酬的补偿部分。

(3)旅游消费者的认可程度。旅游产品价值的社会性决定了它是在产品的销售及旅游者的旅游消费过程中实现的。旅游产品属于超出人们基本需求的较高层次消费品,其市场需求变动并不完全符合一般产品的市场需求规律。从某种程度上讲,低价并不一定能真正吸引消费者,高价也决不会使所有的消费者望而却步。

(4)竞争。旅游市场的竞争状况是旅游产品价格外在的关键决定因素。市场竞争程度既来自于旅游市场供求的状况,也取决于旅游市场中不同旅游产品之间的相互替代程度。在旅游产品的供求关系中,一些旅游产品要素供给一经形成就具有极强的稳定性,尤其饭店、旅游交通等旅游服务设施,它们具有固定成本高、从建成到报废时间较长、市场调节能力弱、服务不可储存等特点,致使旅游供给弹性小。而旅游需求相对于旅游供给而言,其弹性要大得多。

3. 旅游产品的价格体系

旅游产品价格体系是指各种旅游产品价格相互联系、相互制约而形成的旅游产品价格的总和或旅游产品价格的有机整体。旅游产品是一种组合产品,它包含了行、住、吃、游、购、娱等众多旅游要素。不同的旅游产品不仅在内容、质量、规格、款式上各不相同,而且这些旅游产品在生产过程中还存在着所处阶段差异、地区差异和季节差异等不同。

(1)比价。旅游产品的比价是指不同旅游产品价格的比较关系。旅游产品比价的形成基础在于不同产品的价值量,即生产不同旅游产品所耗费的不同社会劳动量的比例。旅游产品比价合理与否,直接影响旅游产品的生产与流通,进而影响旅游市场的供求关系。

(2)差价。旅游产品的差价是指同种旅游产品由于销售环节、销售地区、销售时间以及其他原因而引起的,不反映成本费用的比例差异的价格差额。旅游产品的差价主要有地区差价、季节差价、质量差价和批零差价等类型。

(3)折扣价。旅游产品的折扣价格其实质也是一种差价。它是旅游产品生产经营者为了鼓励旅游者及早付清货款及大量购买、淡季购买,在明码公布的旅游产品价格基础上,给予一定比例的折扣或优惠的价格。旅游产品的折扣价格通常有现金折扣、数量折扣、季节折扣和同业折扣等类型。

第三节　旅游产品的销售渠道

一、旅游产品销售渠道的类型

1. 直接销售渠道

旅游产品直接销售渠道是指旅游产品的生产者或供给者直接向旅游者销售其产品,而不通过任何中间环节的销售途径。旅游企业选择直接销售渠道,可以省去支付给中间商的费用,从而降低流通成本,使旅游企业有可能以较低的价格向旅游者销售其产品,在价格上赢得竞争优势。同时,采用直接销售的方式,有利于旅游企业及时了解和掌握旅游者对其产品的购买态度和其他相关市场需求信息,及时根据市场需求改进产品和经营;还有利于企业控制旅游产品的质量和信誉。例如,旅游景点、旅游饭店、博物馆等都可采用直接销售渠道。

2. 间接销售渠道

由于企业规模的扩大和市场竞争的加剧,绝大多数旅游企业都在想方设法增强自身的销售能力以扩大市场份额。而旅游销售渠道的选择不但受到旅游企业自身资源和经营实力的制约,而且受到投入产出的经济可行性制约,所以旅游企业更多地会选择间接销售渠道。旅游产品的间接销售渠道是指旅游产品生产者或供应者通过旅游中间商将其产品转移给旅游者的销售途径。旅游中间商是指从事转移旅游产品的具有法人资格的经济组织和个人。旅游批发商和旅游零售商等是典型的旅游中间商。采用间接销售渠道,旅游企业可以充分借助中间商的专业性和其他优势,在一定程度上有助于消除单纯采用直接销售渠道的局限性。旅游产品的间接销售渠道,根据所经中间环节的多少,可划分为以下三种销售模式。

(1)旅游产品生产者或供给者→旅游零售商→旅游者。

这种模式也可称为单层次销售渠道,即旅游产品的销售只经过了一个中间商,由三点组成两个销售环节:旅游产品生产者或供应者和旅游零售商组成第一个环节,旅游零售商和旅游者组成第二个环节。这一模式中,中间商主要是从事旅游零售业务的旅游代理商或其他代理机构,旅游产品的生产者需要向旅游零售商支付佣金或手续费。

(2)旅游产品生产者或供给者→旅游批发商→旅游零售商→旅游者。

这种模式也可称为双层次销售渠道,是指旅游产品生产者或供应者通过旅游批发商,再经由旅游零售商将其产品转移到旅游者手中的销售途径。这种模式由四个点组成三个销售环节。旅游批发商通常是指从事团体包价旅游批发业务的旅游公司或旅行社。在这种模式中旅游产品的生产者只与旅游批发商发生直接业务关系,将其产品批量销售给旅游批发商,然后再由旅游批发商委托旅游零售商或通过自行设立的销售网点将产品销售给旅游者。旅游批发商通过大批量地购买航空公司、饭店、景点等单项旅游产品,并将其组合、编排成适应市场需求的包价旅游产品,但他们并不直接面向旅游者出售其产品,而是通过旅游零售商进行销售,有时也通过自行设立的销售点进行销售。

(3)旅游产品生产者或供给者→本国旅游批发商→外国旅游批发商→外国旅游零售商→外国旅游者。

这种模式也可称为多层次销售渠道,是指旅游产品生产者或供应者需要通过三层旅游中间商才能将其产品转移到旅游者手中的销售途径。这种模式基本上由五个点组成四个销售环节。当前我国旅游企业拓展国外市场主要采用这一渠道模式,但随着网络技术和通信技术的高速发展以及旅游市场开放力度的加大,这一多层次销售渠道模式将会逐渐被打破。

二、旅游产品销售渠道选择策略

旅游产品销售渠道模式受多方面因素的影响,在制定旅游销售渠道选择策略时,首先必须对销售渠道模式产生影响的因素进行认真分析和研究,然后根据企业及市场的实际情况,结合选择销售渠道的基本原则,制定旅游销售渠道的选择策略。

1. 旅游产品销售渠道的长度选择策略

该策略指的是对选择何种长度的销售渠道进行决策,即考虑选用直接销售渠道还是间接销售渠道,如果选用间接销售渠道,选用有几个中间层次的间接销售渠道等。一般来讲,旅游产品生产者或供应者应当尽可能缩短销售渠道长度。主要原因是:首先,较短的销售渠道长度能够减少渠道中间商的环节,降低渠道佣金成本,避免过多的中间商加价销售,从而提高旅游产品的市场竞争力。其次,较短的销售渠道长度缩短了旅游产品生产者或供应者与旅游者之间的距离,有利于旅游产品生产者或供应者与旅游中间商、旅游者之间的信息沟通,实时掌握市场供求关系和市场竞争状况的变化,及时调整营销策略与应对措施,密切旅游企业与旅游中间商之间的关系,积极开展客户关系管理,形成长期、稳定的合作伙伴关系。

2. 旅游产品销售渠道宽度选择策略

该策略指的是旅游产品生产者或供应者所拥有的销售渠道的数目、销售网点的多少,以及销售网点分布格局的合理程度。旅游销售渠道宽度策略就是对选择销售渠道宽度所进行的决策。制定旅游销售渠道宽度策略大致面临三种选择,即广泛性分销、选择性分销和独家销售。

(1)广泛性分销。广泛性分销又称密集分销,或称无限制分销,是指旅游企业在自身实力有限的情况下,为扩大产品的销售而广泛选择中间商的经营策略。这一策略在选择中间商时不受过多限制,只要中间商愿意就能够销售其产品,并且双方只要能在利益分配上达成协议,就能够成为合作者。广泛性分销的优点在于,市场覆盖面广,灵活性强,旅游者购买旅游产品较为方便,而且一般不会受到某一个旅游中间商经营失利的严重影响,因此,广泛性分销比较适合大众化的旅游产品。其不足之处在于,旅游中间商的积极性相对不高,责任性较差,且不易受控制,因而旅游中间商给旅游产品生产者或供应者造成负面影响的可能性相对也就比较大。因此,旅游企业可以根据具体情况给予中间商不同程度的重视。一种情况是支付不同中间商的佣金水平不同;另一种情况是对不同中间商采用不同的报价。

(2)选择性分销。选择性分销是指选择部分旅游中间商经销或代销本企业旅游产品的一种形式。这种形式介于独家销售和广泛性分销之间,比较适用于价格较高或数量有限的一些旅游产品,对旅游中间商的要求比较高,比如,旅游中间商应有良好的信誉、相匹配的实力和较高的服务水平,等等。

(3)独家销售。独家销售策略,是指企业在销售其产品时仅仅选用一家信誉卓著、销售能力强的中间商,比如,一些游船公司往往就采用在某一区域指定独家代理商的方式进行销售。实际上,这是一种极端的限制性选择策略,也是最窄的一种销售渠道。该策略最大的优点是可以密切企业与中间商的协作关系,提高其销售积极性。同时这一策略也有利于旅游企业对营销渠道的控制,特别适用于特殊高价旅游产品。当然,这种策略也存在灵活性小、不利于旅游者的选择购买等问题,而且一旦旅游中间商不能胜任独家分销的重担,就会严重影响企业在该市场的整个营销计划。所以,如果选择独家分销,务必持相当慎重的态度。

营销渠道决策是旅游企业管理者面临的最重要决策之一。企业所选择的渠道策略不仅直接影响到所有其他营销决策,如价格决策、促销决策等,而且也使企业与销售渠道其他成员形成承诺和业务关系,就此引起的许多错综复杂的现象和问题需要妥善处理。

第四节 旅游创意策划

一、旅游创意的要素

旅游策划人员的创意活动无一不是在特定的客观环境中,在某种主观动机的驱使下,运用一定的方法对特定的对象进行加工和创造。旅游创意的主体、对象、环境和方法合称为旅游创意活动的四大要素。

1. 创意主体

创意主体就是实施旅游创意活动的个体,是在旅游创意活动系统中占据主导和支配地位的基本要素。创意主体的知识、能力、经验、动机都会对创意活动的结果产生决定性作用。在创意主体的知识、能力、经验不变的情况下,创意动机会对具体的创意活动产生重要影响。创意动机是驱使旅游策划人员进行创意活动的内在动力,如兴趣、竞争、薪酬、地位、声望、自我实现,等等。一般而言,创意动机愈强烈,创意活动就愈频繁;创意动机中的非功利性因素愈强,创意活动愈恒定。

2. 创意对象

创意对象是旅游创意活动针对的对象,涉及范围极其广泛,各类旅游吸引物、旅游服务、旅游活动、旅游节庆、旅游形象等都可以作为创意对象。创意对象规定了旅游创意活动的方向,并对旅游创意的问题和目标产生直接影响。一般而言,旅游策划对象和任务在总体上对创意对象作出相对明确的规定,但是,在微观层面上,策划人员在很多情况下具有选择创意对象的空间。

3. 创意环境

只要具备适宜的空气和土壤,人人都可以产生具有价值的创意。宽松的环境是创意产生的必要条件。创意环境有宏观环境和微观环境之分,这里主要是指微观环境。创意的微观环境不仅包括工作场所的空间、阳光、温度、湿度这样的物质环境,而且包括心理环境和制度环境。从实践来看,后者在创意活动中发挥着更重要的作用。在旅游创意活动中,宽松是创意萌生的温床,容忍是创意生长的雨露。

4. 创意方法

创意方法是实现创意目标的途径、手段、工具的总称,包括组织方法、思维方法、技术方法、激发方法、表现方法等。不同的创意对象要采用不同的创意方法,灵活运用各种既有的创意方法,并根据创意实践形成自身的风格是旅游策划人员的基本要求。

二、旅游创意的原料

从创意原料看,旅游创意主要来源于旅游资源、旅游需求、社会事项和时代趋势四个基本方面,它们为旅游创意活动提供了丰富的素材。

1. 旅游资源

旅游资源是凡能对旅游者产生吸引力,可以为旅游业开发利用,并能够产生经济效益、社会效益和环境效益的各种事物和因素。根据《中国旅游资源分类、调查与评价》，旅游资源共有8个主类、31个亚类、155个基本类型。同时，旅游资源的内涵是动态变化的。丰富的旅游资源为创意提供了丰富的素材。用策划的眼光去审视这些旅游资源，可以产生许多旅游创意。例如，前苏联退役的两艘航母被作为废金属卖到中国后就成为了旅游吸引物：停泊在天津港的“基辅”号改造成了设有餐厅、咖啡厅、展览厅的旅游场所；停泊在深圳港的“明斯克”号则建成了主题公园。

2. 旅游需求

满足旅游需求、获取效益是创意的最终任务，因此旅游需求是创意的重要依据，也为旅游创意指明了不同的方向。马斯洛的需要层次理论和麦金托什的旅游动机理论为我们理解旅游需求提供了理论基础。值得注意的是，旅游需求的表现形式是多种多样的，也是动态变化的。旅游策划主体应把握其具体形式和变化趋势，才会产生好的创意。如爱和归属的需要表现为爱情、友情、亲情、团队归属感、宗教信仰等，这些还可以进一步细分。以杭州为例，20世纪90年代以来，杭州市建设了黄龙圆缘民俗园、太子湾婚庆公园、主题婚庆购物广场，推出了湖上婚礼、仿古婚礼、金婚婚庆活动，策划了“东方浪漫”爱情主题旅游产品、“爱情之旅”配套服务、“爱情之都”宣传口号，这些创意就植根于人类对爱情的需要。

3. 社会事项

在纷繁复杂的社会经济生活中，有一些社会事项会因为各种原因引起人们不同程度的关注。这些社会事项与其他方面具有广泛而密切的关系，因此成为旅游创意的重要源泉。旅游策划中的借势突围法可以借助的“势”很多，社会事项就是其中重要的组成部分。千禧年、奥运会、世博会是社会事项的代表，除了此类影响大、知名度高的社会事项之外，一些出现频率高的事项也可以孕育出好的旅游创意。如位于浙江省温岭市东南沿海的石塘镇，自从被一些前来采风的艺术家发现后，游人渐多，并拥有了“东方巴黎圣母院”的美誉。后来，这个小镇利用自身独特的地理位置，建设了曙光园，推出了迎接新年第一缕阳光的活动，吸引了一大批游客前来。

4. 时代趋势

尽管社会处于剧烈的变化之中，但是仍旧表现出一些发展趋向，如和平与发展。在日常生活中，也有一些东西成为时尚或者永恒，如非典后人们对健康的关注，也可成为旅游创意的重要来源。和平与发展是当代的两大主题。经过阳光世纪集团的不懈争取，世界诗人大会和中国香港联合商务机构最终决定将《百国首脑和平圣诗》落户在大连旅顺口，并以和平为主题，建造了一座“世界和平公园”。公园平面是半个地球整体造型，由主楼长廊围绕而成轮廓，按地球三分之一陆地、三分之二海洋的比例建成，并以大理石镶制而成的经纬线贯穿于整个园区地面。园内已建成多个重要景点，包括世界和平公园标志石、和平海岸餐厅和游客服务中心、千米和平走廊、世界和平文化藏品展馆、五大洲四大洋等文化景观。

三、旅游创意的切入点

从创意活动的切入点来看，旅游创意主要来自游客抱怨的问题、潜在旅游者的评价、社区居民的意见、委托方的想法、政府部门的期望、竞争对手的启示。这为起始阶段的旅游创意活动指明了基本方向，提供了可利用的线索。

1. 游客抱怨的问题

抱怨是由于游客的旅游需求没有得到满足而产生的，是潜在旅游需求的一种表现形式。因此,旅游创意过程中应该对游客抱怨的问题予以足够的重视,将其作为重要的切入点。例如,随着丽江旅游的升温,越来越多的游客开始抱怨古城商业氛围过于浓重,纳西文化体现不足。针对这一问题,古城管委会除了采取措施限制外来商户进驻古城、吸引纳西居民重返古城外,还策划了“走进纳西人家”项目,选择10个特色居民院落,把东巴造纸、首饰加工、民族纺织、民族用品加工、纳西婚俗等展示出来,使游客感受纳西文化及古城历史。

2. 潜在旅游者的评价

同游客的抱怨一样,潜在旅游者评价也是旅游需求的一种表现形式。尽管他们未到过某一旅游目的地,但是通过媒体报道、搜集资料、旅游咨询并听取亲人、同事、朋友的意见,已经初步形成了对目的地的评价。与现实旅游者的抱怨不同,这一评价将直接决定潜在旅游者关于出游目的地的决策。将其作为出发点,也可以产生许多有益于目的地发展的旅游创意。例如,在西南某地区的调研发现,部分市民认为海南风景很美,但是旅游团队菜式单一、质量不高。当然,这个问题与线路报价有直接关系,但可以催发出诸多改进餐饮质量的旅游创意。

3. 社区居民的意见

社会居民指的是旅游区局所在地的居民,包括大型旅游区范围内或附近村镇的居民。由于世代居住的关系,他们对旅游区的一草一木都非常熟悉,并且有着割舍不断的感情,对于旅游开发也有着自己的看法。这些看法中就孕育着不少好的旅游创意。例如,在高黎贡山百花岭村汉龙社,吴朝明老人搜集了很多抗战文物,他最大的心愿就是建设一个抗日博物馆,让后人铭记当年战争的残酷,唤起人们对和平的热爱。他的这一想法是当地文脉的反映,也为以抗战故事(如强渡怒江、攻打高黎贡山等)为主题的旅游资源的开发提供了一种思路,对旅游吸引物与活动的创意具有一定参考价值。

4. 委托方的想法

委托方在委托相关单位进行旅游策划之前,对于所要解决的问题、实现的目标一般都要有所考虑,甚至已经有一些具体思路,这些也为旅游创意提供了启示。因此,和委托方充分沟通,了解委托方的意图和想法,是旅游创意的前提。例如,在编制《孔明山旅游区总体策划》时,委托方提出了在孔明山开展户外运动的想法。经过实地考察和科学论证,策划人员将户外运动作为一个发展方向,并结合当地自然景观、历史传说和民族文化策划了一些特色户外运动项目。

5. 政府部门的期望

在区域旅游产业的发展过程中,政府主导战略的意义是不言而喻的。作为旅游资源所有权的代表和公共事务的管理者,各级政府通过把旅游产业列入国民经济和社会发展计划或制定专项规划,提出了区域旅游发展和旅游区建设的想法和目标。这也是旅游创意的一个重要切入点。例如,对于土林景区,元谋县政府转让经营权时提出的目标就是完善基础设施,保护旅游资源,增加旅游人次和旅游收入,建成4A旅游景区。这其实为旅游创意提出了基本要求和发展目标。

6. 竞争对手启示

在市场竞争日趋激烈的趋势下,来自竞争对手的经验与教训对旅游创意具有重要的启示作用。在旅游资源同质性程度较高的情况下,这一点更为重要。例如,在景洪市大渡岗万亩茶园的旅游开发启动时,半径150千米之内的地区已有两家以茶文化为主题的旅游区。在该项目的旅游策划中,策划人员吸收中华普洱茶文化博览园(普洱市)和阳光科技茶园

(勐腊县)在线路设计中的成功经验,并确立了差异化发展的策划,产生了以茶马古道为独特卖点,以普洱茶文化动态展演为主要内容的创意。

四、旅游创意的基本条件

与其他领域的创意活动一样,旅游创意的产生必须具备一定的条件,这些条件主要体现在四个方面。

1. 创意产生的前提——主观动机

旅游创意的主观动机是创意活动的动力因素,它能推动与激励策划人员投入和维持创意活动。正确、高尚的创意动机能够推动人们克服各种障碍,充分调动创意思维,孜孜不倦地进行思考和探索。强烈的责任感、事业心、求知欲、好奇心是树立高尚的创意动机的必要条件,适度的物质刺激和精神激励是形成创意动机的外部因素,适当的压力对于创意动机的形成具有一定的促进作用。

2. 创意产生的基础——知识和经验

旅游创意从本质上来说是各种与旅游相关的旧元素的新组合。所谓"旧元素"实质上是创意的原料和素材,而所谓"新组合"则是建立联系的过程。古人云"巧妇难为无米之炊"。"旧元素"的数量和质量不但意味着原料和素材的多少和好坏,而且直接影响着和其他元素建立联系的数量和水平,因而在很大程度上决定着创意活动的成败。通常而言,策划人员的知识越渊博,经验越丰富,视野越开阔,创意活动的成果也就越多。

3. 创意产生的触媒——信息

在"旧元素"建立"新组合"的过程中,信息担负着重要的角色,被誉为旅游创意产生的引爆器。有些情形下,信息作为"旧元素"的组成部分起着原料和素材的作用;在另外一些情形下,信息起着桥梁和纽带的作用,把两种或两种以上的"旧元素"联系、组合在一起。在少数情形下,信息同时发挥着上述两种作用。信息的表现形态多样,如与旅游策划对象相关的资料、表面看似无关的文字媒介、和其他人的谈话等都蕴含着可能触发创意的重要信息。当然,信息只有在一定条件下才能转化为创意的触媒,这一条件就是较为强烈的创意动机和较长时间的集中思考。

4. 创意产生的方法——创新思维

如果说"旧元素"是通过知识、经验、实地考察、查阅资料来获取的,那么,"新组合"则是通过创新思维来完成的。从这个意义上说,旅游创意是创新思维的产物,是策划人员通过创新思维方法进行一段时间的集中思考,智能聚焦之后产生并通过各种形式表现出来的。这里提到的创新思维是指新颖、开放、求异、灵活积极、主动的思维方式和方法,以联想、想象、知觉、灵感、顿悟、类比、逆向思维、侧向思维为代表。应该指出的是,产生旅游创意的创新思维是建立在逻辑思维基础之上的。

第五节　旅游活动策划

旅游活动策划的方法主要有类型策划法、体验策划法、感官策划法、要素策划法、人事时地物策划法。这些方法从不同的方面对旅游活动策划提供了方向和框架,属于工具性的方法。

一、类型策划法

类型策划法是根据旅游活动的类型进行策划的方法，一般可以按照观光旅游活动、休闲度假活动、专项旅游活动三大类型进行策划。

1. 观光旅游活动

观光旅游活动是通过观赏自然风光与人文景观，获得视觉享受与心理愉悦的活动。这是旅游活动的基础层次，它对旅游资源的依赖程度最高。大众旅游活动初期一般都以观光游为基础形式，休闲度假活动、专项旅游活动一般也不同程度地包括了观光的成分。

2. 休闲度假活动

休闲度假活动是依托优美的自然环境和一定的服务设施，以放松身心为主要目的的旅游活动。如垂钓、登山、高尔夫、温泉浴、沙滩娱乐等。一般而言，相对于观光旅游活动，休闲度假活动对传统旅游资源的依赖程度有所降低，但对于闲暇时间和可自由支配收入的要求则有所提高。

3. 专项旅游活动

专项旅游活动是以科学考察、商务会议、公务交流等特定目的或以购物、学习、文化体验等为主题的旅游活动。如"中关村之路"专项旅游活动、温州经济探秘旅游活动、重走长征路深度体验旅游活动、动感之都香港购物旅游活动、会议奖励旅游专项活动等。专项旅游活动是旅游活动的最高层次。

二、体验策划法

体验策划法是根据旅游体验的四个方面来策划旅游活动的方法，即按照逃避体验、审美体验、娱乐体验、教育体验四个方面来策划旅游地可以开展的游憩活动。客人参与有教育意义的体验是想学习，参与逃避体验是想去做，参与娱乐体验是想感觉，而参与审美体验是想到达现场。

1. 娱乐体验

娱乐体验是吸引客户的良好方式。在拉斯维加斯，商店把自己打扮成古罗马集市的模样，每隔一小时，逛街者就可以欣赏到5～10分钟的表演。尽管这段欣赏节目的时间占用了一部分购物时间，但就每平方英尺的购物花费来看，古罗马式商店的此比例远较一般购物中心高。

2. 逃避体验

逃离现实的体验产生于为世俗生活所羁绊而欲逃避现实、寻求理想精神家园的人性需求。事实上，他们比娱乐和教育的体验更加令人沉迷。与纯娱乐体验截然相反，观众完全沉浸其中，积极参与整个体验的塑造过程。逃避体验所要求的环境包括主题公园、赌场、虚拟现实的耳机、聊天室，甚至是在森林玩彩球游戏。

3. 审美体验

旅游审美是旅游者经过长时间心理准备而进行的活动，旅游者在体验之前便已培养了浓厚的期待情怀。审美过程中，旅游者容易受预先设计好的期待情感所影响，同时，还往往会受个体对旅游地的各种美学要素的知识和理解的倾向性的引导。每个人沉浸在某一事物或环境之中，而他自己对事物或环境极少产生影响或根本没有影响。审美的体验包括站在大峡谷边沿上极目远眺、参观艺术长廊或博物馆、坐在充满昔日氛围的威尼斯佛罗里安咖啡厅里，等等。

4. 教育体验

和娱乐体验一样,在教育的体验中,客体吸收了对他来说并不是很清楚的事件。然而,和娱乐体验不一样的是,教育包含了更多客体的积极参与。要扩展视野、增加知识,教育必须积极使用大脑和身体。教育型体验要求观众有更高的主动性,以增进个人的知识或技能。山东曲阜推出的修学旅游就属于典型的教育体验。

通常,让人感觉最丰富的体验,是同时涵盖四个方面,即处于四个方面的交叉的“甜蜜地带”(Sweet Spot)的体验。目前,在一些旅游线路中,很多旅行社已经开始注意四种体验的结合,如庐山—井冈山夏令营,学生离开熟悉的课堂教育和生活环境,欣赏优美的自然风光,接受爱国主义和革命传统教育,同时还有各种娱乐活动,获得了较为全面的体验。但是,大多数景区还没有树立体验经济理念,尚不能够很好地为游客提供较为全面的旅游体验。其中,传统的文博场馆最为典型,虽然拥有数量众多、品位很高的藏品,但是单调的陈列形式阻碍了游客的教育体验和审美体验,并且没有考虑相关的逃避体验和娱乐体验,因此受到冷落。

三、感官策划法

感官策划法是根据旅游活动利用的感官进行策划的方法,一般可以按照视觉、听觉、味觉、触觉五大感官进行策划。也就是说,旅游策划人员要考虑旅游地可以让游客看什么、听什么、闻什么、吃什么、触摸什么。

1. 视觉

通过视觉,人和动物感知外界物体的大小、明暗、颜色、动静,获得对机体生存具有重要意义的各种信息,至少有 80% 以上的外界信息经视觉获得。视觉是所有动物最重要的感觉。旅游是一种以审美为基础的活动,旅游地应该为游客提供特色突出的审美对象及旅游景观,这也是旅游策划人员的基本任务。

2. 听觉

听觉是人通过听觉器官对外界声音刺激的反应,是仅次于视觉的重要感觉。溪流潺潺、松涛阵阵、鸟鸣猿啼等来自大自然的声音均可以形成优美的听觉体验,旋律优美的地方小调、民族曲艺、现代音乐也可以为游客带来听觉享受。

3. 嗅觉

嗅觉的刺激物必须是气体物质,只有挥发性有气味物质的分子,才能成为嗅觉细胞的刺激物。森林、草原、田园等自然景观中的芳香物质可以增加游客的嗅觉体验。

4. 味觉

从生理角度分类,基本味觉只有四种:酸、甜、苦、咸,它们是食物直接刺激味蕾产生的。游客的味觉体验一般通过对水果、菜肴、饮料等品尝过程获得。

5. 触觉

触觉是接触、滑动、压觉等机械刺激的总称。多数动物的触觉器是遍布全身的,像人的皮肤位于人的体表,依靠表皮的神经末梢能感受温度、痛觉、触觉等多种感觉。参与性的活动能丰富游客的触觉体验。

四、要素策划法

要素策划法是根据旅游活动过程中食、住、行、游、购、娱六大要素进行策划的方法,一般按照餐饮活动、住宿活动、旅游活动、游览活动、购物活动、娱乐活动进行策划。如餐饮方面，在满足游客品尝当地风味小吃等特色饮食需要的同时，策划相关的活动。住宿方面，在提供住宿场所和服务的基础上，创设独特的体验情景，策划相关体验性的活动。交通方面，在解决运输任务之外，赋予娱乐、竞赛等方面的功能。游览方面，围绕吸引物策划全方位的深度参与性游览活动，为游客提供独特、丰富、完美的游览体验。购物方面，将购买特色旅游商品本身作为一个体验过程进行策划，衍生出系列活动。娱乐方面，结合实际对应策划，借助其他设施为游客制造出快乐、惊险、刺激等体验。

第六节　旅游市场营销策划

营销策划是根据企业的营销目标，以满足消费者需求和欲望为核心，设计和规划企业产品、服务和创意、价格、渠道、促销，从而实现个人和组织的交换过程，同时也是旅游策划者为实现旅游组织的目标，通过对旅游市场营销环境等的调查、分析和论证，创造性地设计和策划旅游方案，谋划对策，然后付诸实施以求获得最优经济效益和社会效益的运筹过程。

一、旅游市场营销策划的基本原则

1. 市场导向原则

目前我国已经形成了一个基本成熟的以市场为导向，需求为中心的旅游市场环境。在这种环境中，任何没有市场意义的旅游线路都是毫无价值的。对于旅游者千差万别的旅游需求，首先要对市场进行细分，分析目标消费者潜在的心理需求，推出差异化的旅游线路，进行差异化营销，逐渐在各个细分市场建立自己的品牌，成为这一细分市场的“领头羊”。这样就可以避免总“跟着市场走”，而是“领着市场走”。

2. 主题突出原则

旅游线路的营销策划要有一个特定的主题，通过鲜明的主题来突出旅游线路的个性，以迎合目标顾客的旅游需求。这种需求相对于其他类别的旅游者是个性化的，但这种个性化又是有一定规模市场需求的。如深圳国旅和坐落在珠三角的一个“拓展训练”地合作，开创了“企业团队卓越之旅”，通过编排富有挑战性、娱乐性的活动，向企业客户推广，创立了“旅游+培训”的新模式。这条旅游线路就有着鲜明的主题——“激发无限的团队潜能”。

3. 不断更新原则

任何产品都要经历投入、发展、成熟到衰退这样一个生命周期，旅游线路也不例外。因此，旅游线路的设计应该能不断适应旅游市场需求变化，注重对旅游线路的推陈出新，使旅游者永远有新奇感，让旅游线路具有特色并充满魅力。对于传统旅游线路可以通过重新组合旅游资源点等方法，让传统旅游线路披上新衣，具有更强的竞争力和生命力。

4. 创造可盈利性顾客让渡价值原则

顾客总成本=货币成本+体力成本+精力成本+时间成本，顾客总价值=产品价值+服务价值+人员价值+形象价值，而顾客总价值与顾客总成本之差，就是顾客让渡价值。顾客的让渡价值是吸引顾客的主要因素。游客对旅行社提供的产品和服务不满意，就说明旅行社向游客提供的让渡价值小，或为负值。旅游线路营销的目的就在于创造可盈利的顾客让渡价值。显然，在尽量降低生产成本的基础上，不断挖掘旅游线路的价值才是提高顾客让渡价值的最直接、最有效的途径,也是增强旅游线路核心竞争力的关键所在。旅行社应该想方设法提高旅游线路的产品价值,提升旅游线路的形象和工作人员的服务品位,始终为游客着想,不断降低游客的体力、精力和时间成本。

二、旅游线路营销策划的步骤

1. 市场需求分析

旅游线路的市场需求量有多大?是否足以给旅行社带来客观的经济效益?这条线路能满足哪一块消费群体旅游需求,或者说要对哪一部分消费群体进行针对性的市场营销?采用何种手段对这类群体进行市场营销活动?这类消费群体有怎样的消费心理和价值取向?这些问题的解决都建立在如实的市场需求分析的基础上。适销对路的旅游线路首先必须能够满足一定数量消费群体的旅游需求。深圳国旅根据一个年轻白领在报纸上发表的一篇感叹梦中的香格里拉不存在的文章,并通过详细的市场调查,发现有很大一批对自然的生态环境有着深深向往的白领阶层。这样一个市场消费群体的共同特性是大多数人都有钱有闲,各个酷爱旅游,热衷摄影,喜欢尝试新概念旅游,而对于价格不敏感。在对此市场进行分析的基础上,策划出高价位高价值的"寻源香格里拉"科考探险团,便可带来巨大的商机。

2. 前期营销策划

旅游线路设计完成之后就要开始前期的营销策划。前期营销策划首先要明确这条线路能够给旅游者带来的价值,依据这种价值来确定旅游线路的主题,并通过各种文案、宣传口号、报纸广告、电视广告等多种营销方式来塑造强有力的旅游线路主题形象。2002 年深圳国旅与国际著名的 EF 教育机构接洽后,一反市场上"游为主、学为辅"的做法,推出学足三周,旅游贯穿其中的"新景界——EF 英语之路修学游"旅游线路。深圳国旅抓住修学游的主题进行了全方位的前期营销,以免费教学示范及游学介绍会形式,由外教示范 EF 的情景式教学方式,用录像片介绍曾经组织的修学游,并现场解答家长们担心的问题,每次介绍会都出现反应热烈、现场报名踊跃的场面。前期的营销策划下足了工夫,为公司最后取得令人满意的组团效果打下了基础。

3. 中期营销实施

旅游线路的营销首先是要使亲身体验这条线路的旅游者满意,因为每个游客的口碑效应都会给旅行社带来很大的影响。"现代营销学之父"菲利普·科特勒多次郑重地提到"招徕一个新顾客的成本是使一个现有顾客继续感到满意的成本的 5 倍",感到满意的普通顾客会告诉其他 3 个人有关其美好的消费经历,而感到不满意的普通顾客通常会将其糟糕的消费经历告诉其他 10 个人。因此旅游线路的中期营销(也就是过程营销)的实施就显得非常重要。中期的营销工作主要针对参与的旅游者展开,要使旅游者获得最大的体验满足感,确保此旅游线路达到理想的效果。

4. 后期营销跟进

对旅游线路进行全方位的营销是旅行社可持续发展的必由之路。营销工作应该贯穿旅游线路经营的始终,在完成了旅游线路的前期、中期的营销工作后,要注意后期的营销跟进。后期的营销工作要发挥旅游者的口碑效应,让参与这条旅游线路的旅游者都来说说自己的美好感受。如后期的主题活动有后期的回访、过程回放、摄影比赛、征文比赛,等等。通过旅游者的言传来加深大家对这条旅游线路的良好印象,为以后同类旅游线路的推出作好铺垫。

三、旅游促销策划

1. 旅游促销的概念

促销(Promotion)的定义有很多,但在营销工作中对其最一般的理解是"营销沟通"。一般来说,促销是指企业把产品或服务向目标顾客进行宣传说服,促使顾客采取购买行为的活动。旅游促销则可理解为旅游营销者通过各种媒介将旅游目的地、旅游企业及旅游产品的有关信息传播给潜在购买者,促使其了解、信赖并购买,以达到扩大销售目的的一种活动。旅游促销的根本目的在于激发目标旅游者的购买欲望,最终导致购买行为发生。促销的存在是市场竞争和信息不对称条件下的必然结果。也就是说,在消费者不可能充分了解每个生产者的产品和生产者总是面临竞争威胁的情况下,促销是市场营销中的重要话题。它同产品策略、价格策略、销售渠道策略一起,被列为市场营销组合4PS。相对于其他产品而言,旅游产品具有不可储存性、生产和消费的同时性等特征,而且旅游产品需求弹性也较大,所以,促销在旅游企业的营销策略中占有十分重要的地位。

2. 旅游促销组合策略的制定

(1)广告。广告是一种高度大众化的信息传递方式,主要特点是:①传播面广而效率高,广告一经发布便迅速铺开,利于实现快速销售;②可反复出现同一信息,利于提高被传播对象的知名度;③形式多样,表现力强,通过对文字、音响及色彩的艺术化运用,利于树立被传播对象的形象;④对于地域广阔而分散的消费者而言,平均广告成本费用较低,但电视这样的媒体一次性收费较高;⑤说服力较弱,不能因人而异,难以形成及时购买。

(2)营业推广。营业推广是一种短期内刺激销售的活动,如展销会、优惠酬宾活动等。其主要特点是:①在点上的吸引力大,能把顾客直接引向产品;②刺激性强,激发需求快,能临时改变顾客的购买习惯;③有效期短,如持续长期运用,则不利于塑造产品形象;④组织工作量大,耗费较大,而影响面较窄。

(3)公共关系。公共关系是一种促进组织与公众良好沟通与合作的途径,如新闻报道、公益活动等。其主要特点是:①有第三者说话,可信度高,有情节性、趣味性,可接受性强;②最可能赢得公众对企业的好感;③影响面广、影响力大,利于迅速塑造被传播对象的良好形象;④活动设计有难度,且组织量大;⑤不能直接追求销售效果,运用限制大。

(4)人员推销。人员推销是一种与顾客面对面促销的方式,主要特点是:①个人行动,方式灵活,针对性强;②易强化购买动机,及时促成交易;③易培养与顾客的感情,建立长期稳定的联系;④易收集顾客对产品的反馈信息;⑤费时费钱,传播效率低,往往成为平均代价最高的促销手段。

3. 旅游促销组合的基本策略

(1)推式策略。这种策略以人员推销为主,辅之以上门营业推广活动、公关活动等。着眼于积极地上门把本地或本企业产品直接推向目标市场,表现为在销售渠道中,每一个环节都对下一个环节主动出击,强化顾客的购买动机,说服顾客迅速采取购买行动。

(2)拉式策略。这种策略以广告宣传与营业推广为主,辅之以公关活动等。立足于直接激发最终消费者对购买本旅游产品的兴趣和愿望,促使其主动向旅行社或其他中间环节寻求指定服务,最终达到把旅游消费者拉引到本旅游地或旅游企业身边来的目的。

在以推式为主的旅游促销组合策略中,锥形突破是一种很奏效的非均衡快速突破策略。它是旅游地或旅游企业将自身的多元旅游产品排成锥形阵容，而以唯我独有、最具招徕力的拳头产品作为开路先锋，以求其像锥子一样迅速突破目标市场，然后分阶段连带，层层推出丰富多样的旅游产品。这种策略采用以人员推销、营业推广为主，辅之以广告宣传的促销组合策略。从长期看，旅游促销组合应以拉式策略为主，但由于旅游市场的竞争性与异地性，为了打通异地销售渠道，取得市场快速突破，特别是对市场进行“点射”和“锥形”突破时，完全适合采用推式策略。

习题

1. 简述旅游产品的类型及特征。
2. 根据所经中间环节的多少，可将旅游产品的间接销售渠道划分为哪些销售模式？
3. 旅游创意的要素包括哪些？如何寻找旅游创意的切入点？
4. 谈谈旅游市场营销策划的基本原则及策划步骤。
5. 结合本地的特色旅游资源，谈谈如何开展旅游市场营销策划。

案例学习及讨论

案例1　乔家大院推广案例

(1)推广模式：依靠影视作品推广乔家大院。

(2)推广主线：旅游业与影视文化业的完美联姻，影视旅游产业链。

(3)1985年，祁县人民政府利用这所古老的宅院成立了祁县民俗博物馆。

(4)1986年11月1日正式对外开放。

(5)2001年被国务院命名为全国文物重点保护单位，被国家旅游局评定为AAAA级旅游景区。

(6)影视剧拍摄：1991年拍摄的《大红灯笼高高挂》《昌晋源票号》，2006年拍摄的《乔家大院》《赵四小姐与张学良》等多部影视剧曾在此拍摄。《乔家大院》播映后，在全国范围内对乔家大院进行旅游景区宣传推广，利用电视剧中人物、故事情节等宣传造势。

一、乔家大院影视推广方式

1. 把握景区特色，合理运用推广手段

乔家大院本来就具有一定的历史文化内涵，清朝晋商的传奇早已传播开来。乔家大院的历史不能说悠久，风景不能说完美，但就是这么个院落却在近年来声名鹊起，成为广为人知的旅游胜地，这不能不说宣传推广得妙。一部《大红灯笼高高挂》使大院步入世人眼帘，一部《乔家大院》将大院推向旅游旺地行列。

20世纪90年代初张艺谋著名电影《大红灯笼高高挂》在这里拍摄，很多人都是从这部电影中，知道了山西乔家大院，而电视剧《乔家大院》在央视的热播，更让这里的知名度大大增加。

2006年开春大戏《乔家大院》的热播引起了全国的“乔家大院热”，全国范围内的游客纷纷慕名而来，想看看晋商乔家的发祥地。乔家大院自电视剧《乔家大院》热播后的参观游客与前一年同期相比增长3倍，达到4万多人。

2. 因势利导扩大景区影响力

20世纪90年代的中国旅游业还是处于初级阶段，对于旅游业的营销概念还没有成型，景区推广还处于地区性范畴，所以当时的《大红灯笼高高挂》的播出只是让人们知道了晋商的传奇和乔家大院的存在,没有旅游的概念。

2006年《乔家大院》的热播正好给了景区推广和营销的机遇,在电视剧热播中看到商机的人们开始大力推广乔家大院,使乔家大院一时间红遍全国。客观地说,电视剧的热播是使景区红火的重要力量,但是我们不能忽视其中的合理推广,正是这双管齐下的方式才成就了乔家大院的"热闹"。

晋商文化这个丰富的人文宝藏,为乔家大院和山西景区旅游品牌的成长孕育了丰厚的底蕴和生命力。

二、增加营销推广方式,促进中国旅游业发展

中国已经由旅游资源大国成为世界旅游大国,中国旅游已经开始从启蒙期向高速发展期转变。中国旅游业的发展进入了"一个人文景观和自然景观和谐并存"的新旅游时代。精品旅游将是提升旅游景点价值的发展方向。"酒香不怕巷子深"的传统旅游营销模式将会被深度旅游营销的模式取代。

1. 实践证明影视营销行之有效

如何进行市场推广已成为景区的重要课题。采取何种行之有效的推广手段也成为各大景区的当务之急。影视推广在这时被人提出和发现,无疑是给景区推广提出了新的模式和操作方法,使得推广方式更加多样式。

2. 影视营销还需深入向体验营销发展

影视推广不能单单只是局限在电视电影的制作上,还要进一步加以宣传,再现旅游过程中的情景,使旅游者身临其境,增加旅游者的体验,为风景注入人文情感和无法磨灭的意境,体验营销才能为景区带来差异化的长久生命力。

体验旅游,就是一个集"旅游+餐饮+宾馆+影视+后电影产品开发"为一体的影视旅游产业链的整体发展。国内的宁夏镇北堡西部影视城,就是以情景再现著称,在其拍摄过《红高粱》《红河谷》《新龙门客栈》等片的拍摄现场,游客不仅可以参观,还可以穿上影视剧曾经使用过的服装,在专业导演的指挥下,亲自演一回影视剧的精彩片段,并剪辑录制成盘。通过影视现场的情景再现和亲自体验,完成游客的一种心灵旅游。国际上,好莱坞环球影城和迪斯尼乐园,都是影视旅游产业链发展的成功典型。

资料来源:

天创智业,《从乔家大院营销案例看影视推广与体验营销》,摘自游憩中国网,2009-8-5,http://www.u7cn.net/

讨论题:

1. 结合案例内容,谈谈乔家大院推广模式的特点。

2. 谈谈晋商文化在乔家大院推广中起到了哪些作用?

案例2 "秀"动三部曲

"秀",来源于"show"的音译,最早出自美国的拉斯维加斯,以最佳表演舞台、表演背景、表演道具的演艺文化融入原始民俗,让文化创意与旅游相结合,使景区价值升华,这样的形式愈来愈成为景区体验营销中的独特卖点。

一、"秀"动三部曲

第一部:科技之光——锦绣中华

《金戈王朝》真实还原的战争历史场面，让游人亲身体验战火惊魂；《东方霓裳》雍容华贵的民族服饰展示，让游人走进梦幻般的舞蹈史诗境地；《龙凤舞中华》一台存在于想象中的晚会，一次根本无法拒绝的生命感动。

位于深圳锦绣中华景区的这三场秀，是中国民俗文化村数亿元打造的演出盛事，用科技之光让游客尽情体验中华民族文化的绚丽风姿。而三场秀纵贯全天早、中、晚三时段的特意安排，让游人不自觉在景区停留一整天，无形中增加了在景区的消费开支，提升了景区收益。

营销卖点：高科技的全景舞台、中国风的文化民俗、全天候的分场演出。

第二部：山水实景——《印象·刘三姐》

大型桂林山水实景演出《印象·刘三姐》，是全国第一部全新概念的“山水实景演出”。方圆两平方千米的阳朔漓江水域、12 座背景山峰、广袤无际的天穹，构成迄今世界上最大的山水剧场，演出利用灯光形成红、绿、金、蓝、紫五色构成五大主题，演绎经典山歌、民族风情、漓江渔火等元素。

《印象·刘三姐》不着痕迹地溶入山水，还原于自然，成功诠释了人与自然的和谐关系，带给游客全新的视觉和身心的美妙体验。

张艺谋的倾心打造，刘三姐的家喻户晓，桂林山水的世界闻名构成了《印象·刘三姐》整合营销组合的大框架。三大品牌的巨大号召力，无不体现了景区营销在促销和公共关系上所下的工夫。营销者充分利用了张艺谋在消费者心目中的地位，并作到了与当地政府的充分沟通，立足于区域旅游经济的开发，放眼于国际地位的提升。

营销卖点：甲天下的山水、刘三姐的经典、张艺谋的人气、多民族的风情。

第三部：心灵体验——禅宗少林

一部《少林寺》让这座深藏山中的古刹闻名天下，如今《禅宗少林·音乐大典》吹响了登封打造国际旅游目的地的号角。禅宗少林实景剧场坐落于少林寺附近的深山坳中，一期投资近 1 亿元，由梅帅元、易中天、释永信、谭盾联袂打造。除了高科技的运用、露天实景外，坐禅垫、听禅乐、观禅武、悟禅道等表演都带给人们一次震撼心灵的深度体验。

采用票务代理制，委托《禅宗少林》票务销售中心进行市场销售，并不断扩大销售队伍，编制销售网络，延伸销售触角，努力开拓旅游消费市场。以股份制产权为纽带，建立健全现代企业制度。在剧目制作上，也完全按照市场运作方式，汇聚了国际国内音乐、策划、舞美、灯光、服装等方面一流的艺术人才，全力打造市场精品。

营销卖点：少林的武术、嵩山的雄姿、谭盾的音乐、悟禅的心境、心灵的洗涤。

分析上述三个在中国具有典型意义的景区大型秀的营销模式可以看出要让“一场秀”带动“一个景区”的整体利润增长需具备下列八大要素：①文化创意与旅游景区的高度结合；②演出内容紧扣本土文化民俗；③充分运用高新科技；④主创人员的高知名度；⑤露天的山水实景；⑥深度的文化体验；⑦合理的定价机制；⑧可持续的产业链。

二、探索体验式营销链模式

景区的体验式营销，应当在一系列的营销活动过程中，以游客为中心，在迎合游客的同时巧妙地成为游客行为和心理的向导，在此基础上延伸产业链，形成“票房销售—带动旅游—地产增值—商业服务—拉动就业—品牌效应—吸引投资—股份升值”的可持续发展模式。

票房销售：景区表演秀通常以大场面、大制作、大写意为基础。门票价格制订具有灵活性,会根据不同消费层次确定不同的价格,从而争取游客量和利润效益最大化。成功运营的秀都会带来不菲的票房收入。仅锦绣中华景区创园十几年就接待海内外游客超过5 000万人次,创利超过十几亿元。

带动旅游:景区大型秀因其高度的体验性,紧抓游客心理,使游客产生旅游动机,从而带动秀所在景区的游客量和游客收入。以阳朔为例,《印象·刘三姐》的公演使得一度疲软的阳朔旅游收入从2004年的4.95亿元猛增至6亿元,促进了阳朔旅游的二次腾飞。

地产增值:景区秀带动景区活力,聚集了人气,引来了旅游地产开发,促使景区周边地产价格超过一般地区,实现增值。以阳朔为例,《印象·刘三姐》公演以来,促使阳朔商品房价格从原来的1 000多元每平米升至近3 000元每平米,带活了当地房地产经济。

商业服务:景区地产增值后,会产生较大的商业服务需求,从音像制品、道具开发、服饰到餐饮、工艺品、其他相关服务,形成产品开发的产业链,尽其所能地扩大消费需求。在桂林,《印象·刘三姐》歌圩景区周边大量的餐饮、音像制品、纪念品市场已经形成了初具规模的产业链。

拉动就业:景区大型表演秀一般少说数百人,动辄上千人的表演绝大多数聘用当地原住民,这从很大程度上解决了当地的再就业问题。以登封为例,《禅宗少林》的开拍时所在地——代仙沟居民全部实现就业,收入翻了一番。

品牌效应:一场成功的秀可以延长游客在旅游景区的停留时间,尤其发挥夜游经济和延伸产业链的功用,从而形成品牌效应。以登封为例,自《禅宗少林》公演以来,夜宿登封的游客量显著增加,告别了之前游客不是回郑州就是去洛阳住宿,只把登封当过场的尴尬境地。

吸引投资:产生品牌效应后,秀场成为景区甚至是城市的金名片,在招商引资中将被列入核心优势和特色资源。《禅宗少林》公演短短几个月收益明显,随后便进入第二期、三期的投资,将打造一个集演出、餐饮、禅修、高端度假于一体的综合旅游目的地。

股份升值:吸引到投资后,景区远景可以融资上市,因为持续旺盛的旅游秀场经济,将提升景区品质从而使得未来成立的景区集团股份成为绩优股,具有较大升值空间。

短短几年时间,秀场经济在中国以飞快的速度实现了基因移植、形式创新和营销整合。国外先进的演艺模式和市场开发经验与中国本土元素的巧妙融合,将现代元素注入到优秀传统文化资源中,不断挖掘、整理、开发、创新,赋予其现代和时代内涵,从而把资源优势转化为产业优势、经济优势,形成文化品牌。注定将上演更多好看的“中国秀”。

资料来源:

孙胤睿,《景区体验式营销下的旅游秀场》,摘自《旅游时代》,2008年第1期。

讨论题:

1. 结合案例,分析“一场秀”带动“一个景区”需具备哪些要素?

2. “中国秀”模式可以将旅游的产业链延伸到哪些领域?

案例3 肇庆鼎湖山的“生态营销”

肇庆鼎湖山是中国第一个国家自然保区、中国首批世界生物圈保护区、广东省唯一的首批国家风景名胜区,肇庆鼎湖山庆云寺是首批国家开放寺庙。有“岭南第一名山”之称的鼎湖山处于北回归线附近,世界上与鼎湖山同纬度的其他地方,大多数为沙漠和稀树草原,而处于这条沙漠带东端的鼎湖山却完整地保存了大片有400多年历史的南亚热带季风常绿阔叶林,故鼎湖山被誉为“北回归线沙漠带上的绿洲”。

一直以来,肇庆鼎湖山以“岭南第一名山”“北回归线沙漠带上的绿洲”“中国第一个国家自然保区”“中国首批世界生物圈保护区”“广东省唯一的首批国家风景名胜区”以及“岭南名寺”这些直观旅游资源作为旅游地旅游主题形象,虽然在鼎湖山游览过的旅游者都有“绿,绿不过鼎湖山的树;清,清不过鼎湖山的水”的赞叹,但是旅游者只停留在“在庆云寺烧柱香,在飞水潭瀑布照张相”的观光旅游状态,因此,肇庆鼎湖山进入了旅游地生命周期的衰落期。如何止跌回升,如何激活和复苏鼎湖山乃至肇庆市旅游市场,便成了当时肇庆市和鼎湖山旅游经营管理者的当务之急。

为了解决激活和复苏处于旅游地生命周期衰落期的鼎湖山的难题,1998年9月,吕健首先对鼎湖山400年历史的、具有地带代表性的原始森林生态环境(空气)质量可用空气负离子、空气中细菌含量、植物精气三项指标进行定性定量表述,根据测评结果提出了极具旅游市场核心竞争力的生态旅游资源的策划方案。广东省肇庆市旅游委员会接纳了该方案并加以实施。1998年10月,肇庆市旅游委员会邀请吕健与中南林学院森林旅游研究中心的硕士、博士、教授等专家学者十多人组成联合舰队,协同作战。独立策划人吕健担任该项目的主持人。

吕健通过周密的调查研究,选取47个空气负离子浓度监测点,10个空气中细菌含量取样点,6个植物精气取样点,进行鼎湖山原始森林生态环境(空气)质量测定、分析和评价。1998年12月13日,吕健在《人民日报海外版》发表了《人与自然和谐并进的典范——鼎湖山》;1998年12月19日,有记者在《广州日报》分别公布了鼎湖山生态环境(空气)质量测定结果:鼎湖山主要树种中含有大量对人体健康有益的萜烯类化合物,主要植物群落分泌出来的植物精气存有10多种对人体健康有益的成分,并具有强力杀菌作用;由于鼎湖山森林茂密,溪流、瀑布、深潭四季不断,在喷筒电效应和森林里紫外线、宇宙射线等作用下,产生具有除尘、杀菌作用的空气负离子,47个监测点里,空气负离子浓度普遍都在1 000个/cm^3以上,在避暑山庄至飞水潭的天溪流段普遍都在10 000个/cm^3以上,在飞水潭右边3米处还测得目前在国内测定的最高值105 600个/cm^3;空气中细菌含量在10个取样点中有7个取样点测定,结果均无细菌存在,这样大面积无细菌区域的发现在国内还是首次。鼎湖山就是人们所追求的人类最佳生存环境,鼎湖山就是最佳空气负离子吸呼区,这就是极具旅游市场核心竞争力的生态旅游资源。

为了以最快的速度确定这一新旅游地旅游主题形象的旅游市场价值,吕健采取“引凤筑巢”的策划思路。一方面针对1998年以前的广州市区空气环境严重污染状况,如“空调器制造污浊空气现象”和“城市水泥沙漠现象”与鼎湖山森林生态环境(空气)质量作比较;另一方面积极争取“广东省‘99中国生态环境旅游年”开年仪式在“人类最佳生存环境”“最佳空气负离子吸呼区”鼎湖山举行,同时,通过媒体报道鼎湖山森林生态环境(空气)质量的测定结果。

由于广东省旅游局支持,“广东省‘99中国生态环境旅游年”开年仪式于1999年1月1日在鼎湖山举行,开年仪式成为一个重大社会新闻。1999年1月5日,海尔空调器率先推出“海尔空调、健康空调负离子”促销广告,接着,全国空调器厂家都开始生产销售负离子健康空调器。1999年铺天盖地的负离子健康空调器广告,让普通大众认识了这个陌生的、既看不见又摸不着的专业术语——空气负离子,更建立了空气负离子浓度与人体健康正相关的概念。这边“健康空调负离子”，那边“最佳空气负离子吸呼区”，1999 年开始出现“到肇庆去，到鼎湖山去，到最佳空气负离子吸呼区地方去”的旅游热潮。鼎湖山乃至肇庆市旅游市场被全面激活了，全国性大众化生态旅游市场启动了。

资料来源：

吕健，《肇庆鼎湖山创新旅游主题形象，创造和启动全国性大众化生态旅游市场》，摘自致信网，2004－7－12，http://www.mie168.com/manage/2004－07/

讨论题：

1. 结合案例，分析独立策划人吕健如何以最快的速度树立鼎湖山新的旅游主题形象？

2. 谈谈你对旅游行业“生态营销”的看法。

第三章　房地产行业市场营销

本章学习要点：

- 基本概念
- 房地产商品的独特性
- 房地产市场营销的主要方式
- 4PS 策略在房地产市场营销中的运用

第一节　基本概念

一、房地产市场营销的定义

房地产市场营销是房地产开发企业以企业经营方针、目标为指导，通过对企业内、外部经营环境、资源的分析，找出机会点，选择营销渠道和促销手段，经过创意将物业与服务推向目标市场，以达到占有市场、促进和引导房地产开发企业不断发展目的的经济行为。从某种意义上讲，房地产营销是在对市场深刻理解的基础上的高智能策划，它蕴含在企业生产开发经营的全过程中，由市场调查、方案制定和建筑总体设计、价格定位、广告中介服务、售后服务以及信息反馈等组成。

从总体趋势上看，中国的房地产市场已经进入以需求为导向的发展阶段，市场化程度将逐步加深。因此，房地产营销的产品策略、价格策略、营销渠道策略和促销策略都必须根据市场情况进行合理的创新。

二、房地产商品的独特性

房地产商品是有别于其他经济物品的一般特殊商品，它既有一般商品的共性，又有其特殊性。这种特殊性，归纳起来，主要表现在下列几个方面。

1. 位置固定性

(1)地域特征明显，市场区域性强。地区差异性除了表现在城市的山水、气候、城市规划、消费水平等方面外，对营销影响最大的就是该地区的人文性格差异。开发房地产要更加注重本地市场的研究。

(2)房地产产品在不同的市场上不可通过运输来调剂余缺。

2. 产品的唯一性

(1)不可流水线批量生产。为分期开发、滚动开发创造了条件。

(2)没有完全相同的房地产。位置(楼层、道路、景观)、建材、房型等，产品差异化明显。与普通消费品不同，不仅每一个项目是不同的，甚至连一个房地产项目中的每一套房子都是绝不相同的，无论是面积、楼层、景观，还是面对的消费群都存在着与生俱来的差异性。任何一个房屋产品在市场上都是独一无二的。不同的地段、景观、朝向、楼层使得即使同一个项目同一栋楼的房屋都有其独特的风格。

3. 与土地不可分

房地产是建立在土地基础上的,土地是一个房地产企业生存发展的根本。

(1)在什么地方什么地段的地块,决定了该楼盘产品的属性,直接影响这一产品的类型设计价格定位和客户构成。

(2)以什么样的价格拿到一块什么样的地,对楼盘的市场价值具有决定性的意义。

(3)土地在招拍挂的时候就已经规定了产品类型(商业地产、住宅用地、别墅用地)和建筑面积。容积率、景观设计都要符合当地的市政规划。

4. 生活必需品

住宅不仅是一种商品,它还具有独特的社会属性。房屋满足人们生理和安全等最基本的需求,是建立一个家庭首先要解决的问题,是所有社会成员必需的生活物资。

5. 消费品与投资品的二重性

住宅既可自己消费又可转手倒卖获利或出租获利,具有价值升值和货币功能。

6. 产品的滞后性和不确定性

现在市场一般是滚动开发、期房销售,按照现行房屋预售制度规定,消费者购买的只是半成品。售楼员在沙盘前根据统一说辞给顾客描绘一副美丽的画面,然而交付使用后可能有与当初承诺不符的地方。即使是现房销售,小区景观的变动、周围楼盘的建起、物业管理的变动等,都将影响消费者实际使用的产品。

7. 一次定型

对一个具体的项目来说,物业建成后即定型,品质不能随时代的发展而提升,也不能根据消费者审美取向的改变而改变,反映出的问题只能给后面的楼盘改良的机会,所以客户反馈意见不受重视。

8. 产品的时效性

住宅使用周期长,生产周期短,销售周期短。房地产具有两种寿命周期,其自然寿命期限一般可达几十年至上百年,但经济寿命却很难确定。

9. 房地产开发政策限制性

房地产最具经济拉动作用,受各行各业的影响也大,作为人们生活的必需品,又更多地受到政府政策的限制。房地产业的发展不仅受现行政策的影响,还会受未来政策的影响。

10. 房地产商品交易价格的巨额性

土地是稀有商品,房屋的建造费用很高、使用年限很长,这两方面造成了房地产这种商品价值量巨大。房地产商品交易过程主要是权属转移,商品实体一般不动,经济活动的法律特性比较显著。

三、房地产市场营销的特殊性

1. 房地产市场营销与法律密切联系

房地产商品使用周期长,同一商品在其生命期内,产权可能多次转移,在法律上房地产的使用权和所有权可以分离,所有权者可将使用权以出租的形式出让给第三者使用。此外,房地产经济活动中房地产商品的使用权和所有权还可用于抵押、典当、信托等。在房地产权属登记、转移等方面都需要法律提供保障,所以房地产市场营销与法律制度有密切的联系。

2. 房地产市场营销独特的经济运作方式

在房地产经济运行过程中，与其他行业相比，进入房地产市场难度更大，运行往往缺乏及时的、准确的信息，从而影响到房地产市场信息的准确性。此外，因投资者和消费者进出房地产市场困难，这便形成了房地产经济运行时间上的滞后，给房地产市场营销在时间上的把握带来困难。

3. 房地产市场上政府的政策作用明显

我国政府拥有土地的最终支配权，在房地产经济运行中，政府干预较多。一是政府基于公共利益可限制某些房地产的使用；二是政府为满足社会公共利益的需要还可以对任何房地产实行强制征用或征收。这说明了政府制定长远的房地产政策的重要性。

第二节 房地产市场营销的主要方式

一、关系营销

当前业界流行的整合营销理论，实际上就是关系营销思想的体现。其营销主张重视消费者导向，强调通过企业与消费者的双向沟通，建立长久的稳定的对应关系，在市场上树立企业和品牌的竞争优势。在营销组合中，产品、定价、通路等营销变数都可能被竞争者仿效甚至超越，唯独商品和品牌的价值难以替代，而这与消费者的认可程度紧密相关。因此，开发商必须完全从消费者的角度安排经营策略，必须充分研究消费者需求，努力加强与消费者的沟通，注意关系营造。

二、竞争营销

开发商能否在当前激烈的市场竞争中站稳脚跟，对竞争对手的深入分析和准确应对以及培育自身独特的竞争优势很重要。为此，开发商必须树立竞争营销理念，练好内功，不断提高自身素质，加强培养企业的核心竞争力。开发商要在各区域市场上取得竞争优势必须建构完善的企业治理机构，创造一种持久的发展动力和动力支持系统，以独特而优越的品牌、质量、技术、营销网络等区别于竞争对手的策略占领市场。

三、合作营销

开发商在市场运作中既要讲求竞争，又要寻求合作；既要注意与地方政府、金融机构和其他社会组织的合作，更要注意开发商之间的合作，特别是后者的合作尤为重要。开发商为了获得更大的市场份额而开展各种竞争，当各种竞争压力使之难以支撑时，应多方寻求释放压力的途径，而寻求合作就是一种有效途径。开发商之间通常采用松散性的结盟方式，使合作各方避免直接冲突或共同打造区域品牌，以达到多方共赢的理想效果。

四、文化营销

现代生活给人的外在压力越来越大，人们需要的不是“钢筋水泥的丛林”，他们更渴望居家之中的文化内涵。开发商如果发现了这一点，并加以演绎，就能出奇制胜。开发商必须把创造一种和谐的邻里关系、温馨的居住文化作为经营理念，采取各种有效的措施加强业主之间的沟通、交流。另一方面,为了给孩子创造一个良好的成长环境,购房者对居住小区文化设施的要求越来越高,不仅关心周围文教单位的配置、距离,而且愈来愈重视小区文化设施的数量、品位,以及小区内大部分住户的文化层次。为此,开发商不仅要注意在建筑风格上尽量体现文化内涵,通过富有特色的主题创意,提升住宅小区的文化价值,给人展现一种高品位的美好生活蓝图,而且要注意通过高品位会所、藏书丰富的图书馆、温馨祥和的邻里中心、设施齐全的幼儿园与中小学来营造小区的文化气息。

五、诚信营销

目前,虚假宣传已使购房者不太轻易相信楼盘广告。冲动型购房永远也成不了楼市特征,而对物业这一支出巨大的消费品,购房者关心的不是概念新奇,而是房屋质量过硬、产品物有所值、合同信守兑现、物业管理到家。在房地产业进入全面的整体素质竞争的今天,开发商如果仅仅局限于推出一个新奇的概念,依靠某一简单要素去争取客户,一旦概念失真,反而让购房者困惑和反感,让开发商失去口碑市场。另一方面,当开发商在售房价格上"玩猫腻"、在销售面积上"短斤少两"、在位置表述上闪烁其词以及配套承诺遥遥无期时,不可设想还能否有效地吸引消费者。为此,开发商必须树立诚信营销的经营理念,塑造出开发商的良好社会形象。

六、特色营销

消费者特别是新成长起来的年轻一代,往往把个性能否得以发挥和张扬,作为衡量和选择商品的一个重要标准。为此,开发商必须注意特色经营的重要性,把研究市场需求、强化使用功能、追求个性特色、营造人性空间的思想作为经营理念,不仅在小区布局、建筑外型、色彩、楼层、阳台、内部结构等产品策略方面力求突破雷同,突出居住者个性,而且在广告宣传、价格确定、促销方式等方面也要独具风格,努力成为市场亮点。

七、环保营销

随着环保意识的逐渐兴起,消费者已愈来愈关心自己的居住环境,更加关注拟购房屋的环境设计。他们不仅希望小区内绿草如茵,花团锦簇,有充足的阳光和清新的空气,而且要求住宅小区远离工厂,附近没有污染源。开发商应该以环境保护为经营理念,改变过去寸土寸金、见缝插针的开发模式,充分考虑小区的住宅空间、阳光照射、绿化间隔等,为消费者营造人与自然和谐共生的理想家园。现在不少开发商提出的"搞房地产要先搞环境""卖房子也是卖环境",不能不说已涵盖了环保营销的经营理念。

八、网络营销

随着信息时代的到来和电子商务的发展,房地产市场营销将出现渠道创新,其一便是利用 Internet 网络资源,进行网络营销。现在不少开发商都在互联网上注册了自己的网站,为企业和产品进行宣传和推广。通过互联网双向式交流,可以打破地域限制,进行远程信息传播,面广量大,其营销内容翔实生动、图文并茂,可以全方位地展示房地产产品的外形和内部结构,同时还可以进行室内装饰和家具布置的模拟,为潜在购房者提供了诸多方便。可以预见,随着电子商务的进一步发展,网络营销将成为房地产市场上一种具有相当潜力和发展空间的营销策略。

九、知识营销

悄然临近的知识经济时代使企业经营法则开始发生变化,企业营销活动不再只关注物质分配,更强调为消费者提供更多的应用支持,以此确立新的产品概念和市场秩序,引导消费者产生对新产品的现实需求。在这一背景下,以知识普及为前导、以知识推动市场的营销新思想,应该为精明的开发商所注意和接收。开发商通过开展大规模的住房知识普及活动,向广大消费者介绍房屋建筑选择标准、住宅装修知识、住房贷款方法和程序以及商品房购置手续和政府相关税费,在增加消费者房地产知识的同时,也增加消费者对开发商的认同感。这必然会在引起社会极大反响的同时,也使开发商的销售业绩不断上升。

第三节　4PS 策略在房地产市场营销中的运用

由于房地产具有投资价值大、不可移动性及区位性等特点,其销售难度比一般商品要大得多。为了成功而有效地把房地产产品销售出去,必须根据营销目标及营销市场的特点,采取一系列营销策略。通过营销学中传统的 4PS 策略,将消费者置于房地产营销的核心地位,无论是产品、价格、销售渠道还是促销,都应当以消费者的需求、意愿为首要因素和根本出发点。

一、产品策略

房地产营销产品策略是房地产营销首要因素,房地产企业必须营销市场所需要的产品才能生存。房地产市场营销组合中,房地产产品是最重要的内容。房地产产品可以分为三个层次。

1. 核心产品

它是购买者实际上要购买的主要服务,对购房者来说,他们需要的是家庭感、安全感和成就感。

2. 有形产品

它是指构成房地产产品的品牌、特点、式样、质量等。

3. 延伸产品

它是附加在有形产品上的各种各样的服务,如物业管理、公共设施的覆盖率等。

房地产市场情况表明,消费者的日趋成熟使得房地产产品营销不能单靠一个概念、一个点子,而真正需要的是产品本身。因此,房地产企业在开发楼盘时就必须注重包括产品三个层次在内的所有内容。由于购房者的家庭感、安全感是所有房地产开发商都能满足的,所以在核心产品上,各房地产商都处于同一起跑线,而真正能够吸引消费者,即房地产产品营销能够产生独特作用的方面还在于其有形产品和延伸产品上,房地产产品营销真正倚重且有所突破的也是这两个方面。

二、价格策略

正确认识和妥善处理需求与价格的关系也是房产营销的关键所在,把楼盘的定价控制在一个合理的区间至关重要,日益成熟的市场经济运行机制要求开发商必须把产品的成本加上满足人们需求的科学附加值进行综合分析,才能使楼盘在一个合理的价位上正常销售运行。

房地产的开发建设、买卖、租赁、抵押、土地出让、转让等营销,都是商品经济活动,必须按照市场规律、经济原则实行等价交换。掌握房地产产品的定价方法,灵活运用各种定价的策略是开展房地产市场营销活动的主要手段。在这里将主要介绍房地产定价方法、定价比例和价格调整策略。

1. 房地产定价方法

一栋楼宇或一个小区的销售往往是一个时期的或跨年度的。而消费市场变化莫测,楼宇的定价要能被市场接受,需要一定的超前意识和科学预测,可以说定价部分是艺术,部分是科学。影响价格的因素有很多,主要包括:国家政策、成本、楼盘素质、顾客承受的价格、同类楼宇的竞争因素等。产品的可变成本是定价的下限,上限是顾客所愿意支付的价格。市场中消费者总想以适中的价格获得最高的价值,因此不应把价格和价值混为一谈。定价之后,运行中可以作适当的调整,但不能做大幅度的或否定性的调整,否则会带来非常恶劣的影响。从定价来讲,主要有以下几种方法。

(1)市场比较法。将勘估房地产与相应市场上类似房地产的交易案例直接比较,对形成的差异作适当调整或修正,以求取勘估房地产的公平市场价。

(2)成本法。以开发或建造估计对象房地产或类似房地产需要的各项必需费用之和为基础,再加上正常的利润和应纳税金得出估价对象房地产的价格。

(3)收益法。将预期的估价对象房地产未来各期(通常为年)的正常纯收益折算到估价时点上的现值,求其和得出估价对象房地产的价格。

(4)剩余法。将估价房地产的预期开发后的价值,扣除其预期的正常开发费用、销售费用、销售税金及开发利润,根据剩余之数来确定估价对象房地产的价格。

当然,无论哪种定价方法,均应随行就市,最大限度地获取市场份额。在弄清方法之后,具体执行有低价、高价、内部价、一口价、优惠价等战略。开发商采用低价战略时,入市会比较轻松,容易进入,能较快地启动市场;而采用高价策略则标榜出物业的出类拔萃、身份象征、完善功能、优良环境等,可用高价吸引高消费者入市,但不是盲目漫天要价,要物有所值。

2. 定价比例

一般来说,先设定一个标准层,高层一般定在1/2高度,多层一般3~4层(9层以下)为最好。然后确定一个楼层系数,标准层以上一般每层加价比例为0.8%,标准层以下每层下调0.5%。在高层建筑中,7层以下因其视野受限,一般应为低价区,顶层与低层的价格一般相差约30%。用户选择购房不仅受楼层的影响,房子所处两个主力面的景物和视野如街景、江景、马路等亦是影响楼价的因素之一,即朝向系数。一般来说,江景、街景等给人以视觉上的享受,朝向系数大,为8%~10%左右,而临马路边因其噪音大,尘埃多,朝向系数亦低,为3%~5%之间,楼盘的南、北两个方位,如无景观差别,一般南面售价高于北面。有的楼盘,因其朝向系数不合理,好的楼层和好的朝向全部卖光,剩下的全部都是不好卖的,使楼盘出现滞销状态。商铺的定价,由于一般顾客购物习惯在首层,因此首层商铺定价一般是住宅平均价的三倍以上。

近年来,由于市区机动车保有量增加迅猛,车位增长量远远没有跟上车辆增长速度,因此,车位就成了稀缺资源。车位的定价可以按照其紧缺程度而采用随行就市的定价方法。

3. 价格调整策略

房地产价格调整策略可以分为直接的价格调整、优惠折扣两方面内容。直接的价格调整就是房屋价格的直接上升或下降,它给客户的信息是最直观明了的。直接的价格调整主要有两种形式。

(1)基价调整。基价调整就是对一栋楼的计算价格进行上调或下降。因为基价是所有单元的计算基础,所以,基价的调整便意味着所有单元的价格都一起参与调整。这样的调整,每套单元的调整方向和调整幅度都是一致的,是产品对市场总体趋势的统一应对。

(2)差价系数的调整。每套单元因为产品的差异而制定不同的差价系数,每套单元的价格是由房屋基价加权所制定的差价系数而计算来的。但每套单元因为产品的差异性不同导致的市场接纳程度不同而并不一直和原先的估计保持一致。差价系数的调整就要求根据实际销售的具体情况,对原先所设定的差价体系进行修正,将好卖单元的差价系数再调高一点,不好卖单元的差价系数再调低一点,以均匀各种类型单元的销售比例,反映出市场对不同产品需求的强弱。差价系数调整是开发商经常应用的主要调价手段之一。有时候一个楼盘的价格差价系数可以在一个月内调整十几次,以适应销售情况的不断变化。

(3)优惠折扣。优惠折扣是指在限定的时间范围内,配合整体促销活动计划,通过赠送、折让等方式对客户的购买行为进行直接刺激的一种方法。优惠折扣通常会活跃销售气氛,进行销售调剂,但更多的时候是抛开价格体系的直接让利行为。优惠折扣和付款方式一样,有多种多样的形式,譬如一个星期内的现实折扣;买房送空调、送冰箱,或者送书房、送储藏室,购房抽奖活动,等等。优惠折扣要做得好,首先要让客户确实感受到是在让利,而不是一种花哨的促销噱头。同时,优惠折扣所让的利应该切合客户的实际需要,是他们所能希望的方式,只有这样才便于促进销售。再者,不要与其他竞争者的优惠折扣相类似,优惠折扣在形式上的缤纷多彩为开发商标新立异提供了可能。

三、渠道策略

中国房地产行业中,房地产营销渠道策略可以大致分为企业直接推销、委托代理推销以及近几年兴起的网络营销、房地产超市等。

企业直接推销,是指房地产开发企业通过自己的营销人员直接推销其房地产产品的行为,也称为直销或自销。直接推销的优势在于它可以帮助房地产开发企业节省一笔数量可观的委托代理推销的费用(相当于售价的1.5%~3.0%),但推销经验的不足和推销网络的缺乏也是这种销售渠道的致命缺陷。由于中国房地产市场正处于起步阶段,房地产市场的运行机制尚不健全,必需的人才与管理经验还有待于积累发掘,所以直接推销还是中国房地产销售的主要渠道,在房地产市场发展的将来,它依然会占据重要位置。

委托代理推销,是指房地产开发企业委托房地产代理推销商来推销其房地产产品的行为。所谓房地产代理推销商,是指接受房地产开发企业的委托,寻找消费者,介绍房地产,提供咨询,促成房地产成交的中间商。委托代理商可以分为企业代理商和个人代理商,前者是指由多人组成的具备法人资格的代理机构,后者是指中介代理的个人,即经纪人。

网络营销是信息时代和电子商务发展的产物,它也运用到了房地产市场营销上,中国出现了一些以房地产为主要内容的网站,如搜房网、中房网等,它们为房地产企业和消费者提供了全新的信息沟通渠道;同时,许多房地产商也利用Internet网络资源,进行网络营销。2000年9月,上海“青之杰”花园推出了全国第一本电子楼书,标志着网络房地产营销又增加了新的手法。

房地产超市营销是最近在浙江、上海等地出现的一种全新的营销渠道。它的出现表明中国房地产销售开始告别传统的开发商自产自销的单一模式,进入一个以超市为显著特征的商品零售时期。有专家认为,房地产超市是中国楼市营销理念、方式的一次改革和突破,为商品房销售带来了新的思路和转机。

四、促销策略

房地产促销策略,是指房地产开发商为了推动房地产租售而面向消费者或用户传递房地产产品信息的一系列宣传、说服活动。通过这些活动帮助消费者认识房地产产品的特点与功能,激发其消费欲望,促进其购买行为,以达到扩大销售的目的。房地产营销促销策略主要可以分为广告促销、人员促销、公共关系、营业推广。

1. 广告

广告是向人们介绍商品信息,输送某种观念的一种公开的宣传形式。房地产广告的突出特点是广告期短、频率高、费用大。房地产广告的诉求重点有:地段优势、产品优势、价格优势、交通便捷优势、学区优势、社区生活质量、开发公司的社会声誉等。房地产广告可供选择的形式有以下几种类型。

(1)印刷广告。利用印刷品进行房地产广告宣传相当普遍,这也是房地产产品进行营销的主要手段之一。报刊、杂志、有关专业书籍以及开发商或其代理商自行印刷的宣传材料等,都是房地产广告的有效载体。

(2)视听广告。电视、电影、霓虹灯、广告牌以及电台、广播等传媒方式都是宣传房地产产品的有效视听广告。

(3)现场广告。在施工现场竖立的现场广告牌以及工地四周围墙上的宣传广告,均可用以介绍开发项目情况。

(4)信函广告。包括商品房目录和说明书等。根据楼盘不同的类型、租售范围以及广告费用,开发商应当选择适当的广告类型和广告策略,从而达到最大的宣传效果。

2. 营业推广

营业推广是为了在一个较大的目标市场上,刺激需求,扩大销售,而采取的鼓励购买的各种措施。多用于一定时期、一定任务的短期特别推销。营业推广刺激需求的效果十分明显且费用较少。开发商可以通过开展大规模的住房知识普及活动,向广大消费者介绍房屋建筑选择标准、住宅装修知识、住房贷款方法和程序以及商品房购置手续和政府相关税费,在增加消费者房地产知识的同时,也可以增加消费者对开发商的认同感。另外开发商还可以举行开盘或认购仪式、项目研讨会、新闻发布会、寻找明星代言人、举办文化与休闲活动、业主联谊会等,这些活动可以极大地提高房地产企业的知名度,从而使企业的销售业绩不断上升。在重庆等地每年都要举办的房地产交易会也是开发商展示自身实力的舞台,据统计,每次房交会上,各房地产开发商都会有一个不凡的成交量。

3. 人员促销

房地产人员促销是指房地产促销人员根据掌握到的客户信息,向目标市场消费者介绍开发商及其房地产的情况,促成买卖成交的活动。人员促销的优点在于:目标客户明确,促销力量集中,成交率高;与客户面谈,有利于联络与密切同客户的感情,有利于信息反馈,有利于了解同行业的开发建设和营销动向。当然,人员促销方式对促销人员的素质要求比较高。促销人员一般必须具备以下条件和素质：具有丰富的房地产知识和合理的知识结构；及时掌握正确的房地产市场信息；具有良好的经营理念和业务素质。促销人员在日常工作中，要注意对商圈内所有顾客的详细资料包括地址、姓名、电话号码等建档，以便随时跟踪。

4. 公共关系

房地产公共关系促销活动包括：争取对房地产开发商有利的宣传报道，协助房地产开发商与有关各界公众建立和保持良好的关系，建立和保持良好的企业形象以及消除和处理对房地产开发企业不利的谣言、传闻和事件。

习题

1. 与其他商品相比较，房地产商品的独特性体现在哪里？
2. 谈谈房地产市场营销的主要特点。
3. 谈谈房地产市场营销的主要方式。
4. 谈谈房地产市场营销的4PS组合。
5. 有人说，房地产企业的主要促销策略就是降价，你同意吗？为什么？

案例学习及讨论

案例1　万科城市花园

深万科于1988年涉足房地产，1992年将项目开发定位于城市居民中、高档住宅，并创立了“万科城市花园”品牌。经过数年努力，万科在地域上由开始的12个大城市集中到深圳、上海、北京、天津和沈阳等经济发达、人口众多的区域经济中心进行规模性开发。“万科城市花园”以其设计精心、配套完备和物业管理良好，在我国房地产领域创立了品牌优势，在社会营销观念的实践中取得了可喜成绩。它明确提出，建筑规范仅是设计的边界，而设计的内涵必须来源于目标市场需求和设计师因地、因人制宜基础上的创造——即把现代营销观念应用于项目的策划过程中。来自社会和消费者市场的营养和灵感才能使万科之树常青。早在1991年，万科就提出“建筑产品要成为城市景观的组成部分”的经营理念，实践造就了万科在我国住宅市场开发领域的超前意识，取得了建筑住宅精品的综合经济与社会效果。

万科在项目开发中，强调建筑产品要以人为本。城市花园的整体规划构思以丁字路口和错落布局为特色，追求人与人、社区及自然相融和。在项目规划中，不盲目跟风，追求高容积率，保持了顾客对万科房产高满意度，公司也得到较好的利润回报。值得一提的是，万科对建筑设计和社区绿化边际利润的认识已从定性阶段深入到定量阶段：优良的园林绿化可以带来5倍左右的收益，即小区多花50元/平方米的绿化植景费改善环境，将提高房价250元/平方米。万科从十年的销售情况与住房反馈中，认识到项目的整体营销管理水平是构成房地产企业核心竞争力的基本要素。

资料来源：

覃彦玲，《房地产营销观念与案例分析》，摘要《重庆建筑大学学报（社会科学版）》，2000年第2期，有改动。

讨论题：

1. 万科的营销策略进行了哪些调整？
2. 房地产企业的营销策划需要考虑到哪些因素？

3. 你认为万科发展如此之快得益于哪些方面?

案例2 碧桂园的营销之路

目前广州流行的楼市营销手法和理念,不少是出自碧桂园的手笔。如免费睇楼车;全现楼销售,园林绿化、花园会所、生活配套设施等随现楼推出;春节开盘售楼;别墅交楼标准带全屋装修、园林园艺;将社区规划由综合社区上升至城市的层面。碧桂园的创新始终贯穿于碧桂园营销的始终,从产品设计、营销手法到企业运营,碧桂园一次又一次的创新,是该集团综合竞争力不断增强的关键原因。

一、从带装修售房到“全现楼”销售

1999 年,当广州市场上大部分还是毛坯房产品发售的时候,广州碧桂园首推全现楼带豪华装修的花园洋房,社区配套、园林绿化同期交付,3 000 套洋房别墅在一个月内被抢购一空。接着 2000 年,华南碧桂园开始尝试别墅带装修发售;到凤凰城开盘时,碧桂园更对洋房和别墅产品进行了细致分类,制定不同的豪华装修标准。2005 年,凤凰城更将私家花园的园林园艺也制定成交楼标准,根据产品和地形地貌的变化规律,设计出近千款产品。

二、从配套先行到城市化运作

从最初配套先行的(五星级学校 + 会所)模式领跑中国房地产市场,到今天(五星级酒店 + 高尔夫 + 主题公园)城市化运作的跨越性探索,碧桂园的大盘运营越来越引起全国业界关注。

20 世纪 90 年代初期,顺德碧桂园率先进行了教育先行的大胆尝试。以教育启动房地产,以学校为依托,引发了中国房地产业的第一次“革命”。到 2002 年凤凰城创造了“别墅城市”的概念,突破了传统上小区的概念,将社区文化向外辐射,小区商业向外拓展。

2005 年,碧桂园假日半岛更开创性地将五星级酒店、故乡里主题公园、国际标准高尔夫球场、商业广场、大型滨水公园、8 000 亩天然湖泊及绵延的王子山脉有机结合,集休闲、旅游、度假、居住多种功能于一体,让市民过起了全新的“4 + 3”度假居住模式。

三、传奇性的营销理念

从首次开通免费看楼车服务,到颠覆春节不卖楼传统,到“白领也可以住别墅”,乃至今天“平过自己起屋”,碧桂园每一次营销理念的创新上市都带着传奇色彩。

1999 年春节,当广州许多开发商还在欢度新春佳节之际,碧桂园却审时度势,打破常规,大年初一就开始推盘,并首家开通拥有 50 辆大巴的“免费睇楼车”队。至此,碧桂园成为房地产假日经济的领头羊。

2002 年,凤凰城凭借“白领也可以住别墅”这一全新的营销理念,掀起了别墅抢购的风潮。2005 年国庆,碧桂园假日半岛凭借创新的配套模式、创新的交楼标准、创新的生活模式,以及“平过自己起屋”的营销理念,吸引了广州、深圳、东莞、清远、香港等地买家蜂拥而来,仅仅 7 天时间,看楼人数逾 10 万人。

资料来源:

遊满,《碧桂园集团:从区域品牌到全国品牌》,摘自金羊网,http://www.ycwb.com/xkb/2007-07/,有删改。

讨论题:

1. 碧桂园在市场营销方面进行了哪些创新?

2. 你认为碧桂园成功营销的因素是什么?

3. 请你对碧桂园的市场观念进行分析评价。

案例3　房地产广告语鉴赏

香格里拉

精雕细琢玉玲珑钟爱一生　国宝级窗景的永久居留权

别人有的香格里拉也有　而香格里拉有的,别人却不一定有

水莲山庄

有安法水莲专业的健康管理,你只要轻松就能健康生活

生活与健康同步,安法水莲

阅读欧洲

阅读,让心灵澄静自觉

家,让生活慰藉

阅读是一种体验,享受,品位,咀嚼,

灵感,发现,重新开始的乐趣

"阅读欧洲"让您以看风景的心情来欣赏家

建筑年鉴

在文山最精华的地段,成就一世纪只有一次的完美

人文经典大宅超然落成

精质六米楼中楼大户,大安换屋第一选

静静数千坪大自然书房,建筑年鉴为您收藏

御松园

日本国宝大师与台北企业家的感动相遇

从禅艺盎然的京都意境走进生活圣殿

坚持在最好的地点与世界级的一流团队合作

您的家将在世界上留名

盛宴

用什么奠定百年基业　用什么匹配显赫尊荣

用什么报偿半生戮力　用什么打造传世家徽

盛宴"惟我论"

20世纪国际首席建筑大师——为您打造无价的1/1

新闻线上

公园、绿荫、纯住宅

软体园区生活圈中,最耀眼的住宅之星

新名宅身段,中产阶级价位

新时代对门同居新风潮

丽致文林

家之极致,专注品位,用心建筑

巴黎的灵感,上海的风情与隽永的台北

中悦仁爱广场

满足内心最大渴望不只是世界级豪宅，更是典范豪宅
海神
您，用什么来DNA一栋真正的豪宅
知识经济新豪宅
香港地产
都会豪庭灵秀群山别洞天　丰林万里倩云载　都会魅力见非凡
只缘身在此山水　优游碧海自得意
世纪都会　气象万千　闲暇畅乐　咫尺逍遥
显赫气派　现代优雅　谴兴舒怀　随意关心
当您可以选择的时候，生活才是享受
情寻世外欧意地，逍遥千色星月天　且歌往来八方间
写意满足，谱奏生活乐曲
新都城
一室内尽享生活优游　从容间　驾驭都会节奏
微风中　徜徉悠闲步调　星空下　邀约繁华共舞
晨曦中　洋溢温馨情怀
浅月湾
超然景致堪赞欢　登堂赏雅意无限　滔滔水色在此间

资料来源：

豆瓣社区，http://www.douban.com/，有改动。

讨论题：

1. 在诸多房地产广告中，你最欣赏的三条广告创意是什么？试着点评一下。

2. 你认为房地产广告语创意成功的关键点是什么？

3. 在以上房地产广告语中，随意挑选3～5则房地产广告，说明这几则房地产广告诉求的核心是什么？

第四章　移动通信行业市场营销

本章学习要点：

- 移动通信业的基本特点和竞争趋势
- 移动通信业市场营销的基本方法
- 移动通信业的营销策略
- 移动通信业的营销创新策略
- 移动信息化蓝海市场拓展
- 移动通信业市场营销的成功要素分析

第一节　移动通信业的基本特点和竞争趋势

一、基本特点

1. 用户规模居世界前列

通过20多年的发展，我国的移动通信业已取得了迅猛的发展，形成了一个世界领先水平的信息通信网络，同时移动通信业的高速发展也为我国经济的高速发展起到了强有力的支撑和保障作用。目前，我国的移动电话网位居世界第一，数据和多媒体通信网络的发展速度也位居世界前列，移动通信市场日趋成熟，增值业务不断丰富，应用功能也越来越多样化和个性化。目前，我国已经拥有世界第一大电话网和第二大移动电话网。

2. 收入结构不断变化

移动通信业务主要由话音业务与非话音业务组成，由于通信技术的移动性、实时性、多样性、快捷性等特点，推动通信业务及运营体制框架逐步转型，促使通信业趋于移动化、宽带化、IP化和多媒体化，基于因特网的数据多媒体通信业务逐渐成为信息通信业新的增长源泉，传统的语音业务收入占比不断下降，而非话音业务的收入所占比例的迅速增加是这一阶段我国移动通信业发展的重要特征。以信息技术为核心的高新技术产业成果加速转化为生产力，社会对信息网络、技术的需求不断攀升，形成了推动通信业快速发展与变革的动力。电子政务、电子商务深入推进，3G发展与两化融合，农村通信和信息化建设取得新的进展。宽带基础设施进一步完善，通信业转型步伐加快，非话业务收入占全部业务收入的比重达到37%。从移动通信话音业务收入与非话音业务收入的比例来看，话音收入比例日益下降，意味着多元化的新兴通信业务的高速发展，其已经成为未来移动通信业的主流发展方向。

3. 资费水平持续走低

日益激烈的市场竞争推动着移动通信产业的高速发展，移动通话时长与移动用户规模成正比，与平均资费成反比；平均资费与移动用户规模和市场竞争激烈程度成反比。随着竞争的不断加剧，移动通信资费持续下降，而服务质量不断提升。在这两个因素的驱动下，移动电话通话时长屡创新高,移动电话 MOU 值(即平均每个用户每月的通话时长,单位为分钟)逐年上升,移动通信逐渐走进千家万户,成为大众化的通信方式,为广大民众的工作和生活提供了极大的便利,有效促进了国民经济的发展。

4. 增值业务种类增多

移动增值业务和服务质量方面表现出十分明显的两个提高,一方面,随着技术的不断发展和大众对移动服务需求的不断提高,新的业务不断出现,并且业务规模持续攀升;另一方面,随着用户数的逐渐增加,移动通信产业的蓬勃发展,移动通信服务质量也逐渐稳步提高。

5. 业务收入持续快速增长

移动通信业务收入增加值占 GDP 的比重不断增加,对国民经济的贡献率显著提高。伴随着国民经济的高速发展,移动通信业一直保持着快速增长的势头,移动通信业务总量和业务收入的年均增长率分别保持在 30% 和 14% 左右,在国民经济的结构性调整中发挥了积极作用,移动通信业已经成长为带动国民经济发展的基础性、先导性、战略性产业。

6. 推动信息化迅猛发展

移动通信业在推进信息化建设中充分发挥了技术、业务、网络等基础性作用,提高了政治、经济、文化、军事、科技等社会各行业、各领域的运作效率,对于转变经济增长方式、促进经济社会的全面发展作出了重要贡献。移动通信业的发展带动了信息服务业的发展,并萌生出新的工作形态,创造了大量社会就业机会。随着移动通信业规模的扩大和业务服务的繁荣,对增加社会就业的作用愈加显现;电信服务产业链的延伸和扩展,也间接创造了更多的社会就业机会。用户越来越享受到个性化、多样化、价廉质优的电信服务。移动通信业在社会生活中的广泛应用,深刻地改变着人们的工作、生活和学习方式。与用户通信需求相适应,各类电信新业务不断涌现,业务向个性化、定制化和更高附加值方向发展,对于中国人民而言,电话不再是生活奢侈品,而成为生活必需品,大大提高了城乡居民的生活质量。

二、竞争趋势

1. 从与固话的协同效应到替代效应

从全球范围来看,移动通信和固话之间的协同效应正逐渐消失,移动通信对固话的替代作用正在增强。随着固话运营商获取移动牌照,移动通信的相对优势正在消失。

2. 行业竞争从争客户到竞产品、比服务、拼实力

随着移动市场份额的相对稳定,运营商之间的竞争不再是单纯的价格竞争,而是更为多元化、复合化的竞争组合,竞争的焦点也逐渐转变为规模之争、实力之争,集中体现为运营商在服务、业务、网络、宣传等方面的优势。

3. 移动业务从身份型消费到日用型、电子商务型消费

随着移动通信资费的不断下降,终端设备性价比的不断提升,移动业务逐渐从原来表征地位、阶层的身份型消费品,转化为以语音业务为代表的大众化消费品和以数据业务为代表的娱乐型消费品。运营商必须准确把握业务的差异,通过精细化成本分析,创造性地开展价格捆绑和市场营销。

第二节 移动通信业市场营销的基本方法

移动通信行业作为一个知识密集型的信息技术产业和业务服务不断更新发展的信息服务行业,在现代市场经济条件下,在竞争形势日趋激烈和社会信息高速发展的趋势下,必须十分重视市场营销的管理,重视市场营销管理体系的建设和完善。由于移动通信业自身存在着产品信息内容复杂、用户规模大、传播内容更新快以及与客户直接接触少等特点,从而使移动通信业的营销推广也具有自身的特点。

一、存量客户市场的营销

1. 延长客户生命周期

(1)研究客户生命周期的管理。引入客户生命周期管理的考核指标,量化实施成效。把握客户认知、客户购买、客户服务、交叉销售、优惠回馈、离网预警、离网挽留等关键环节,延长客户生命周期,提升客户生命质量。

(2)优化营销策略。控制各品牌资费结构调整的次序和节奏,防止互相对撞,节约营销资源;深入开展"触发式营销""甄别营销""网龄营销",研究号码激励的可行性,提高营销效率。要完善市场竞争力诊断模型,建立低成本运营体系。

(3)赋予品牌新内涵。倡导"细节成就品牌"的理念,设立品牌经理,以品牌资产的提升为重点,优化经营行为的评估和考核,深化品牌文化内涵,实现品牌形象高一致性、品牌服务高附加值、资费设计高清晰度、客户选择高自主权的"四高"要求。全球通"高门槛,低资费",重点优化推广八大套餐,稳定和扩大"通信中产阶级";动感地带善于借鉴互联网社区制等模式发展用户,同时要强化业务创新,深化其"年轻人地盘"的品牌文化内涵;神州行/大众卡加快品牌融合,提供更加可靠的基础服务,继续执行"低 ARPU、低 MOU、低成本"的扩张策略,强化资费实惠的客户感知,配套低价终端吸纳低端用户。

(4)宣传方式贴近客户。利用服务厅移动超市,新农村、中小企业信息化示范点开展体验化宣传;利用"挂名挂牌挂号码""出钱出力出服务"开展形象化宣传;利用送戏下乡、电影进厂、文化广场、刷墙广告等开展平民化宣传;加强定向广告宣传和分众传播创新,整合与提高客户接触面的传播效率。

2. 客户多重捆绑

(1)多样化策略进行客户捆绑。通过套餐捆绑、充值捆绑、终端捆绑、服务捆绑、积分捆绑和信息化捆绑等各种方式,提高签约客户的捆绑率,保持话务在网内。

(2)营销手段要差异化。针对大客户,加强客户经理一对一营销,大力开辟服务新利润区,促进服务的有价化和可销售化;针对预付费客户,善于进行"精确营销",改善"大进大出"现象;针对所有客户,加强电子渠道建设,既方便客户办理业务,又节省服务成本,争取大幅提升电子化业务办理所占比重。

(3)服务内容要个性化。特别是对高价值客户,要在高品位、尊贵感上下功夫,开发一些"离不开的服务""买不到的服务"。

3. 集团客户捆绑营销

(1)建立集团营销团队。组织建立健全的集团服务组织架构。整合企业内部的营销服务技术支撑力量，建立由客户经理、行业经理、产品经理组成的集团服务队伍，形成虚拟团队管理、无边界管理、一体化管理多种模式的服务体系。

(2)建立社会化的“数字化部队”。善于利用社会资源，建立有社会各界参加的信息化顾问委员会，联合社会上下游企业，组成一批“数字化部队”，借力发力，协助解决政府、行业、企业集团、中小企业面临的各种信息化应用问题。集团服务的关键是要做好客服产品线的设计工作。集团服务的目的主要是实现四个捆绑：话音捆绑、业务捆绑、服务捆绑和信息化产品捆绑。

(3)改变服务理念从“为产品找客户”（以技术为导向），转变为“为客户找产品”（以市场为导向），为客户提供个性化的整体解决方案。

4. 创新商业模式

深入到集团客户的生产、管理和商务之中，针对客户关系管理（CRM）、企业资源计划管理（ERP）、供应链管理（SCM）三个重点领域，实现商业模式创新。

(1)向客户的客户延伸（B－B－C），如移动证券、手机报纸杂志等；

(2)向客户的员工延伸（B－B－E），如短信办公系统，内部物流配送系统；

(3)向自动化生产管理流程延伸（M－M），如电力信息化应用、无线数据采集等；

(4)向用户的合作伙伴延伸（B－B－P），如移动供应链管理系统；

(5)通过政务信息化来辐射延伸（B－G－C），如市长短信热线、移动交警执法系统、综合应急通信平台、农村信息机等。

二、增量客户市场营销

1. 拓展县域市场新空间

城市市场已经相当饱和，但县域市场还有潜力。大力发展县域市场，促进公司全面发展。县域市场的重点是地市直管的乡镇市场，其已成为新增市场的主攻方向和重要增长源。

(1)“营销深入”。发挥县域市场的网络覆盖优势，突出产品的价格竞争力，完善县域市场渠道体系，加大分销力度，采用刷墙报的宣传方式，提高知晓度；要重点瞄准镇村干部、医生、教师、专业户、渔民、私营企业主等群体，发挥他们的影响力和辐射力，向农民客户渗透和伸延；控制低端客户的获取成本和无效话务，提升入网质量和入网价值。

(2)“资源倾斜”。把成本、人力等资源向县级公司倾斜，提高县级公司的竞争力，增强其发展后劲。要把县级公司的市场占有率、收入占有率、经营规模列入市级公司领导班子的 KPI 考核指标。市级公司要充分授权，因地制宜，推行“一县一策”的政策配套。

(3)“梯度发展”。根据各县级公司发展状况、经营规模以及所在地级市经济水平和地理区位，将县级公司分成超强县、强县、明星县、普通县等不同梯次，实行差异化的考核指标、工作指导、业务培训，对收入已超过当地电信的县级公司要进一步扩大收入领先幅度；对收入接近当地电信的县级公司，要提出明确时间表，迅速赶超；对收入与当地电信还有较大差距的县级公司，要以当地电信为标杆，争取迎头赶上。

(4)“强县升级”。实施对强县、超强县的考核激励机制，通过表彰通报、职级提升等方式，强化一点，带动一批，形成你追我赶的发展局面。同时要在强县、超强县中积极探索机构设置、岗位聘任、业绩考核新模式。

(5)“重心下移”。加强基层能力建设，促进人才流动，加强能力培训，保证“能力下移”；要完善“一镇一店，一村一人”渠道体系；要通过联席会议、专题分析会议、专家组会议和现场办公（座谈）会等形式，加强省县级、市县级之间的纵向交流，保证“沟通下移”；市公司管理层要分头建立挂钩联系点，职能部门要成立小组，对营销服务项目进行统一推进，确保县级公司的有效执行，省市公司要对县级公司进行更深更细的市场调查和工作研究，深入基层、深入实际、发现问题、研究解决，保证“工作下沉”。

2. 高校市场

高校市场是最具特色的市场，也是极具战略价值的市场之一。其一，学生群体庞大；其二，市场价值可观；其三，市场潜力巨大。每年高校都录取新生，带来了巨大的新增客户拓展空间。高校学生群体又是新业务推广的重点市场，价值提升潜力巨大。

（1）入学开拓阶段。营销策略主要采取鼓励客户增加通话次数、通话时间、数据业务使用量，如开展“假期漫游消费奖励”活动等。以广东肇庆为例，每年暑期漫游费用大幅提升并获得奖励的客户数约为24万人次。

（2）在校维系阶段。营销策略包括举办动感地带校园活动（如电影节、动漫节、街舞比赛）；开展各项助学创业活动。动感品牌高校知晓率达100%，形成了强势宣传效应，打造了良好的品牌形象和公司形象，并可稳定客户，培养客户忠诚度。

（3）毕业关怀阶段。这是营销的另一个阶段，而不是营销的结束。为了稳定客户、预防客户离网，实行充值分月赠送、预存话费优惠购机活动。一般情况下，5～6月份参加优惠活动客户数约2万人次，通过客户捆绑，延长了客户在网时间，并增加了客户消费；引导本地动感地带高价值客户加入全球通；“毕业生关怀”活动由此展开，以有效吸引并获取新客户，防止客户流失，促进客户向高端品牌迁移。

3. 外来工市场

尽管外来务工人员普遍收入相对不高，但他们年轻、流动性强，绝对数量增长强劲，通信及信息需求旺盛，是移动通信业竞争的关键点。主要的营销手段包括：

（1）收编社会渠道。设立区域服务营销中心，采用酬金与积分手段，与渠道商签订紧密型合作协议，发展直供渠道，快速扩大在渠道中的影响力和控制力。

（2）组织“进厂营销”。集中精锐力量重点突破。针对工厂多、分布广及工人收入低、通信需求旺盛的特点，进行“区、厂、街、村”四大区域重点服务，开展营销活动，有效拓展厂区外来工市场。

（3）快速进驻非直接销售渠道。大力推进“无址渠道”的营销力度，为客户提供更全面的服务渠道与方式。

4. 节展市场

重要节假日、会展也是移动通信行业进行市场拓展的良好时机。

（1）关键客户营销。这类客户对通信产品的网络质量和服务质量的要求较高，对资费价格不敏感，主要包括外国客户、外地客户、商务客户等。

（2）关键时间营销。客户到达；客户参加展会；客户生活休闲。

（3）关键地点营销。重要交通部门有车站、机场；必经生活场所有酒店、宾馆；展馆。

（4）关键营销措施。以站场促销，为客户提供无缝衔接的通信服务；为各国外宾提供租机服务，为外地来宾提供异地缴费；联合社会渠道力量，加大分销商展会促销激励力度，为客户提供全方位服务；各销售服务点加强体验功能，在为客户提供更好服务的同时推广新业务与信息化。

第三节 移动通信业的营销策略

一、差异化营销策略

经济发展不平衡,各地情况不同,社会阶层多元化,消费需求也呈现多元化趋势。细分市场,对不同的目标客户采取不同的营销策略,也是移动通信行业市场营销的重要特点之一。差异化服务是服务领先的发展方向,移动通信行业差异化服务的三个内涵包括:

(1)服务界面差异化。高端客户服务要向品位化突破。为高端用户建立俱乐部,推出VIP联名卡,开展形式多样的时尚运动、管理论坛、私家车俱乐部、女性俱乐部和会员服务。

(2)服务内涵差异化。结合客户消费习惯和品牌细分市场,在服务环境、服务内容、服务时效上进行区分,提高服务的综合效益。

(3)服务接入差异化。实施分层接入服务计划,重点关注集团客户所在地的网络接入,全力保障VIP客户和队列的优先接入,有效区分城市中央商务区和农村地区的差异接入。

二、品牌营销策略

品牌传播的灵魂在于显性化,要通过对品牌体系的梳理和宣传,提升以下四个方面:

(1)提升客户对“形象价值”的感知度;

(2)提升客户对“优质服务”的感知度;

(3)提升客户对“网络质量”的感知度;

(4)提升客户对“新业务”的体验度。

三、服务营销策略

随着市场发展,移动通信业的服务内涵日益丰富,服务范围不断深化,服务能力显著提升。以客户细分为基础,对内集中优势,对外扩大合作,不断创新服务手段,建成优势鲜明的三个“服务网络”。

(1)“VIP俱乐部”资源合作网络。通过与社会资源的双赢合作,不断丰富品牌附加值,不断提升品牌形象。

(2)集中化的热线服务网络。建立统一的服务平台,实行统一服务标准,全面实现客户投诉、咨询集中处理,客户服务集中化。

(3)电子化服务网络。建设统一的网上营业厅、短信营业厅、电话营业厅、自助营业厅,全年电子化服务占比不断提升,电话服务与主动营销功能不断增强。

四、渠道营销策略

渠道是营销链条的“第一环”。渠道的优势就是市场的优势,渠道的布控就是市场的控制力。移动通信业建立起了自有渠道、社会渠道、电子渠道等组合的渠道结构体系。

1. 渠道的作用

首先,渠道是主导市场的“杠杆”。在原来自办营业厅的基础上,移动通信业又发展了专营店、代办点、代销商等销售渠道形式,而且正快速由城市渠道向农村渠道发展。移动通信业重点发挥核心渠道的主导作用，除了加大自有营业厅的控制力度，还需加大紧密层渠道合作力度，有效控制大卖场、家电连锁、手机连锁、商城超市等大型零售渠道。不断扩大电子化渠道服务范围、服务种类，大力开发非物流、非金流的电子服务，积极培养用户使用电子渠道的习惯。

其次，渠道是移动通信业的“第三分支”。渠道建设坚持两手抓，一手抓服务，一手抓管理，并建立完善三个机制。一是考核管理机制。积极引入核心营业厅一体化考核管理体系，做到服务内容、服务质量的标准化、统一化。二是末位淘汰机制。大力开展渠道末位淘汰，重点清理整顿代销渠道，坚决清退关闭损害公司利益的渠道。三是话费补贴机制。要考核渠道发展用户的 ARPU 值、在网时间、新业务使用等三项指标，在有条件的地区试行差异化的年度话费补贴，滞后补贴分配。

同时，社会渠道也会带来一些问题：一是销售商通过囤积产品和调节价格操纵市场，使得通信运营商的促销和宣传无法有效传递到渠道的末梢；二是影响战略的实施，企业的发展需要渠道积极转型，增强服务、宣传以及新业务推广能力，但社会渠道却无心于此；三是社会渠道永不满足地追求更高酬金，忠诚度不高。所以，需要加强对社会渠道的管理与控制。

2.“CFTIME”渠道服务模式

(1)“C 模式”就是 Counter 模式，渠道的柜面服务模式，依托公司自有渠道、合作渠道和大卖场，集中优化柜面服务。

(2)“F 模式”就是 Face2Face 模式，渠道的面对面营销模式，依托大客户经理、首席客户经理，为客户提供一对一的互动营销服务。

(3)“T 模式”就是 Telephone 模式，渠道的电话营销模式，依托电话客户经理，开展针对性的隐性营销。

(4)“I 模式”就是 Internet 模式，渠道的互联网模式，依托公司网站，整合服务界面，扩大服务范围。

(5)“M 模式”就是 Mobile 模式，渠道的移动服务模式，依托手机终端，集中开展短信服务。

(6)“E 模式”就是 Electronic 模式，渠道的 24 小时自助服务模式。

第四节　移动通信业的营销创新策略

一、热线营销

12580 是中国移动广东公司客户服务中心开辟的新服务热线，它通过电话客户经理主动为客户服务，提供丰富的生活资讯。广州、深圳中心的 12580 热线服务开展得如火如荼。12580 提供生活资讯服务包括以下内容。

(1)电话预约办证业务。12580 与出入境管理部门合作，推出了电话预约办证服务。客户拨打 12580 可预先填写必要资料并确定时间，避免长时间等待的烦恼。

(2)法院案件信息查询。12580 与广州市中级人民法院合作，推出了案件信息查询服务，拨打 12580 即可了解民事案件的进展。

(3)商旅服务。12580推出了包括订机票、订房、客运信息查询等内容的商旅服务,以便客户足不出户就能订到国内国际机票和世界各地的酒店。

(4)1258114查号服务。该服务(移动蓝页)业务以人工语音、短信、WAP三种方式为移动客户提供省内各类企业商家相关信息的查询,信息服务主要包括各类企业商家的电话、地址等相关信息内容。热线代表为客户查询到相关信息后,以免费短信形式将信息发送到客户手机上。

(5)1258222电话翻译服务。该服务提供快捷、优质的远程及时电话翻译服务,包括"实时翻译服务"和"预约翻译服务"两种类型。"实时翻译"是指客户需通过中国移动电话让1258222英文坐席为其提供电话翻译服务,"预约翻译"是指客户可以通过1258222提前预约会谈、工作或同声传译的专业翻译服务。

(6)12580人工彩铃业务。考虑到广东地区有自己强大的方言习惯,同时外商较多,12580为客户提供普通话、粤语和英语三语彩铃选歌服务。

二、体验营销

体验营销被运用到移动增值业务上的真正价值就在于,它从用户的角度出发,满足不同细分人群的需求,有效激活增值业务的市场需求。它不仅有效地降低了营销成本,还增强了客户黏性,巩固了市场,提高了企业的效益。更为重要的是,通过与客户的互动,也向产品的其他环节传递了客户的需求信息,促使相关部门在产品的规划设计、业务制作、包装推广中不断地进行产品优化,为客户提供更贴心的服务,从而实现产品链价值的整体提升。

在手机成为人们衣食住行必不可少的通信工具的今天,与基本通话业务不同,增值业务在一些人眼中看来可能是可有可无的选择业务。为有效激活市场,中国移动广东公司积极为用户提供新业务体验的机会,培育用户使用习惯,让用户真正爱上这种被体验的产品,从而达到消费的目的。在体验消费方面,中国移动广东公司为用户提供了三个方面的体验区,让客户与公司的各类产品亲密接触。

第一层次的体验表现在:中国移动广东公司在营业厅、品牌店、体验站等实体渠道及门户网站等虚拟渠道上建立免费体验区供客户体验,如各地市公司各式各样的体验厅。

第二层次的免费体验为:针对上市初期的增值业务,给用户提供一段时间的免费体验机会,如日前中国移动广东公司广州分公司开展的订阅手机报纸送等值话费的活动。

第三层次的免费体验人群为特定的高端用户,在增值业务正式推向市场前,选择特定的高端用户,为他们提供免费体验的机会。

三、文化营销

挖掘地方文化资源,创新构建文化营销体系:一是深入研究客户精神归属与生活需求文化差异,根据目标群体的文化需求设计不同的信息化方案。二是文化营销与生态共赢营销相结合,引入政府、文化传媒单位、业务合作方等制定战略性文化营销商务合作模式,促进文化营销。三是组建社会渠道文化营销团队,将服务文化渗透到社会渠道之中,加强渠道价值导向营销,将文化营销渗透到客户日常生活的第一线。四是打响绿色营销的文化营销招牌,全面推进农村信息化田园建设,虚实结合建设乡村俱乐部,主动上门渗透文化营销,将健康、科技、娱乐等文化送到客户身边。

第五节　移动信息化蓝海市场拓展

一、个人信息化业务

发展个人信息化业务，提高生活占有率。围绕"手机媒体化、商务化和娱乐化"，打造"无线音乐、手机报纸、飞信、移动信息超市"等个人精品业务，建立移动家庭信息化示范点和集团信息化整体解决方案库，逐步形成以"个人、家庭、集团"为横轴，以"标准化、个性化、多元化"为纵轴的产品链。加快推进手机传媒、手机商务、手机娱乐和手机生活业务。

二、家庭信息化业务

发展家庭信息化业务，扩展家庭信息应用面。推出家庭数字监控（数字门禁、门窗监控、安全报警等）、学习教育（家校通、网络学习）、健康出游服务（车主服务、旅游导航等）、资讯娱乐服务（家庭理财信息、宽带上网、在线游戏、IPTV 等）等家庭信息化应用；整合社会资源，研究开发"家庭信息机"。建立"集群化经营、精细化管理、体验式营销、专家式服务"的信息化"研发、推广、服务"产业价值链。在语音业务实行家庭优惠和主卡付费的基础上，开展 VIP 客户家庭专享服务计划，同时推出数据业务的指定优惠和统一付费，实现多业务、多网络、多终端的聚合，扩展家庭信息化应用面。

三、集团信息化业务

发展集团信息化业务，提高集团客户锁定度。聚焦行业做大做实。积极推进农村、教育、社区、金融、交通、物流、海洋渔业、数字城市等重点行业和龙头企业信息化应用。建设集团客户统一服务营销门户，如语音门户、短信门户、网站门户等。把集团业务延伸到集团的供应商、员工和客户，推广 B2B2C，B2B2P，B2B2E，M2M 等模式，促进集团客户价值链的信息化。组建信息化专家委员会、推广大使、讲师团，以培训、讲座、产品试用等方式增加客户体验。

推广跨品牌虚拟网，努力扩大集团客户规模。加强面向集团客户的"组织保障、资源配置、产品研发、营销推广、价值聚集"五大体系建设，有效提高集团网内通话用户数、集团付费收入和集团应用的流量和收入。建立统一标志、内容和技术规范的集团信息化产品体系，如中国移动的"九通一平"（九通即政务通、商务通、警务通、医务通、企信通、校信通、农信通、易行通、物流通；一平即统一信息化基础平台）。建设集团客户统一服务营销门户，如语音门户、短信门户、网站门户等，大力推广集团彩信、集团彩铃、集团短号、集团总机等业务。把集团业务延伸到集团的供应商、员工和客户，促进集团客户价值链的信息化。要优化资费定价模式，树立专业、高效、经济的信息化方案整体形象，从"介入、深入"到"嵌入、融入"，全面提高对集团客户的锁定度。

四、新农村信息化

通过"一机（村务信息机）一点（信息化体验点）一员（推广员、维护员）一网（乡村短号虚拟网）"抓好新农村信息化示范点建设，实现农村信息化的"四个得"（看得见、摸得着、晓得用、觉得好)，有效服务“三农”，培育市场。科技进村以农信通升级版、农技110等为农民提供各类科技信息；教育进村以校信通、电子白板、乡村信息化教室等实现与城市现代化教育接轨；法律(管理)进村以村务信息机等实现政务法律信息入户，推进村务网格化管理；医疗进村要以农村合作医疗系统、乡村医疗信息化示范站等方式实施。加强与政府相关部门、农村中小企业、涉农企业的合作，快速突破分散于农村地区的重点工程、重点项目、旅游景点、海道渔村的信息化建设。

五、中小企业信息化

深入开展中小企业上网工程，建设中小企业网站平台和ADC(Application Data Center)平台，探索适合中小企业的信息服务产品。在推广方式上，通过新闻发布会、论坛、推介会、软文、培训、有形展示等活动宣传造势，开展中小企业信息化讲座、信息化博览会、行业协会信息化体验等工作，建设“动力100体验店”中小企业信息化成果展示区和商务洽谈区。

六、重点行业信息化

完善集团服务“五大体系”，健全“四库全书”(客户需求库、解决方案库、专家人才库、合作伙伴库和规范说明书)，推动行业应用的快速发展。完善组织体系，形成省市县三级联动的推广部队。在资源上、服务上、技术上支撑市县公司，快速提供一揽子解决方案。形成“5+N”集团产品体系，推进交通、物流、金融、保险、公安、教育、医药等重点行业信息化进程，进一步参与视频监控、海洋信息化等项目。重点突破全国性和区域性的销售企业、物流企业等，推出集团积分计划和服务改善计划，提供集团客户经理驻地服务、集团服务热线、集团客服网站等服务方式，提高集团客户满意度。大力实施“ACT计划”(与应用、咨询和通信技术商合作)，共同拓展信息化市场。

第六节 移动通信业市场营销的成功要素分析

一、始终坚持“以客户为中心”的价值观

通信业务具有全程全网、生产消费不可分割等特点。行业的内在属性要求一切必须从客户需求出发，要做到随需而变，快速反应，把简单留给客户，把方便留给客户，不断提升客户体验，为客户提供饱含企业之魂的优质服务，实现客户的终生价值最大化。

善于换位思考，从客户的角度出发，不断整合现有业务，优化渠道结构，创新品牌服务，将“以客户为中心”的理念贯穿于各项工作的始终，以流程引导消费，以消费促进发展。从职能管理转型到流程管理，加强公司内部协同联动。

将“以客户为中心”的价值观积极融入考评体系的制定、规划、管理和执行环节，形成有效的管理闭环。要将客户需求作为各项决策的依据，将客户满意作为衡量各项工作的标准，实现从“以我为主”向“以客户为主”的转变。

二、始终坚持移动信息化的发展观

积极参与社会信息化建设既是运营商的社会职能，也是运营商的竞争手段和发展方

向。必须认识到移动信息化建设是一项长期的任务,要树立统筹、平衡的发展观,要使移动信息化数量、质量、速度、效益得到同步提升和稳步发展。以移动信息化参与社会信息化,抓住影响面大、社会效果强、经济效益好的重要行业、重要企业和重要项目,大力推广移动信息化全面解决方案,以信息化带动工业化、现代化,形成移动信息化的应用热潮。以社会信息化丰富移动信息化,深入把握信息化产品的特点和客户的信息化需求,加强业务战略合作网络建设,加快应用研发速度,不断完善行业产品库,丰富移动信息化的内涵。

三、始终坚持超越竞争的竞争观

超越竞争发展企业,就是要扬长避短,善于利用优势。有优势的地方要发挥优势,不断把已有的优势发扬光大,把潜在的优势转为现实的优势,把现实的优势转化为企业的能力。发挥优质网络优势,开展优质网络服务;发挥客户规模优势,为客户创造价值;发挥文化管理优势,激发员工积极性和首创精神。优势不强的地方要整合优势,优势的形成是一个积少成多的过程,是一个从量变到质变的过程。整合优势,通过持续改进,不断优化网络,整合品牌,构建渠道,培育文化,最终形成核心竞争力。缺乏优势的地方要形成优势,优劣相对,相反相成,互相转化,这也是企业素质提升的过程,企业优势形成的过程。善于因势利导,找问题,找差距,抓落实,不断深化管理执行力,提高网络质量,增强支撑的稳定性。

四、始终坚持可持续的增长观

发展是硬道理,在有效增长中加快发展,在加快发展中确保增长,坚持以增长促发展的观念。抓住市场的五个增长点:新用户、新业务、新市场、企业服务新模式、新的服务利润区。不断提升新业务的普及率和使用率,建立十亿级、超亿级、千万级、百万级的业务梯队,以规模促增长。新市场重点抓住农村、园区、校区、中小企业、话务量市场五大新增主力市场,不断开拓新的市场区域。积极推行企业服务新模式,横向拓展产品的应用广度,纵向拓展行业的服务深度。大力开辟服务新利润区,以品牌服务增加收入来源,以电子服务节省服务成本,提升品牌服务让度价值。

五、把握消费习惯,建立组合型品牌体系

品牌的价值积累是一个不断完善、不断修正、不断提升的过程,必须树立长期打“品牌战”的决心和信心。以品牌引导业务和服务,不断提升市场经营实效。要将品牌作为一种文化来体验。品牌传播的灵魂在于显性化,要通过对品牌体系的梳理和宣传,集中提升四个“度”。一是提升客户对形象价值的感知度;二是提升客户对优质服务的感知度;三是提升客户对网络质量的感知度;四是提升客户对新业务的体验度,将品牌作为一种习惯来培育。品牌整合的重点在于区隔化,要积极整合客户品牌,不断优化品牌结构,大力清理现有资费套餐,主动引导客户找到合适的品牌定位,做到两个匹配:品牌内涵与消费群体相匹配、客户规模与收入规模相匹配,形成有效的品牌区隔。将品牌作为一项资产来经营,品牌经营的关键在于个性化,要从客户的需求出发,积极把握品牌的主要驱动因素,实施模板化管理,以优质的服务提升全球通品牌,以新业务捆绑发展动感地带品牌,以资费套餐整合神州行品牌。

六、强化用户感知，建立体验式宣传体系

宣传工作是企业竞争的第三个战场，移动通信行业高度重视宣传工作。宣传从平面走向立体，要从事后走向事前，做到无形业务有形宣传。一是广告新闻化。树立“新闻在前，事实在后”的宣传观念，加强新闻宣传策划，整合传播媒体，吸引大众眼球，提高宣传效果。要用新闻的方式宣传业务，要积极开展3G业务的引导式宣传。二是业务体验化。强化用户感知，创新宣传方法，应用多种媒体手段，大力推动体验试用、实物形象、卡通动画等多种形象化宣传推广方式，把复杂的业务简单化、形象化，把抽象的服务故事化，要特别重视全体员工的新业务培训和推广工作，要特别重视用户交往圈内的口碑传播。三是资源整合化。推行集中化的宣传模式，加大宣传管理力度，提高广告费效率。探索多种宣传管道，通过会员活动、期刊手册、品牌赞助、广场推广、展厅演示等方式，建立全省宣传方案共享平台，规范广告宣传内容和格式，定期培训宣传人员，提高宣传能力。

七、加强产业联合，突出战略联盟网络优势

移动通信业的合作联盟经营是一项重要特色，通过建立强大的生态合作网络，加强竞合管理。

1. 业务内容研发管理工程

加强内容研发合作管理，简化终端操作，增加业务使用的趣味性、新颖性和实用性，提高业务普及率。完善合作评估激励机制，建立合作管理信息系统，加强运营监督与考核，建立月度推广机制，开展优秀业务评选，促进梦网业务健康发展。

2. 移动商务推广工程

通过服务商峰会、营销支持、联合销售等形式，普及数字无形类移动商务，在卡类、电子券、网站纯代收费上形成突破。大力拓展移动商务类业务，建立www移动商务网站，加强与银企、银联合作，不断丰富资金流通道，整合移动商务流程，提高各环节的方便性和安全性。

3. 移动信息化行业工程

大力开展与政府、园区的合作，充分借用社会独占资源，横向完善分行业方案库，纵向发掘行业移动产品应用点。联合开展活动、推广业务、交叉销售，共同提升业务渗透率。

八、培养高绩效的人力资源团队

1. 多渠道的队伍阶梯

完善人力资源管理机制，推动以岗位竞聘为主的柔性流动，以末位淘汰为主的刚性流动，不断优化公司队伍。实施领导力提升工程，从领导人素质模型出发，集中弥补管理人员素质的“短木板”，提高公司的管理执行水平。开展活力曲线运动，加强定岗定编和技能鉴定工作，加强员工职业生涯设计，优化绩效管理，鼓励员工发挥职业潜能。实施金腰带工程，重点培养高级营销人员、3G技术人员和IT技术人员。推进一线员工成才计划，抓好班组长这一管理链中最后一米的职业能力发展。

2. 多层次的培训阶梯

完善分岗位、分重点、分层次培训机制，建立高级人才、技术专才和实用人才梯队计划。开展系统性培训，重点培训大客户经理、信息化推广人员、基层管理人员，积极培养公司的3G工程技术人员。开展外延式培训，与重点院校合作办学，为重要客户、重要集团联系人提

供信息化培训和学习,以培训服务市场。

3. 多元化的激励阶梯

从岗位特点和生涯规划出发,开展多元化人才激励:对业务专长型要提供培训学习,对工作自主型要充分授权,对物质激励型要强化奖励,对个性发展型要描绘发展。规范员工管理,推行有效的激励措施,为有贡献、有能力的员工提供广阔的职业发展空间。

习题

1. 简述移动通信业的基本特点和竞争趋势。
2. 简单介绍移动通信业市场营销的基本方法。
3. 如何实现移动通信业的营销创新?
4. 什么是移动信息化蓝海战略?
5. 分析移动通信业市场营销的成功要素。

案例学习及讨论

案例1 "感谢广东""感恩广东""感动广东"的社会责任营销

2006年6月,中国移动广东公司提出了"感谢广东"的概念,确定了通过十大工程、百项活动,加大宣传力度,实施整合营销传播,努力向消费者传递信息,力求获得消费者认同。"感谢广东"主要是围绕客户、政府、合作伙伴、员工、媒体、竞争对手等六大系列开展感谢行动,属于对利益相关价值链的感谢。

一场红红火火的"感谢广东"行动迅速展开。配合当时的社会主义新农村建设,"感谢广东"开展了"四进村"工程——科技进村、教育进村、医疗进村、管理进村。为了实现科技进村,中国移动广东公司推出了"农信通"业务,让农民及时了解种养殖等科技信息;教育进村是与教育部门合作,通过网络把教育资源送入农村,实现远程教育;医疗进村是通过信息化手段把农村医疗机构与城市的医院、大学联系起来,解决农民看病难的问题;管理进村,是以信息化手段加强基层组织的管理,使行政上的沟通更顺畅。

2006下半年,在针对利益相关各方进行的全方位、多角度、立体化感谢的活动中,中国移动广东公司并没有提出明确的营销诉求,确定的目标仅仅是"让没有手机的人拥有手机,让拥有手机的人多用手机,推动信息产业发展,助力构建公平和谐信息社会。"同时希望通过活动提高品牌知名度、美誉度,以及提升客户满意度。然而,以"感谢"为主题的系列活动取得了很好的市场反应,以"一卡多号"为例,发展客户超16万。港澳漫游话务量提高近10倍,高价值客户离网率降低80%。八大套餐仅三个多月的时间,就发展了近200万客户。经过半年的努力,"感谢广东"取得了出人意料的成功。不仅有非常突出的营销业绩,而且多年雄踞销售额和利润全国第一的中国移动广东公司,在2006年终于在移动系统内部全国客户满意度调查中,首次获得了第一的好成绩,梦网投诉和越级投诉分别下降75%和95%。

中国移动广东公司不断放大责任营销的品牌累积。2006年,中国移动广东公司在"感谢广东"活动中秉承"改善服务、提升服务、创造服务"的核心理念,以全方位、多角度、立体化的实际行动感谢广东、回馈广东,取得了圆满成功;2007年"感恩广东"活动,以"关爱、跨越、和谐"三大系列分别回报学生、农民、外来工、企业、产业和社会,怀着对广东热土的感恩之心,很好地培养了社会的感恩文化,进而推动了广东建设和谐社会的进程;2008年"春运"之际,面对突如其来的雪灾,中国移动广东公司在春运工作中所反映出来的应急能力和为用户着想的精神，为2008年“感动广东”开了一个好头。从2006年的“感谢广东”一路走来，中国移动广东公司力求真正做到“发之于心、付之于行”。2008年的“感动广东”，既要结合新形势、新需求、新特征作出新意义，也要将过往活动的核心精神内涵加以领会，将感恩精神升华，将企业责任营销进行深化。因此，中国移动广东公司认为，“2008感动广东”的方向集中表现为：以“参与灾后重建等社会活动”体现“移动自己的感动”——展现企业的形象；以“响应解放思想等社会舆论”传递“移动参与的感动”——打造共享的平台；以“建设信息经济中心等传播”升华“移动发动的感动”——推动社会的发展。

开展了“感谢广东”“感恩广东”“感动广东”的企业责任营销传播活动，成功凸显中国移动广东公司“责任型”“贡献型”企业形象的同时，更是创造了良好的营销业绩。

资料来源：

程鹏，《开创数字公益新模式，助推广东幸福升级》，摘自《南方日报》，2011年4月29日，有删改。

讨论题：

1. 谈谈你对“社会责任营销”概念的理解。

2. 如何利用整合营销传播开展企业责任营销?

3. 为什么“感谢广东”“感恩广东”“感动广东”的社会责任营销能够取得出人意料的成功?

案例2　联通营销变革渐入深水区

中国联通将联通华盛公司并入即将成立的销售公司，并将联通现有主要营业厅并入华盛，华盛将由目前的终端分销角色向零售转型。中国联通相关高层坦言，华盛公司向零售转型的方向是正确的，转型的最终目标是打造出一个专业化、连锁化的零售企业。

一、3G的体验式营销需求

回顾2011年中国联通的战略举措，除了重新定义智能手机配置以及发力千元智能机之外，营销方式的变革也是关键词之一。渠道合作上，联通已与苏宁、国美、乐语等近100家连锁零售企业达成了战略合作。针对自有营业厅，则发布了SI(店面形象)规范，3 500个自有营业厅向体验式营销转型。

对于体验厅营销方式改变产生的效果，联通华盛蚌埠分公司总经理汪晓佳在微博上给出了一个数据对比：杭州联通华盛体验厅改造前，全月单厅月销量为200台，改造后单厅月销量为1 200台，其中裸机仅占100台左右，其余全为合约计划。“数据与实际情况说明一切，这就是体验式营销的价值所在。一方面自身要转变固有的陈旧观念，二是稳扎稳打做好每个细节。市场竞争是公平的，不转变，那么下一个淘汰的就是你。”汪晓佳的这一想法也成为越来越多联通人的共识。

二、营销变革渐入深水区

在营业厅营销风格转变之上，联通对于华盛的改革探索，标志着其整个营销变革战略已经进入更深的层次。联通华盛此前已在少数地区进行零售的试点，部分联通华盛分公司目前已启动零售业务营业厅经理及营业员的招聘工作。

华盛进行的3G零售运营模式探索，除了是自身的一种突破外，也有望给联通渠道合作伙伴提供一个学习的样板。近几年，运营商虽然都在大力拓展与渠道商的合作，但合作门店无论是在用户的体验营销还是3G业务运营能力上尚有不足，而渠道商又没有足够的财力和人才弥补这一短板。"渠道商的合作店挂着运营商的招牌，消费者会认为进去的是运营商的店，所以运营商必须带着渠道商一起作零售模式升级，并提供资金、资源的支持，更重要的是智力支持。"

资料来源：

乔枫，《联通营销变革渐入深水区》，摘自新浪网，2011－12－08，http://www.sina.com.cn

讨论题：

1. 华盛公司向零售转型的目标是什么？
2. 什么是体验式营销？谈谈联通营业厅营销风格转变的价值。

第五章　快速消费品行业市场营销

本章学习要点：

- 基本概念
- 快速消费品的属性与基本特点
- 如何打造快速消费品品牌
- 快速消费品市场营销的基本方法
- 快速消费品的市场营销策划

第一节　基 本 概 念

一、定义

快速消费品(FMCG,Fast Moving Consumer Goods)是指那些使用寿命短,消费速度快的消费品。快速消费品又被称为PMCG(Packaged Mass Consumption Goods),说明快速消费品注重包装、品牌化以及大众化。快速消费品首先是日常用品,其次是依靠消费者高频率的使用与消耗,通过规模销量来获得利润,实现其经营价值。快速消费品行业主要分为四个子行业:

(1)个人护理品行业,由口腔护理品、护发品、个人清洁品、化妆品、纸巾、鞋护理品和剃须用品等行业组成;

(2)家庭护理品行业,由以洗衣皂和合成清洁剂为主的织物清洁品以及以盘碟器皿清洁剂、地板清洁剂、洁厕剂、空气清新剂、杀虫剂、驱蚊器和磨光剂为主的家庭清洁剂等行业组成;

(3)食品饮料行业,由健康饮料、软饮料、烘烤品、巧克力、冰淇淋、咖啡、肉菜水果加工品、乳品、瓶装水以及品牌米面糖等行业组成;

(4)烟酒行业。

二、快速消费品的属性与基本特点

快速消费品是目前市场上竞争激烈的产品。相对于耐用消费品,快速消费品是一个独特的、相对完整和富有特征的领域,它的营销、渠道、广告和公关都呈现出不同的特色。可以说,快速消费品不仅是一类产品的总和,同时它也是一种营销和沟通方法的总和。快速消费品有其独特的属性。

(1)销售周期:产品周转周期短;

(2)渠道特点:进入市场的渠道短而宽;

(3)市场生动化:生动化要求高,在人流量大、档次高的地区设立户外广告牌作产品形象广告,在卖场进行现场演示、促销、折价销售等活动对产品销售很重要;

(4)渠道模式:一般为分公司或办事处下的经销商体制,常在分公司所辖区域设立库房;

(5)售后服务:重点主要体现在对客户投诉的迅速反馈和有效处理上,售后服务不及时很容易造成公关危机。

快速消费品与其他类型消费品相比,购买决策和购买过程有着明显的差别。快速消费品属于冲动购买产品,即兴的采购决策,对周围众多人的建议不敏感,取决于个人偏好、类似的产品不需比较,产品的外观或包装、广告促销、价格、销售点等对销售起着重要作用。因此,快速消费品有三个基本特点。

(1)便利性:消费者可以习惯性地就近购买;

(2)视觉化产品:消费者在购买时很容易受到卖场气氛的影响;

(3)品牌忠诚度不高:消费者很容易在同类产品中转换不同的品牌。

这些特征决定了消费者对快速消费品的购买习惯是简单、迅速、冲动、感性。

第二节　如何打造快速消费品品牌

一、品牌设计

1. 产品设计

(1)性能设计。指产品功能设计,以及确定此种功能与同类产品的差异性。性能设计的目的是解决产品功能特性与用户需求相互切合程度的问题。

(2)质量设计。主要指产品使用过程中的可靠性、精确性、安全性等特征。质量设计一开始就必须针对目标市场的需求进行,因为顾客才是质量的最终裁决者。

(3)外形设计。外形设计是反映快速消费品品牌不同风格的方式之一,与快速消费品品牌外形设计相关的就是产品的包装设计。一提到快速消费品品牌,首先想到是包装。产品的包装要能引起视觉冲击与记忆的效果,同时又能表达产品和消费品品牌的内涵。

2. 符号设计

符号设计一般从名称、图案标志、品牌标志语三个方面来确定。

(1)名称。一个好的名称,有助于快速消费品品牌形象传播。品牌命名可以有以下原则:第一是简单易记,紧扣主体,如可口可乐、娃哈哈。第二是高度抽象,兼容性强。快速消费品品牌的名称要简单易记,又要有较强的可解释性或兼容性,以便随着快速消费品品牌传播的运作、企业的发展和企业精神的内容变化而不断丰富其内涵,如宝洁等。第三是富有创意,避免雷同。如百事可乐、蒙牛等快速消费品品牌具有自己的个性,容易被消费者识别。第四是含义积极,联想丰富。消费品品牌名称要将涵盖的内容通过简单的文字表达出来,使该消费品品牌名称能够充分地反应消费品品牌的内涵。

国际上有关商品命名的研究归纳成三大要素:市场要素、法律要素和语言要素。在市场方面,品名应具有促销、广告和说服的功能,要适合于包装,与企业形象和产品形象相匹配。在法律方面,品名在使用中具有法律的有效性和相对于竞争对手的独一无二性。语言要素包括三部分:语音上,一个好的品名具有易读、悦耳的特性,并具有普遍的可转换性,即放在不同语言社区里,都具有易读性;词形上,一个好的品名必须简短,易记忆;语意上,好的品名应是正面的、积极的、具有时代感。三大要素之间,语言要素最重要,因为市场要素和法律要素都要靠语言去实现。中国商品的消费品品牌命名有以下特点:汉语倾向于双音节词和双语素;倾向于修饰语+名词中心语;倾向于最后的语素是高声调的名字;倾向于褒义词。

(2)图案标志。图案是快速消费品品牌形象化的语言,一般需要简洁明快,给人以强力的视觉形象,并要通过消费品品牌宣传和消费品品牌实践赋予其丰富的内容。

(3)品牌标志语。品牌标志语在品牌传播中担任重要角色。它为品牌传播提供额外的联想和信息,能树立良好的口碑。在今天的互联网时代,品牌标志语相对于品牌名称和标志来说,更加灵活,更容易传播和沟通。品牌标志语作为一种语言符号,它具有解释性功能,起到了传达品牌形象的沟通作用,弥补了符号商标在内涵上的劣势。品牌标志语的创意可以分为以下几类:一是感性心理导向,主要是运用感性诉求的方法唤起受众的认同。如"孔府家酒,让人想家""维维豆奶,欢乐开怀"。二是语言特色导向,主要是在语言修辞技巧上下功夫,使标志语充满语言特色,充满识别力。如"农夫山泉,有点甜"。

3. 情感诉求

现代产品设计和质量设计容易做到顾客满意,但在把握用户的情感趋向时则充满了许多不确定性和创造性,也正是这一点区分出不同消费品品牌的价值。快速消费品使用者所使用的产品在很大程度上也是在体验快速消费品品牌定位所表达的情感诉求。情感诉求被视为是品牌定位中最具综合性的部分,是消费品品牌设计中最需要创造性的部分。

二、品牌定位

1. 产品导向的定位

由于产品市场上同类产品越来越多而且质量相当,使得顾客很难辨清和识别他们之间的差异性。因此,放弃与竞争品牌的共性,突出自己与众不同的特点,就成为定位的关键。为建立"以产品特点为导向"的定位,需要企业进行持续的技术创新,以保持产品的新颖性和领先性。但是,必须注意"以产品特点为导向"的定位,如果竞争者以更快的速度、更先进的技术开发出更完美的替代产品,进入竞争市场,就会形成对既定品牌的巨大威胁。因此,保证产品特点导向定位的关键是建立品牌产品的技术优势。

2. 利益导向的定位

实际生活中,顾客购买一种产品总存在着他们对品牌特征的特别关注点。利益定位实际上就是将品牌的某一或某些特点与顾客的关注点联系起来,当顾客使用该品牌时,能够得到既定的利益,或者该品牌产品的特别优势有助于他们消除对品牌使用连带麻烦的优虑,甚至得到解决问题的办法。这种品牌与顾客利益点的均衡一致,能够强化品牌的顾客心理位置和优先顺序,从而有利于巩固和发展品牌与顾客的关系。

3. 目标市场导向的定位

一种品牌不能进入所有的市场,也不能迎合所有的顾客。品牌必须选择目标市场和目标顾客,才能建立确定的定位。盲目定位只会导致品牌在市场上的无序流动。目标市场和目标顾客的选择,必须与品牌特征保持一致,同时需要企业的品牌营销机制能够发出明确的定位提示,品牌信息应该翔实全面,以免误导。

4. 档次导向的定位

依据品牌在顾客心目中的价值高低而定位不同的档次和级别。不同的档次体现了顾客对品牌不同品质的心理认同，同时影响着顾客对品牌的认知度。一般的情形是：品牌档次越高，品牌的价值越大。档次定位综合反应了品牌的价值。

5. 竞争品牌导向的定位（又称为比附定位）

该定位以知名度高、美誉度高的品牌为参照系，通过与该知名品牌的市场对比，提升自己品牌的市场位势和影响力。所谓“比附”实际上是把自己的品牌与已经建立起市场号召力的“领导品牌”联系起来，利用该品牌的市场影响力推动自己的品牌。如美国著名的“七喜”汽水就是比附于“可口可乐”而建立了稳定的市场地位。比附定位强调两点：一是对所比附的参照品牌的选择，通常应是已经建立稳固市场位势的领导型品牌；二是比附定位不等于“冒牌仿形”，因为“冒牌仿形”不仅会侵害其他品牌的权益，造成其他品牌的声誉损失，最终也会使自己陷入绝境。

6. 情感导向的定位

建立品牌与顾客之间的深度联系，不断培育顾客情感，同时在品牌设计、品牌营销等方面创造条件，以满足他们的情感和心理需求。情感是维系品牌忠诚度的纽带，如果一种品牌不能深度引起消费者的情感共鸣，品牌将难以获得消费者的信任。

7. 文化导向的定位

将文化与品牌特征联系起来，为品牌注入文化内涵，形成品牌的文化差异。实际上人类的消费行为本身就是文化的构成内容，尤其是当人类生活水平达到一定高度以后，消费活动的文化自觉性就越来越明显，消费行为的差异也越来越表现为文化的差异。如果倾注品牌以民族文化的内涵，就更容易促进顾客的心理认同和情感共鸣。品牌的一半是文化，因此，品牌唯有根植于民族文化和民族心理才能茂盛不衰。在当今全球化的时代，品牌固然需要全球化，但越是全球化的品牌越是需要民族文化和民族精神的品质。离开民族文化的土壤，不可能造就真正民族的品牌。

三、品牌传播

快速消费品常用的品牌传播方式有广告传播、公关传播、终端传播、事件传播与代言人传播等。

1. 广告传播

广告是现代市场经济激烈竞争的产物，是不可缺少的品牌传播手段。看看我们身边，只要你打开电视机，不同的频道在节目中段必然播放电视广告；翻开报纸，都是大版的五颜六色的平面广告；即使是走在街上，在公共汽车车身、立交桥上……，只要抬起头来，你都可以看到各类的户外广告。广告就像我们呼吸的氧气一样，无处不在，无孔不入。美国广告代理商协会给广告下的定义是这样的：“广告是付费的大众传播，其最终目标是传递情报，改变人们对广告商品的态度，以诱发其行动并使广告主得到利益。”从快速消费品品牌塑造和传播的角度来看，广告具有下述重要作用：

（1）传播品牌信息，促进销售。广告的基本功能是传递信息。由于物质产品的极大丰富，消费者基本上不会主动来搜寻有关商品的各种品牌的信息。因此，企业必须主动向消费者传递该商品的相关信息，包括质量、功能、价格，等等。通过广告宣传，这些信息被消费者知晓，消费者才有可能购买你的品牌产品，从而扩大市场，拓展产品的销路。

（2）引导消费，塑造品牌附加值。广告在传播信息的基础上，通过各种广告创意来劝服和诱导消费者，吸引消费者去了解品牌。优质的产品广告不仅将品牌深植人心，而且所具有的美感也会给人带来深刻的印象，从而对产品和品牌引发好感、产生认同。广告不仅给人以美的感受，而且能够通过提升品牌地位，进而提升人们的社会地位。在众多的商品中，大多数消费者的消费行为会受到广告的引导，而且不同的消费者有不同的消费习惯和目标，但是更多的消费者乐于接受和追随的是通过广告塑造的品牌所传达的一种独特的与众不同的信息。消费者在发生消费行为的时候，已不仅仅是消费该品牌产品所包含的内容，更多的则是品牌所具有的附加值，而品牌附加值的提供很大程度上是通过广告传播来完成的。

为节省购买活动中的信息成本，消费者往往借助于广告，通过广告所给予的商品信息对商品进行比较和鉴别，然后决定自己的购买目标。广告正是通过大众传播媒体，向非特定的公众传达商品的特征、性能，以激发其购买行为，培植其特定消费习惯的一种传播活动。任何一种品牌的知名度在很大程度上取决于该品牌拥有者对该品牌的广告投入策划设计、媒体刊播频率、广告效果等。

快速消费品品牌广告主要传递品牌核心识别的信息，目的是建立品牌的核心价值。根据快速消费品的消费特点和产品品类特征，快速消费品广告要做到：主题突出、构思新颖、简洁甜美。

(1)主题突出。所谓广告主题，即广告的中心思想，它为广告的创作设计确定了基调。主题设计的实质是要在众多可以反映企业和产品特点以及可以激发消费者购买欲望的因素中，选择某些足以实现广告目的的因素来予以表现。如对某洗涤品进行广告宣传时，既可以利用其品质作为广告主题，大力宣传该洗涤品的质量和性能；也可以将消费者的感受作为广告主题，极力渲染该洗涤品给家庭带来的惬意。但是，广告不能把每个卖点都说出来，因为“什么都说等于什么也没说”，快速消费品广告一定要集中力量完成对一个特点的突出阐述，做到“只说一件事”。如高露洁广告就只强调“防蛀”，没有蛀牙。

(2)构思新颖。广告创作的一个根本要求就是新颖。对快速消费品而言，广告创意格外重要，我们经常可以看到一个好的广告创意促成一个品牌或产品的成功，一个差的广告却激不起市场的任何波澜。好的广告创意不但能够吸引消费者的眼球，而且还能够引起消费者的共鸣，从而让消费者记住广告所传播的信息。

(3)简洁甜美。简洁就是广告应短小精悍，讲求干脆有力，忌用结构复杂的长句。短小而精悍的广告不仅醒目，而且消费者容易记住。甜美就是广告语言要优美，读来使人心情舒畅，容易接受。

广告是通过媒体进行传播的，传统媒体有报纸、杂志、广播、电视等，新媒体主要指互联网。除此以外，辅助媒体的作用也是重要的，如 POP 广告等。

2. 公关传播

公关传播是指企业通过各种公共关系活动，主要以大众传播媒介为主要传播手段，以提高品牌知名度，树立品牌形象，处理品牌危机，向公众传递、协调、沟通品牌有关信息为目的的企业传播活动。品牌的公关传播是围绕品牌传播信息进行的，它在快速消费品品牌传播中有以下一些功能：

(1)树立品牌形象，传递品牌信息。不管通过什么方式传播品牌信息，目的都是为了树立品牌形象，传播品牌信息。运用公关活动来传播品牌信息，与其他的品牌传播方式相比更加具有针对性，侧重点也不一样。比如通过公益活动、品牌展览和赞助等公共活动，它们在传播品牌信息、树立品牌形象方面就与企业广告等传播活动的针对性与侧重点大不一样。

(2)沟通协调关系,处理品牌危机。品牌公关传播通过媒介,特别是大众传播媒介向社会、向目标公众有针对性地传递有关信息,起到协调组织与公众之间关系的作用。另外,在品牌成长的过程中,不可避免地会出现一些对品牌不利的事件,即品牌危机。如果企业在危机出现时,不能正确冷静地应对危机,及时地展开品牌公关活动应对,就有可能导致品牌毁于一旦。

快速消费品的品牌公关活动应该从社会的现实情况出发,挖掘创意点,使公关活动自身具有较大的社会意义和社会价值,符合社会情感的需要,从而引起公众的注意,使公关活动效果最大化。

3. 终端传播

终端就是市场营销过程的最末段的空间,商品和消费者直接相对,并能够进行交易的场所和地点。在快速消费品品牌传播过程中,终端位于传播媒介的最末端,也是企业与消费者接触的最前端,与消费者距离最近,对消费者的购买决策影响也最直接,是快速消费品品牌传播逐鹿的前沿阵地。在快速消费品品牌塑造中,终端传播有其独特的作用。

(1)终端传播可以刺激消费者购买。从前面的分析可以知道,消费者在购买快速消费品时很容易受到卖场气氛的影响。终端传播可以运用灯光、色彩、音乐、道具、生动化陈列等各个要素形成与消费者的对话。通过生动化和个性化的陈列方式和产品摆设、各种终端广告的陪衬与渲染以及音乐、光线、色彩等氛围的营造,使品牌的内涵更深刻、更生动、更全面地展现在消费者的面前,拉近了产品与消费者的距离,提升了产品的亲和力和表现力,从而可以直接刺激消费者购买行为的发生。

(2)终端传播是品牌与消费者的对话。大众媒体广告的目的是要吸引顾客到终端,如果顾客对终端行为和设计不满而改变主意,就意味着巨额广告费流失,甚至是为对手做嫁衣。终端是品牌形象的一个综合性的展示舞台,它对品牌形象的展示更加充分。在终端这个舞台上,消费者既作为观众,又是舞台上的演员,能真真切切地感受到品牌。快速消费品品牌的终端传播不是孤芳自赏的独白,更不是盛气凌人的信息强制灌输,而是一次与消费者的对话。只有通过终端的生动对话,品牌才能进入消费者的心灵。

大众媒体的广告传播,对于消费者是单向强制性的,消费者完全作为一个信息的被动接受者,根本无法与产品和品牌直接发生互动;而终端传播不仅使用了品牌的展示性媒体,而且品牌与产品、消费者形成了综合的环境氛围,使消费者身临其境,深度体悟品牌文化内涵。快速消费品品牌终端传播应实施的要点包括:

(1)传承力。当企业通过报纸、电视、杂志等媒体广告传播品牌形象和品牌核心诉求的时候,作为产品销售的最终环节——终端的品牌传播也必须和媒体广告传播的品牌形象保持一致,在核心诉求的传播上紧紧围绕媒体广告的诉求重点展开。例如高露洁在电视广告的宣传中喊出“高露洁的目标是:让世界没有蛀牙”,在终端传播中,该公司专门制作了“让世界没有蛀牙”的海报张贴在卖场以保持品牌核心诉求在终端的传承力。当然除了终端售点广告在形象上、诉求上和其他传播手段保持传承力之外,终端导购人员在直接面对消费者的沟通中也应该将品牌的核心诉求以通俗易懂的语言,简明扼要地向消费者传达。

(2)整合力。快速消费品品牌终端传播整合力就是将品牌形象和品牌主要诉求综合利用各类传播手段在终端充分体现。如将日常促销、大型公关活动、POP 广告等手段进行整合,能有效提高品牌知名度、美誉度和销售量。如欧莱雅 2003 年以来在全国推行“常态促销”模式。它将常态促销里的买赠促销、顾问咨询、演示推广等捆绑在一起并发挥得淋漓尽致。它的活动方案虽然没有多少惊人之笔,但它的方案系统性强,可操作性强,同时连贯性强,便于执行,不仅能起到推动终端销量的效果,还能起到一如既往地培养品牌忠诚度的效果,充分体现了品牌终端传播的整合力法则。

(3)持续力。快速消费品品牌终端传播要在形象上和主要诉求上具有坚持不懈的耐久力,通过终端这一窗口起到持续树立品牌的重要作用。宝洁公司在推广海飞丝这一洗发水品牌时,其品牌形象主色调是大海的蓝色,所以它在终端推广当中的形象色一直以来都以蓝色为主色调。而海飞丝这一品牌的主要核心诉求是“去头屑”,所以在终端传播中也一直坚持这一诉求不变,品牌形象和功能诉求在消费者心目中牢固地扎了根。

(4)执行力。快速消费品终端传播的执行力是指我们在从事终端包装和终端促销工作过程中,在不偏离品牌核心诉求宣传的前提下,为了充分树立品牌形象,同时提升终端销量而做的一切工作。终端包装:通过生动化的陈列,如促销墙陈列、堆头陈列、端架陈列、形象柜陈列等陈列形式吸引顾客眼球,强化销售氛围,刺激冲动购买,以提升品牌的知名度和美誉度;在货架资源有限的情况下,通过助销广告,进一步强化销售氛围,如利用折页、灯箱片、单张、海报、挂旗、吊牌、立牌等宣传用品尽可能占据店内外宣传空间,并延伸到货架以外的空间,如出入口处、收银台、服务台等地,力求无所不在的品牌宣传。终端促销:在一定时间内,利用鲜明的具有煽动性的促销主题强烈地唤起消费者的共鸣或好奇心,以刺激消费者冲动消费;迅速产生激励作用刺激需求,引导消费者购买;逐步建立消费者对该品牌的偏爱和忠诚度。促销主题要注意和商场的重要节假日、店庆等活动联系起来,与目标消费群体的文化品味、消费习惯相符合,如新品上市热卖促销、节日促销等。

(5)学习力。“学习是创新的源泉”,终端传播的学习力是指为了使品牌的终端传播更具创新性,企业营销人员必须具有持续不断的学习力,探索出更多更新的终端传播策略以面对激烈的终端竞争。对终端传播的学习更多的是关注和研究各类企业在终端的不同运作手法和传播手段,以探索出适合自己品牌在终端传播的运作策略。因此,许多企业关于学习的概念,就是向同行学习,向行业内的前三名学习,所谓“他山之石可以攻玉”,就是这个道理。

4. 事件传播

通过有影响力的社会事件的策划与实施,吸引公众的参与和注意,并通过新闻媒体渠道,形成短期的冲击力,塑造快速消费品牌良好的社会形象。事件传播通过制造或利用具有重大新闻价值和社会影响力的事件,达成相应的营销传播目的,在引起媒体和公众注意、兴趣的轰动效应中,快速提升企业品牌的知名度、美誉度,树立良好的品牌形象,增加品牌资产。

5. 品牌形象代言人传播

品牌形象代言人是指企业在一定时期内,以契约的形式指定一个或几个能够代表企业品牌或产品形象并展示、宣传企业品牌或产品形象的人或物。当今社会已经进入了注意力的时代,在这个以计算机网络为基础平台的信息社会中,信息已经不再是一种稀缺资源,真正稀缺的资源是人的注意力。运用品牌形象代言人来传递品牌信息,吸引消费者“眼球”,塑造品牌形象、品牌知名度已成为企业经营者最常用的重要营销传播手段。品牌形象代言人在快速消费品品牌传播中的作用包括:

(1)增强信息源可信度,增加品牌或产品的说服力。信息源可信度对于说服效果可产生明显的影响。信息源可信度包括专业性和可靠性,信源的专业性和可靠性越高,其可信度越高,因而说服效果也就越好。品牌形象代言人在品牌传播中,具有双重性。一方面,他是品牌或产品信息的传播者;另一方面,他又是一种被传播的信息。消费者往往是根据形象代言人的信息来判断他所传递的信息的可信度,使用可信度高的代言人可以提高消费者对品牌的信任,增加广告的说服力,促使消费者态度改变。如家庭主妇代言碧浪洗衣粉等。

(2)提升品牌的知名度。请名人来做品牌的形象代言人,可以将名人的个人形象资源嫁接到品牌上,良好的代言人形象会使品牌的知名度大大提高。如2002年,魅力四射的章子怡成为著名化妆品品牌"美宝莲"的代言人,使美宝莲化妆品在国内的知名度迅速提升。

(3)形成品牌识别,传递良好的品牌形象。在品牌传播中,品牌形象代言人是品牌识别系统的一个重要组成部分。他作为区别于其他品牌的标志,具有直观、易于辨认的特点,而且他是有形与无形的结合,更容易让消费者产生联想。品牌代言人应有鲜明的个性特征,良好的公众形象,通过展示自身的鲜明个性,让消费者联想到品牌的独特性,从而使品牌形象更加鲜明、丰富和生动,达到与消费者之间良好的沟通,将品牌形象印入消费者的心里。

在快速消费品品牌传播中,品牌代言人策略能否成功很大程度上取决于品牌形象代言人选择是否正确。快速消费品品牌形象代言人选择应考虑以下几点:

(1)品牌形象代言人要与目标消费者相匹配。品牌进行了市场定位,选择了目标市场之后,也就锁定了目标消费者群。品牌的目标消费者对所选用的代言人是否知晓关系到该广告或品牌能否引起他的有意注意;是否认同很大程度上影响到他对品牌的认同;是否信赖则关系到他对品牌代言人所提供信息的信任程度。消费者在进行购买决策时,往往会问自己:这种品牌适合我(这一类人)吗?品牌形象代言人的出现及其表演就是要回答:这个品牌适合我,如果你(消费者)喜欢我,也适合你。如"乐百氏"AD钙奶的目标市场是少年儿童,所以选择具有天真、清纯特质的小燕子——赵薇作为形象代言人;而"百事可乐"的目标市场是青年人,选择贝克汉姆这样充满青春活力的著名球星作为形象代言人,就能使品牌代言人与所要说服的消费者的社会特征很好地结合起来,为其所接受。

(2)品牌形象代言人的个性要与品牌个性相匹配。所选用代言人的形象能否与品牌的个性特征相吻合,关系到能否很好地传递品牌的形象信息。品牌个性是企业经营理念和文化的无形缩影,不同的个性折射出不同的人文精神和个体价值。品牌个性与代言人个性的吻合是品牌传播效果优化的关键,只有品牌个性与品牌代言人的个性准确对接,才能产生传播识别的同一性,消费者才会从品牌代言人身上体验到品牌的个性与内涵,才能有效地树立和强化该品牌在消费者心目中的位置。

(3)品牌代言人要与所代言的产品(品牌)类型相匹配。不同的产品有自己不同的特性和类型划分,也必须相应选择和使用不同类型的代言人,只有这样做才能使"名人"更有利于对高心理预期或社会风险产品(如化妆品、珠宝等奢侈品等)进行有效的代言;也才能使"专家"更适合于代言专用设备、药品等高经济价值或特定功能风险的产品;而"普通消费者"则更适合于代言洗涤剂、食品等低风险、高重复购买率的日用产品。

第三节 快速消费品市场营销的基本方法

快速消费品行业在全球经济中占有非常重要的地位,人们日常生活所需的消耗补充都离不开它。一般而言，快速消费品具有以下特点：单品价值低；消耗周期短，消耗后需要及时补充；便利，消费者可以就近购买；视觉化，消费者在购买时很容易受卖场气氛影响；品牌忠诚度不高，消费者很容易在同类产品中转换不同的品牌等。上述特点决定了快速消费品具有不同于其他类型消费品的购买决策和购买过程，消费者不仅对消费的便利性要求较高，对周围人的建议不敏感，而且产品替换性较大，购物具有明显的主观性。营销主体的性质和产品的特殊性决定了快速消费品同其他类型消费品在推广上存在很大差别。快速消费品行业在实施营销时，应把握以下基本方法。

一、建立多样化的营销渠道，积极开展网络营销

由于消费者能对产品质量进行直接的感受和判断，所以快速消费品的首要营销工作是如何把产品以最快的速度呈现在消费者面前，让消费者见得到、买得到。如果产品得不到渠道的广泛支持，品牌价值将无法得到充分地发挥，只有拥有高效的营销渠道才能做到这一点。传统广告媒体曾经创造出无数耀眼的品牌奇迹，然而步入21世纪，信息技术的进步、消费者价值观念的更新、商业竞争的深化促成了网络营销的产生。网络广告营销拥有众多传统媒体无法比拟的优点，已经受到众多用户的青睐。能否充分利用网络媒体及时掌握商机，是商务发展的关键，也决定着快速消费品企业能否在短时间内抢占市场。同时，快速消费品企业还需要健全企业内部和外部的沟通渠道，提高营销系统各职能部门的专业素质，由原来的以管理为本转向以提高企业整体营销效率、协同执行能力为主的营销模式。

二、重视渠道成员的选择、激励和评价

快速消费品选择渠道成员应作两方面的考虑。

1. 目标市场

快速消费品企业的经营意图是将产品打入目标市场，让需要企业产品的最终用户能方便地购买公司产品。因此，在选择渠道成员时，不应将公司产品特性作为考虑重点，而应以消费者为依据，认清产品的目标市场及其购买习惯，以方便他们的购买为基本原则，以最快的速度，在最方便的场合将产品送到消费者的手上。

2. 运行效率

快速消费品行业的激烈竞争致使行业利润下降，如果渠道运行效率低下，必然会进一步增加企业成本、降低产品价格优势，会对产品的快速流通和销售产生极大阻力，所以在选择渠道成员时，一定要比较各个经销商的运行效率，选择能提高渠道运行效率的渠道成员。

渠道管理强调要不断增强维系双方关系的利益纽带，为使营销链高效运转，快速消费品企业应针对渠道成员的需求，持续提供激励，激发他们的产品推广热情。比如给予物质或金钱奖励来肯定渠道成员在销量和市场规范操作方面的成绩；为渠道成员提供产品信息培训，帮助他们提高服务水平等。为确保营销渠道的高效运转，快速消费品企业还应定期对渠道成员进行绩效评价，要对绩效考评结果好的渠道成员给予物质或精神上的激励；同时对于绩效考评结果低于既定标准的渠道成员，快速消费品企业要尽力帮助他们分析原因，考虑可能的补救办法。如果发现原因是渠道成员缺乏应有的职业道德，不思进取，或跟不上企业步伐、缺乏长期合作意愿，快速消费品企业有必要对该渠道成员进行适当的调整，以保证整个营销链的正常运转。

三、结合社会需求和竞争确立企业发展定位

市场定位是企业的特色所在，是现代营销理论的核心思想之一，在营销管理中起着具体营销活动“领航者”的方向性作用，定位是否恰当决定着营销策略的正确性和有效性，具有战略意义。快速消费品企业要重视发展定位，但在确立企业发展定位时，不能为特色而特色，应考虑社会对快速消费品行业的需求，在此基础上，依据自己的特长、人才资源，同其他快速消费品企业有适当“错位”，构建特色快速消费品企业，创造竞争优势。

四、遵循快速消费品行业规律和市场调研相结合

快速消费品企业的主打产品、特色服务、人力资源等都有其内在的规律性要求，忽视这一点，盲目增减产品、扩充服务，可能会造成产品质量下降、服务不到位等问题，同快速消费品企业的经营初衷背道而驰。因此，快速消费品企业在产品研发、服务增添上应具有前瞻性，有必要进行市场调研，了解消费者的要求，预测消费者未来对企业的需求趋势。

五、竞争营销和合作营销相结合

在企业营销实践中竞争营销已渐成趋势，同一行业的竞争对手在技术研发、分销网络、品牌、物流等多方面也开展合作。虽然快速消费品企业间相互竞争是一种客观现实，但它们也可以共享竞争对手的供应商、生产设备等资源，甚至在采购、物流等方面与竞争对手进行深入合作，通过结合竞争营销与合作营销，既可以提高资源使用效率、降低相关费用，又可以提高教育服务质量，满足社会对人才的需要，扩大各快速消费品企业的影响力。

六、以市场营销功能为导向的营销组织

建立以强大市场营销功能为导向的营销组织，全面强化市场营销功能的配置，建立起市场策划、产品策划、产品管理、信息研究等市场营销功能，强调销售在市场策划的指导下进行；强调市场和销售进行有效的协调，建立专门的岗位负责市场和销售之间的协调，适应以分销商为核心的分销体系结构，同时加强对于大型直接客户的快速渗透和管理；以服务对象为导向进行营销策划，策划和推广工作分别针对核心客户、区域客户和消费者；精简的管理层次配置，缩短反应时间以提升市场反应速度，建立起适合企业运作的管理体系，与企业各职能部门进行合理的职责划分。

七、实施有效的市场拓展策略

1. 成立突破小组

挑选最优秀的人员组成若干个销售突破小组，选择最有机会进行突破的市场，授予销售突破小组充分的权力和必要的资源，在限期内明确销售增长目标。

2. 区域市场突破

在最有机会的区域市场，由突破小组全面负责当地销售，根据每个市场的不同，设计不同的渠道拓展策略，运用各种销售方式短时期内大量地铺货，其促销主要以经销商促销为主。

3. 区域市场提升

开始筹建当地的办事处，销售突破小组仍然负责当地的销售工作，发展新的经销商，重

点选择对农村市场有直接覆盖能力的经销商，在城市集中资源短期内大量投入广告和促销活动。

4. 区域市场稳固

区域市场的销量已经形成一定规模，开始选择少数几家经销商将其发展成为区域核心分销商，进行网络调整和优化，形成以分销商为核心的渠道体系，办事处全面负责当地的销售，工作重点由渠道拓展转为分销商管理和控制。

5. 突破重点转移

突破小组回到总部，进行总结和人员调整，选择新的区域进行销售突破，一般选择已攻克市场的邻近市场，采用各种营销手段进行前期渗透，进入新的市场进行市场突破。

6. 培育新品，适销对路

为了促进销售，更好地满足消费者的需求，快速消费品企业应特别注重产品品质的改善，通过市场调研，运用科学技术，不断培育出消费者喜爱的新产品；应努力为消费者提供最优的产品，并且不断更新、永不满足，使其在快速消费品市场上长盛不衰。在推广新品时将资源优先配置到渠道和终端促销上，然后少量传播，从渠道成员到消费者形成一条完整的价值链，获得比竞争对手更明显的竞争优势。

第四节　快速消费品的市场营销策划

一、分销模式的运用

快速消费品企业最佳分销模式是建立以分销商为核心的区域分销体系和核心客户体系，同时迅速进入新兴的分销渠道，在每个区域选择一定数量的批发商发展成为分销商，除了正常的购销关系外，企业还应该提供优惠、折扣和其他权利，并帮助分销商进行分销和存货管理，建立完善的分销商管理和服务体系，这是渠道建设的核心所在。分销商必须有广泛的销售网络，网络必须含有一定数量的二级批发商和零售商送货，并且能达到要求的覆盖范围，分销商需要向地区内的批发商和零售商送货、提供信用、仓储产品及 POP 资料。零售商是渠道建设的另一个重点，通过货柜管理、促销宣传、卖场建设等手段和指标发展一些连锁超市和新兴的零售业态（如大卖场），企业应建立专门的部门和采用完全以客户为导向的销售模式来拓展这一渠道。

区域分销模式目前已经成为快速消费品行业的主要分销模式。根据一级批发商的背景（国营、集体、私营、外资、直销）和其他条件挑选最合适的发展成为分销商，从而实现区域及当地分销，减少了中间层次，将传统模式的二、三级合并，并通过与直销的结合，提高了销售的主动性。在此基础上，拥有多种产品多种品牌的公司的各下属企业采用统一的销售渠道，让客户实现一站采购，公司的区域分销中心和全国销售总部相连形成有计划、有组织、控制良好的体系，在销售中心与关键最终客户之间建立反馈，提高销售体系的反馈速度。这种联合分销模式广泛地被跨国企业所采用，如联合利华、可口可乐、百事可乐、宝洁等。

著名的快速消费品公司宝洁公司依靠其强大的品牌效应及完善的分销渠道，使得其产品无论是铺货率还是市场占有率都很高。宝洁在中国建立了多渠道并存的分销网络来充分接近消费者。在拓展新市场时，宝洁的渠道模式为宝洁——一批——二批——零售，这种模式利用既有的日用消费品分销渠道,销售人员同时拜访批发商和零售商,采用双重手法将产品推到渠道中,有效进行市场渗透,缩短拓市周期,抢占市场份额,树立品牌。当某一地区的销售已达到一定规模时,宝洁的渠道模式就演变为宝洁——分销——二批——零售,宝洁从第一层批发商中寻找一个合适的批发商,将之发展成为分销商,分销商与宝洁签订合同,承担责任、接受培训并享有优惠和权利,批发商则只有购销关系,可称之为区域分销模式。在宝洁的客户类别中有一种直接客户,直接客户是指宝洁比较重视的那些有实力的连锁零售商,宝洁对它们直接供货,并在公司内部设有专门的部门来负责直接客户的工作。

二、建立经销商管理体系

在快速消费品行业中,经销商的素质与实力直接影响着企业营销战略的实施效果。分销商的筛选标准主要考虑以下方面:应该具有充裕的资金来支持其在区域内的运作以及支付公司的货款;在当地有一定的网络基础,符合公司在当地销售规模的需求;信用情况良好,无施欠账款的不良记录;对于公司的产品知识有相当的了解,熟悉该类产品的运作方法,以便进行专业经营;所代理的其他产品不影响对企业产品销售的投入。

合格的经销商可能一时难以获得,这就需要企业从众多的批发商中培育出合格的经销商,企业可以在某地区中挑选有较强的分销和运输能力的,并且资信状况较佳的批发商进行跟踪分析,在其实力得到确认的基础上开始重点培育。选中的批发商将担负起向该地区其他批发商和零售商分销产品、提供信用的责任,作为回报,企业则承诺价格上的优惠,以及赋予其当地独家分销的权力。确定后,企业将监督该准分销商的销售,对其制订的价格提供建议,协助其网络的扩张,并对其部门进行培训,等该准分销商的各项实力符合企业的标准之后,企业将正式确认其为当地的经销商。

完善的分销商管理体系包括经济利益保障机制、管理和控制机制、服务和支持机制三个方面。大的快速消费品公司保障自己的分销商利润稳定,除返利外,对其经营利润的部分承诺(在拓展时期),分销商积极维护渠道秩序良好的可获得额外的订货折扣。宝洁公司通过经销商和自己的业务人员一起配合来有效实施经营规划、存货管理、零售覆盖、运输与仓储、售点广告与促销等工作,并协助分销商履行渠道职能,控制分销行为。对于大的分销商,委派客户经理进驻其总部办公,小的分销商则由一个客户经理同时监控几个。企业应明确各项职能在企业和分销商之间的分配,并确定各自的工作重点。宝洁对分销商的支持足以激发分销商的信心,同时以实际行动来推动分销商的业务发展。在业务上帮助分销商拓展二级网点,分销货物;在管理上协助分销商按照宝洁的要求进行重组,帮助分销商分析问题并制订解决方案;在培训上定期对分销商的业务人员进行培训,介绍产品知识和营销知识;在广告支持上会有定期的广告促销,区域广告中出现分销商的名称。

新产品上市,渠道沟通与激励非常重要。企业应该成立相应的推广组织,与销售系统进行内部沟通并制订客户激励方案。为了提高产品推广的效率,在新品上市之前应该准备好有关的销售支持工具,新产品的迅速上市必须辅以整合的外部沟通并保证足够的频率以加速目标的实现,同时根据客户对新产品的接受程度和合作模式的不同,企业可以采用差异化的激励方式。新产品推广期间需要与分销商和客户建立紧密的联系,这有助于发现产品自身的弱点,强化产品营销和销售之间的联结纽带。

可口可乐的市场部通过特定客户和特定渠道的专人负责来对销售部的运作进行指导。

可口可乐统一投放形象广告，并负责全国性的消费者促销，以此来对各地区瓶装商进行广告和促销支持；各地瓶装商主要从事渠道促销以及地区性消费者促销，费用与可口可乐共担。联合利华的市场部负责统一的产品/品牌营销策略制定、市场分析以及媒体投放。宝洁公司建立了完全以营销策划功能为导向的营销组织，设有三个部门：市场部、销售部、销售市场部。市场部制定分销目标和营销策略、促销活动规划以及配合销售相关活动。销售部门只负责具体执行实施，为产品争取促销机会，执行批准的促销计划和既定的营销策略，实现预定的销售目标。销售市场部是市场部和销售部之间不可缺少的润滑剂，负责销售监控、销售预测以及培训等工作，沟通品牌与销售之间的关系以及产品策划和销售之间的关系，推动销售和市场有效地结合。

建立以强大市场营销功能为导向的营销组织，全面强化市场营销功能的配置，建立起市场策划、产品策划、产品管理、信息研究等市场营销功能，强调销售在市场策划的指导下进行；强调市场和销售进行有效的协调，建立专门的岗位负责市场和销售之间的协调，适应以分销商为核心的分销体系结构，同时加强对于大型直接客户的快速渗透和管理；以服务对象为导向进行营销策划，策划和推广工作分别针对核心客户、区域客户和消费者；精简的管理层次配置，缩短反应时间以提升市场反应速度，建立起适应于企业运作的管理体系，与企业各职能部门进行合理的职责划分。

习题

1. 简述快速消费品的属性与基本特点。
2. 如何打造快速消费品品牌？
3. 简述快速消费品市场营销的基本方法。
4. 如何实施市场拓展策略？
5. 选择快速消费品的渠道成员应考虑哪些方面的问题？

案例学习及讨论

案例1 可口可乐的促销策略

促销与广告不同，广告为消费者提供了购买理由，促销却提供了购买刺激。可口可乐为了提高产品的市场占有率、行业渗透率，非常重视促销活动的运用。在可口可乐，促销可以分为三个层面。

一、针对经销商的促销

针对经销商的促销是指可口可乐针对其分销组织，主要包括批发商与零售商举办的促销活动。目的一般是为了获得或增加可口可乐系列产品的销量，或者鼓励零售商在卖场中做某类特别的销售活动。针对经销商，可口可乐主要采取价格优惠与折扣的促销方式。此外，对经销商提供短期赊销的支持、销售及生动化竞赛、免费旅游、季度抽奖等活动，用以激发经销商的经销热情。

二、针对销售人员的促销

针对销售人员的促销，是可口可乐公司为了激励销售人员对其系列产品作额外的销售努力，所采取的奖励措施。对销售人员，可口可乐通常采取直接奖励与销售业绩挂钩的形式，在规定的基数前提下，超额完成部分奖励现金，或提供一定的福利奖励的方式。

三、针对消费者的促销

这种促销方式是制造商直接针对消费者展开的。目的是诱导消费者,促进其直接购买本品牌产品。由于针对消费者的促销是决胜售点的“临门一脚”,所以在这里我们将着重把可口可乐针对消费者的促销方式作以详细阐释。可口可乐针对消费者的促销方法主要有:(1)免费品尝;(2)特价销售;(3)增量包装;(4)联合促销。

为了保证促销活动卓有成效地实施,可口可乐公司要求销售人员帮助客户把消费者拉到售点内。譬如,在售点开展针对消费者的促销活动时,可口可乐的销售人员在执行促销活动时必须遵循下列的基本原则:(1)促销开始之前,要与售点客户沟通,并确认促销活动的各项细节,以保证活动实施;保证所有促销品牌和包装按时铺货上架和陈列;向促销员说明促销活动的方法、时间和奖励办法等。(2)促销活动实施期间,必须明确标示产品价格,且显眼醒目;及时向销售主管反馈促销执行情况和存在的问题;正确传达促销信息,广告用品必须根据要求张贴、摆放、悬挂在售点客流量最大且显眼的位置;扩大产品陈列空间,占据售点客流量最大的有利位置。(3)促销活动结束后,评估活动效果,总结经验教训。

综上所述,促销活动是可口可乐实施“推拉”策略(广告拉动消费者购买,促销推动消费者购买)的重要方法之一。促销活动可以刺激消费者大量购买,并吸引没有购买过可口可乐产品的消费者初次消费。在市场上,可口可乐正是通过这些个性化的促销设计、周密严谨的促销执行,建立了无与伦比的竞争优势。

资料来源:

《可口可乐的营销策划技巧》,摘自《经理人报》,2006年7月24日,有删节。

讨论题:

1. 可口可乐从哪些层面开展促销活动?为什么可口可乐要多层面促销?单一层面促销有哪些弊端?

2. 可口可乐针对消费者的促销方法主要有哪些?

3. 为什么在促销活动结束后,要评估活动效果?

案例2　王老吉,“防上火”让自己“火”起来

凉茶是广东、广西地区的一种由中草药熬制、具有清热祛湿等功效的“药茶”。在众多老字号凉茶中,又以王老吉最为著名。

王老吉如何走出广东、浙南?

在两广以外,人们并没有凉茶的概念,甚至调查中消费者说“凉茶就是凉白开吧?”“我们不喝凉的茶水,泡热茶”。普及凉茶的概念显然费用惊人。而且,内地的消费者“降火”的需求已经被填补,大多是吃牛黄解毒片之类的药物。作为凉茶困难重重,作为饮料同样危机四伏。如果放眼到整个饮料行业,以可口可乐、百事可乐为代表的碳酸饮料,以康师傅、统一为代表的茶饮料、果汁饮料更是处在难以撼动的市场领先地位。而且红色王老吉以“金银花、甘草、菊花等”草本植物熬制,有淡淡中药味,对口味至上的饮料而言,的确存在不小障碍,加之3.5元/罐的零售价,如果加多宝不能使红色王老吉和竞争对手区分开来,它就永远走不出饮料行业列强的阴影。这就使红色王老吉面临一个极为尴尬的境地:既不能固守两地,也无法在全国范围推广。

制定对策:重新定位。再次定位的关键词是:传承、扬弃、突破、创新。

品牌定位，主要是通过了解消费者的认知(而非需求)，提出与竞争者不同的主张。具体而言，品牌定位是将消费者的心智进行全面研究——研究消费者对红色王老吉产品以及竞争者的认知。又因为消费者的认知几乎不可改变，所以品牌定位只能顺应消费者的认知而不能与之冲突。如果人们心目中对红色王老吉有了明确的看法，最好不要去尝试冒犯或挑战，就像消费者认为茅台不可能是好的"威士忌"。所以，红色王老吉的品牌定位不能与广东、浙南消费者的现有认知发生冲突，才有可能稳定现有销量，为企业创造生存以及扩张的机会。

消费者的认知和购买消费行为均表明，消费者对红色王老吉并无"治疗"要求，而是作为一个功能饮料购买，购买红色王老吉真实动机是用于"预防上火"，如希望在品尝烧烤时减少上火情况的发生等，真正上火以后可能会采用药物，如牛黄解毒片、传统凉茶类治疗。再进一步研究消费者对竞争对手的看法，则发现红色王老吉的直接竞争对手，如菊花茶、清凉茶等由于缺乏品牌推广，仅仅是低价渗透市场，并未占据"预防上火"的饮料市场定位。而可乐、茶饮料、果汁饮料、水等明显不具备"预防上火"的功能，仅仅是间接的竞争者。同时，任何一个品牌定位的成立，都必须是该品牌最有能力占据的，即有据可依，如可口可乐说"正宗的可乐"，是因为它就是可乐的发明者。研究人员对于企业、产品自身在消费者心智中的认知进行了研究。结果表明，红色王老吉的"凉茶始祖"身份、神秘中草药配方、175年的历史等，显然是有能力占据"预防上火的饮料"的市场的。

由于"预防上火"是消费者购买红色王老吉的真实动机，显然有利于巩固加强原有市场。是否能满足企业对于新定位的期望——"进军全国市场"，成为研究的下一步工作。通过二手资料、专家访谈等研究，一致显示，中国几千年的中药概念"清热解毒"在全国广为普及，"上火""祛火"的概念也在各地深入人心，这就使红色王老吉突破了地域品牌的局限。

品牌定位——"预防上火的饮料"，其独特的价值在于——喝红色王老吉能预防上火，让消费者无忧地尽情享受生活：品尝煎炸、烧烤、香辣美食，通宵达旦看足球……

广告传播。为更好地唤起消费者的需求，电视广告选用了消费者认为日常生活中最易上火的五个场景：吃火锅、通宵看球赛、吃油炸食品薯条、烧烤和夏日阳光浴，画面中人们在开心地享受上述活动的同时，纷纷畅饮红色王老吉。结合时尚、动感十足的广告歌反复吟唱"不用害怕什么，尽情享受生活，怕上火，喝王老吉"，促使消费者在吃火锅、烧烤时，自然联想到红色王老吉，从而购买。

在频频的促销活动中，同样注意了围绕"怕上火，喝王老吉"这一主题进行。如最近一次促销活动，加多宝公司举行了"炎夏消暑王老吉，绿水青山任我行"刮刮卡活动。消费者刮中"炎夏消暑王老吉"字样，可获得当地避暑胜地门票两张，并可在当地度假村免费住宿2天。这样的促销，既达到了即时促销的目的，又有力地支持巩固了红色王老吉"预防上火的饮料"的品牌定位。同时，在针对中间商的促销活动中，加多宝除了继续巩固传统渠道的"加多宝销售精英俱乐部"外，还充分考虑了如何加强餐饮渠道的开拓与控制，推行"火锅店铺"与"合作酒店"的计划，选择主要的火锅店、酒楼作为"王老吉诚意合作店"，投入资金与他们共同进行节假日的促销活动。由于给商家提供了实惠，红色王老吉迅速进入餐饮渠道，成为主要推荐饮品，同时加多宝可以根据现场的特点布置多种实用、有效的终端物料。在提升销量的同时，餐饮渠道业已成为广告传播的重要场所。这种大张旗鼓、诉求直观明确的广告运动，直击消费者需求，及时迅速地拉动了销售；同时，随着品牌的推广，一步步加强了消费者的认知，逐渐为品牌建立起独特而长期的定位——真正建立起品牌。

红色王老吉的巨大成功,根本原因在于企业借助了营销广告公司的力量,发现了红色王老吉自身产品的特性,寻找到了一个有价值的特性阶梯,从而成功地完成了王老吉的品牌定位。对中国企业而言,没有什么比建立品牌更重要的了。而要建立一个品牌,首要任务就是品牌的定位,它是一个品牌能否长久生存和腾飞的基石。

资料来源:

张旭,《王老吉,"防上火"让自己"火"起来(王老吉营销全案)》,摘自《销售与市场(案例版)》,有删节。

讨论题:

1. 王老吉的促销策略给你什么启示?
2. 王老吉是如何占据"预防上火"的饮料定位的?
3. 你认为王老吉成功的关键是什么?

第六章 家电行业市场营销

本章学习要点：

- 家电产品的市场特点
- 家电营销的五大盈利模式
- 家电产品的一、二级市场营销
- 家电产品的农村市场营销
- 西式家电产品在中国市场的营销策略
- 小家电产品的分销模式

第一节 家电产品的市场特点

一、市场竞争加剧

我国家电行业经历了布点分散的无序竞争时代。经过20多年残酷的市场竞争之后，一批经营不善的中小企业因为竞争失利逐步退出家电行业，而一批精于在市场搏杀的企业脱颖而出，孕育了全国性知名企业。随着竞争的加剧，家电行业的集中度逐步提高，逐渐形成寡头市场，竞争对手势力相当，竞争更加激烈。家电行业属于制造型企业，其特点就是固定资产占总资产的比重相当大，使得家电行业的资产专用性很强，这就增加了其转型的成本，市场的退出壁垒高，从而使得家电市场的进出壁垒具有不对称性，造成转型的困难，也加剧了行业内的竞争程度。

二、规模经济明显

规模经济的存在导致了我国家电行业生产集中的趋势越来越明显，许多小规模的厂商会不断被大企业兼并、收购和联合。目前，在彩电、空调、洗衣机、电冰箱等行业前三家企业所占的市场份额总和均已超过50%，而且这一数字还在不断提高。国家政策和资本市场环境等宏观因素的影响也促进了行业集中度的提高。国务院2001年11月发布的《关于“十五”期间进一步促进机电产品出口的意见》中，明确提出要加大对机电产品（家电）的支持力度，而且在政府“十五”规划中也提出提高生产集中度，扩大名牌产品的市场占有率，增强优势企业扩张能力和市场竞争力，引导增量投资向优势企业集中，优化存量。

三、进入壁垒升高

1. 规模壁垒

规模经济壁垒的存在使得潜在进入者要想具有先存企业的竞争实力，必须在进入的初期就实现大规模生产。

2. 资本壁垒

要达到一定的规模经济,资本量也必须达到一定的规模。

3. 技术壁垒

国外厂商为阻止我国家电技术达到世界先进水平,在技术扩散方面开始设置壁垒,加上我国国内企业自主开发能力的增强,具有知识产权体系的技术不断增多,因而潜在进入者不可避免地会碰到专利技术方面的壁垒。

4. 内生性壁垒

最重要的壁垒是在位厂商存在所导致的内生性壁垒。如名牌产品经过多年的信誉累积、广告宣传,其产品形象早已深入人心,在消费者的心目中认知度比较高,新进入企业为了吸引顾客对自己产品的偏好必须花费比在位者更多的营销成本。

第二节　家电营销的五大盈利模式

一、品牌驱动模式

品牌驱动模式是通过品牌"稀缺价值"的建立,在战略营销中获得高出品类基准价格的一种溢价盈利模式。营销通过品牌驱动获得的溢价可以反哺品牌"稀缺价值"的影响力,再度驱动市场营销,形成良性循环。上海极品策略品牌营销策划机构用两年时间对中国20个品类的前6名企业共120家家电企业进行品牌营销战略层面的跟踪服务,得出一组非常清晰的对比数字,那就是品牌可产生较大销售溢价:以"品牌溢价"驱动营销的企业其产品销售溢价率,普遍比价格驱动型企业的产品销售要高出23%以上,更高的可达270%以上。这对中国企业多年来迷信的低价格驱动不啻于醍醐灌顶。但是实行品牌驱动模式的企业在中国家电企业占比很少,低于5%的比值,这也是中国家电企业在20世纪以后没有一个新品牌诞生的主要原因。

品牌驱动营销模式是企业通过提炼、创造出品牌的"稀缺价值",并以品牌"稀缺价值"的影响力来驱动市场。这种通过品牌力量获得的额外溢价是企业可持续的利润来源,可以消化企业技术创新、产品创新、流程创新的各种成本投入,使品牌企业获得一种良性循环的机制。

品牌驱动营销模式相对不具有低成本优势,在夺取市场占有率方面的优势逊于低价格的企业,市场规模培育较慢。中国家电品牌驱动模式的集大成者是海尔,海尔杰出的品牌运作艺术使海尔品牌溢价率比同类品牌普遍高出25%以上,这种品牌的溢价使海尔在品牌建设、产品创新、战略流程的再造上都远远超出同类对手,品牌驱动模式的成功运用使海尔成为中国家电最杰出的品牌,具有强大的征服力量,使顾客建立起强大的品牌忠诚。

二、价格驱动模式

价格驱动的表现是产业盛行价格战,中国家电企业目前仍惯用低价格营销模式来驱动市场,通过价格的力量提高市场占有率,获得营销规模产生效益,并通过营销规模进一步扩大,获得更大的边际效应。

在传统产业里,市场占有率的领先者采用扩大市场占有率的战略来提高其利润率,市场占有率提高,利润也随之提高。20 世纪 80 年代,北美市场有学者就市场占有率和利润率的关系作过调查,发现在食品行业,某世界级的品牌市场占有率增加 1 个百分点,其销售利润就增加 6 000 万美元。另外一份对制造业数百个企业的调查表明,企业经营价值链中和利润率有关的最重要因素中,市场占有率和技术含量均在其列,当市场占有率超过 40%,投资回报率可达 30% 左右,其投资利润率是市场占有率在 10% 以下企业的三倍。国际大公司的市场战略都定位在市场占有率,希冀通过市场占有率的提高获更大利润。上海极品策略品牌营销策划机构对中国市场 2007 年洗衣机销售分析得出,每提高 1% 的市场占有率,可获得 276 万的销售额提升。但是用低价格营销模式来驱动市场的家电企业并不能因市场占有率的提升而同步获得利润,因为不少家电企业采用低于该品类基准价格的 15% 至 30% 或更低的价格销售,盈利极微。

目前,中国家电企业价格驱动模式是以低价格的产品拉动市场,因为刚性力量是低价格,产品销售价格往往比行业基价要低 30% 以上,有的甚至 100% 以上。中国家电低价格驱动模式代表是格兰仕、美的。格兰仕通过十几年持续的微波炉降价促销,使格兰仕成为微波炉符号。美的各类家电产品也盛行低价,其洗衣机、空调、冰箱销售均价均比各自行业领先品牌的产品价格要低出 20% 左右,甚至比一些品牌规模不如自己的企业产品价格还低,如电风扇类,艾美特规模不如美的,但价格比美的要高出 30% 左右。

价格驱动的成功取决于两点。一是企业对低成本能力的综合控制,使企业在各个价值链上都具备成本优势,如格兰仕。二是低价格驱动模式必须有企业规模销售来换取“边际利润”。如果企业规模不够,则低价格销售的产品毛利很难支撑企业的生存。因此,盛行低价格驱动模式的企业往往规模很大。

三、产品驱动模式

产品驱动模式,是在规避品牌层面的竞争,专注于产品的技术创新,以产品结构创新,产品工艺创新,创造更高品质、更大产品溢价的产品,溢价率高出行业基价 30% 以上。

产品驱动模式的必备前提有两个:一是技术创新必须是真正领先技术,或阶段性领先的技术;二是技术创新的产品必须有一个好的品牌以及企业规模来承载。产品创新并转化为市场接受需高额成本,一个好的品牌可以让创新技术的产品被消费者信服地接受,企业规模可以承载创新技术产品的研发投入。

在家电产品驱动盈利模式上,美国惠而浦是典型的代表。惠而浦进入中国 20 年来一直因战略摇摆而经营不佳。2007 年惠而浦开始在中国战略转型施行产品驱动模式,共享全球强大研发力量,快速向中国市场推出技术最先进的根据仿生学原理模拟海浪洗程序的不缠绕“炫力波”洗衣机,在中国洗衣机市场建立了一个新的产品价值标杆。

四、独特渠道驱动模式

独特渠道驱动模式,是企业以某一类别的独特渠道典型为目标,建立适合家电品牌产品营销的投入产出比最佳的一种盈利模式。在当前家电销售渠道日益细分的态势下,选择适合企业自己的独特渠道模式,可使企业成为最大的独特渠道模式受益者。独特渠道模式典型代表是索伊品牌。索伊冰箱全力专注构建三、四级市场的渠道模式,使自己成为三、四级市场“冰箱之王”。在三、四级市场,索伊冰箱因独特渠道模式建立的品牌力量,使得大部分冰箱产品售价超过海尔。仅用四年时间,索伊迅速崛起为中国五大冰箱品牌之一。

五、区域深度营销模式

区域深度营销模式是集中企业所有资源，专注于某一区域市场，或几个大区域市场开展深度营销，把这个市场做宽做透。做宽，是指家电品牌企业的产品线覆盖面宽，以多元化、组合形的产品线覆盖市场，超越对手。做透，是指家电品牌企业对区域市场营销的穿透力强，在品牌影响力、产品溢价、市场份额、渠道网络建设、顾客忠诚度等各项指标上，都大大超越区域市场对手。区域深度营销模式的典型代表品牌是四川前锋。前锋用近三十年的时间，聚焦在以气、电热水器为核心的产品上，并集中企业90%以上资源，坚持在大西南地区作区域深度营销。在大西南地区，前锋品牌的市场占有率比对手超出50%以上，品牌营销溢价率也超出对手23%以上。

表6－1列出了家电营销的五大盈利模式。

表6－1　家电营销五大盈利模式比较表

营销盈利模式	模式优势/溢价率	代表品牌
品牌驱动	1. 通过提炼创造出品牌的“稀缺价值”，以品牌价值驱动市场 2. 销售溢价高出品类基价25%以上	海尔
价格驱动	1. 以低价产品快速获得市场占有率 2. 快速做大企业规模 3. 销售价格低于行业基价30%以上	格兰仕、美的
产品驱动	1. 产品技术创新，结构创新，工艺创新 2. 创造更高品质、更具差异性产品 3. 溢价率高出行业基价30%以上	惠而浦
渠道驱动	1. 以某一类别的独特渠道专注营销 2. 产品销售溢价高出对手17%～23%以上 3. 营销成本比其他渠道模式下的企业销售成本下降7%～9%	索伊
区域驱动	1. 集中所有资源长期专注某一区域市场深度营销 2. 以多元化、组合型产品线覆盖市场，超越对手 3. 市场占有率比对手超出50%以上 4. 溢价率超出对手23%以上	前锋

总之，品牌驱动营销模式构建企业强大市场竞争力，获得营销溢价，做大企业规模；价格驱动营销模式有助于企业提升市场占有率，获得规模优势，规模优势有助于提升品牌影响力；产品驱动营销模式有助于企业形成差异竞争，区隔对手，规避低价，承载品牌溢价；渠道驱动营销模式和区域深度营销模式都令企业寻找到一个自己最有利的竞争区位，以最优成本赢得竞争。五类营销模式的区别，最终溯源于企业营销溢价，企业的最大目的必须有利润，缺乏溢价的营销是失败的营销。中国家电营销的盈利模式，最终将由价格驱动模式向品牌溢价模式转型。

第三节 家电产品的一、二级市场营销

一、一、二级市场的特点

1. 渠道完善,执行力强

在家电市场产品严重同质化的背景下,渠道为王已经为事实所验证。虽然厂商和渠道商的博弈,为他们在一、二级市场的合作带来了太多的阴影,但是渠道的扁平化,让制造商们在整体上摈弃了以代理商为主的金字塔型渠道模式。而这种扁平化,可以让我国的家电厂商更好地与市场接触,更快地从市场上得到需求信息,也可以更好地和消费者进行沟通,进而更好地进行市场竞争。

从中国流通业的整体情况来看,家电行业流通在市场需求拉动和制造供给推动的双重作用下,流通资源整合地较为迅速、集中度提高较快、业态创新较突出、商业模式较成熟、物流关系较顺畅。特别是在一、二级中心市场上,以市场为导向,体现专业化和规模化的新型流通业态正逐渐成为主导方式。可以说,中心市场上的家电流通行业变革领先于其他近乎所有的领域。因此,在一、二级市场的渠道上,家电厂商所要做的就是努力处理好自己和这些渠道商的关系,毕竟,类似于苏宁、国美、大中和三联等家电连锁机构已经走向了专业化和规模化。他们的专业性和规模经济,可以为家电厂商减少很大一部分渠道通路建设等类似的费用。虽然,厂商和渠道商之间的控制和反控制,目前仍旧处于不稳定之中,但是,大家至少已经开始慢慢认同家电连锁经营机构的领导力、经营力和执行力,他们已经开始充分地思索整条渠道产业链上的共生问题。毕竟,资金和实力让厂商们开始渐渐放弃走厂、商一体化和扩张自营专卖店数量这一条路。而反思目前中国的家电农村渠道,由于我国地域的广阔和经济发展的不平衡,层次性差异非常明显,因此,家电的渠道建设存在着太大的不稳定性和不兼容性。

2. 品牌价值大,售后服务好

目前国内的一、二线家电厂商在中心城市都拥有一定的品牌影响力,他们拥有巨大的无形价值。这些相对的强势品牌大多数得益于当年一掷千金的广告推广,曾经短缺经济的背景使家电制造商们在蹩脚和粗劣的广告策略帮助下,迅速地完成了令人眩目的原始积累。在中心市场上的品牌知名度、美誉度和忠诚度,可以为这些家电厂家减少像当年打市场时般的投入。他们大多需要的仅仅是更多的提醒式品牌广告以及带有轰炸性的新品上市推介。这些成本的降低,可以减少家电厂家在整合营销上的费用。就售后来说,毫无疑问,几乎所有的家电品牌在大中城市都拥有自己的特约维修站或者是专卖点,而这些站点的存在,一来可以为自己的家电产品做必要的维修和售后服务,二来也可以为自己的品牌作无声的宣传。

二、家电产品一、二级市场的发展机遇

1. 更新换代的市场机会

一项覆盖国内 24 个重点商业城市的调查显示,尽管彩电产品价格连年走低,彩电市场销售额却一路攀升,尤其是液晶、等离子等平板电视产品的销售比重快速增长。同时,我国

是世界上最大的家用电器生产和消费大国，目前正面临着越来越严重的废旧机电产品处理的压力。据中国工程院副院长、院士杜祥琬介绍，我国每年报废的电冰箱达400万台，洗衣机、电视机年均各500万台以上，每年总计将有2 000余万台电脑达到报废年限。而且，由于技术更新和产品更新换代频率的加快，家电产品的报废数量还会急增，这也意味着需要重新购买家电的城市居民会越来越多。因此，在新的市场机会面前，中心城市的市场潜力是非常大的，这需要各家电厂家去更好地挖掘。

2. 城市化进程的机遇

城市化从本质上说是一种经济社会结构变动过程，在这一过程中，农业人口比重逐渐下降、工业和服务业人口比重逐步上升，人口和产业向城市集聚，生产方式、交换方式和生活方式向规模化、集约化、市场化和社会化方向转换。城市化进程给家电厂商所带来的是可遇而不可求的机遇。当然，由于这一部分城市居民是由农村居民转换而来的，那么，加强对他们的生活习惯、消费方式以及消费心理的研究，将为各家电厂家的营销策略制定带来深远的影响。

第四节 家电产品的农村市场营销

随着我国“家电下乡”政策在全国范围内的陆续推进、实施，越来越多的家电企业的农村市场竞争开始步入白热化阶段。面对轰轰烈烈的农村市场、面对蜂拥而来的大中小企业、面对不同地区需求的差异，家电企业的农村化扩张走到了新的十字路口。如何将此前的招标竞标成果变成市场销售的动力？如何让前期的投入获得丰厚的回报？如何在相同的下乡政策中找到自身营销的差异点？

一、中标产品的大蓬车营销

在家电下乡政策启动之前，许多彩电、冰箱、空调、洗衣机企业都已经启动了对农村市场的拓展。唯一不同的是，此前的企业农村拓展，多是零散的，阶段性的。特别是在影响力方面，由于是企业和各地经销商的力量在拉动，消费也呈现较分散、无序的状态。现在，除了企业方面的配合，地方政府的职能部门也在全力推动。各地政府领导出席家电下乡启动仪式，电视广播报纸等各类贴近农民的媒体也在大力宣传家电下乡政策，购买彩电、冰箱等产品享受13%的政府补贴，在一定程度上刺激了那些介于“想又不能”型的农村消费群。

在家电下乡政策的统一推动下，越来越多的企业参与到农村市场中来，相关的推广促销也将面临更多的挑战。一方面，要遵守政府职能部门对于中标产品下乡规定的流程和要求规范；另一方面，还要在更多对手挑战挤压的背景下实现农村化营销的改造与创新，最终急需在农村市场营销中找到一条能长期实施、有个性化的推广之路。

大蓬车已经成为最热门的企业下乡促销手段之一。载有产品、配置大喇叭和宣传横幅，并带有不少广告纸和实用小礼品的货车，走村串巷。这种形式，既卖了产品又宣传了品牌，已经成为许多企业下乡之后首选的营销方法。一些早期进入农村市场的彩电品牌，还为在农村市场进行产品推广找到了更好的手段。长虹、创维、TCL等国内老牌彩电企业，纷纷通过送电影、送戏曲下乡的方式，通过文化舞台宣传企业的产品与品牌，拉近与农民的距离。还有不少空调企业，甚至还将农村销售与集镇的庙会、农贸节等活动联系起来。庙会在哪里,企业销售的帐篷就搭在哪里。

二、非中标产品开拓第二种营销方式

农村市场绝非家电下乡中标产品的天下,企业更不可能完全依赖家电下乡政策来拓展农村市场,应该开拓第二种方式。

不容忽视的是,面对众多中标产品在农村市场的推广,众多非中标产品却面临着一个较大的短板,就是无法享受国家予以的13%资金补贴,在终端销售环节上会遭遇消费者的不公平待遇。同时,一些消费者也会担心,中标与非中标产品在产品质量、售后服务等方面是否会存在差异。此外,由于较多品牌的众多款中标产品扩大了可选择空间,消费者购买非中标产品的需求也会受到限制。尽管面前有重重阻力,众多家电企业还是不愿轻易放弃开拓农村市场的机会。虽然在每轮家电下乡的产品招标中,海尔、厦华、美的等企业均满载而归,但在中标产品之外,这些企业面向农村市场销售的种类和型号还有很多。由于家电下乡的产品都采取限价策略,同时许多家电下乡中标产品的利润空间有限,一些中标企业已着手准备两套下乡方法,以中标产品抢夺市场份额,以非中标产品支撑经营利润。

农村市场这么大,需求也是千差万别。企业没有必要在家电下乡这条“独木桥”上挤死,完全可以根据农村和农民的需要,实施自身的农村销售。比如,企业可以重点选择几个城市,与当地的经销商联手,企业提供质量好、价格低的产品,经销商提供优质的服务和配送安装。

三、从要政策到挖市场的转身

家电企业中标后的喜悦与兴奋正在逐步褪色。面对无规律可循、战线分散且无序的农村市场争夺战,到底应该牢牢抓住“家电下乡”政策这根救命稻草,还是主动通过自身的差异化营销寻找农村市场新的增长点,成为摆在企业面前的一道命题。

家电下乡项目招标公告之后,企业就进入了繁琐的市场操作阶段,包括相关人员培训、终端销售专区建设、信息网络构建及专项推广手段等一系列工作。实际上,产品中标之后就标志着企业的竞争从幕后走向前台,而竞争的重点也变成如何在众多中标同行中实施自身的差异化营销。容声与海信的冰箱在招标中大获全胜,接下来公司已经为应对中标后期的市场营销策划了差异化的推广方案和工作流程。可以预见,随着企业家电下乡工作的不断推进,会有越来越多的企业在农村市场的差异化营销手段上进行创新,这将直接推动农村市场的繁荣。不过,究竟谁能在竞争激烈的市场中成为最大的赢家,还有赖于企业在营销思路、推广手段、促销手段等环节的农村化改造。不过,差异化营销突围已经成为当前下乡家电企业的共识。

第五节　西式家电产品在中国市场的营销策略

中国市场已经成为全球市场的重要组成部分,外资企业纷纷进入中国市场,以出口国际市场为主的内资企业也纷纷转身国内市场,他们的进入,一方面是自身扩张的需要,另一方面,也为中国老百姓带来了全新的产品,甚至是全新的生活方式。

一、改变产品的定位

咖啡壶是一个地道的西式家电产品，在西方国家家庭里，咖啡壶是必需品，几乎每个家庭必备，那是因为西方人把饮咖啡作为其生活的一部分，而在中国，每天必饮咖啡的家庭数量是少之又少的。所以，如果在中国市场营销咖啡壶，并与西方国家市场采用同样的策略与手段，便不可能取得快速的增长。而中国人喝茶就像西方人饮咖啡一样，是生活的一部分，将咖啡壶的一些品类如滴漏式咖啡壶定位为“泡茶机”，就能使该产品与中国家庭的生活需要发生直接而明显的联系。

用“咖啡机”这个产品泡茶比传统的开水壶泡茶效果更好。表现在：第一，它是由于水蒸气冷却到90～95 ℃时凝结为水滴滴落在茶叶上面，这个温度对于泡茶是最合适的；第二，因为是水蒸气泡茶，所以，水的纯净度就更高，没有任何杂质；第三，因为产品有一个网孔细密的漏斗，所以，茶水中也没有茶叶渣，饮用时，口感更爽；第四，速度也非常快，泡1升茶水仅需10分钟。

产品还是原来的产品，定位为“咖啡机”时，中国人不理不睬，定位为“泡茶机”后，情况就明显不一样。

二、改变产品的销售渠道

在各大家电卖场发现一个共同的现象，中式家电产品陈列区人山人海，而西式家电产品陈列区却门前冷落，这就是中国市场的现状。但是，如果改变销售渠道呢？

还是以上面的“泡茶机”为例，如果把它从家电卖场转移到茶叶销售店，或者茶馆呢？情形是会不一样的，茶叶店或茶馆的顾客都是“泡茶机”的目标消费群，只要一台产品在现场作演示，顾客不可能视而不见，因为，这些地方的竞争干扰信息很少，如果再布置一个陈列区，加上一个服务人员的讲解，那么顾客的需要就容易被刺激。

还有一个产品，多士炉，也是地道的西式家电产品，在传统的家电卖场里，无人问津，但是，如果把它放在面包店，效果就会不一样。因为，多士炉主要是西方家庭用于烤面包片或其他西饼的，在传统家电卖场，整个环境不是以西式家电为主的，而在面包店就不一样，顾客都是面包或西饼的消费者，整个环境是以西式面点为主的，相关的家电产品在这里就很自然地成为主推产品。对于面包店而言，多一个产品类别，不会增加它的成本，只会带给它更多的盈利机会，何乐而不为呢？西式家电产品中，有众多的个人护理类产品，这些产品主要是针对女性消费者的，比如剃毛器，震动棒，离子帽等。在传统家电卖场中，这些产品陈列于柜台里，很少有人主动去接触，去了解。如果将它们陈列于美容院呢？要知道美容院的顾客都是收入较高、又爱美的女性群体，她们就是个人护理产品的潜在与现实的购买群体。

三、改变产品的推广方式

西式家电在中国市场的现状不理想，归根结底还是中国人的生活方式与西方人的生活方式不一样造成的。那么，通过营造西式家电产品的整体氛围，让消费者感受到西式生活方式的不同之处与更好的地方，从而影响消费者、改变消费者，就可能产生良好的市场效果。

西式生活方式在中国最集中的表现场所在哪里？在西餐厅，在咖啡厅。西式家电产品推广能够从西餐厅、咖啡厅这些地方进行突破。比如，全国知名的连锁西餐厅——上岛、名典、绿茵阁、肯德基、麦当劳等。如果西式家电产品能够在这些餐厅或餐厅附近地方布置一个"品牌体验馆",就能让这些西餐的消费群体关注到、体验到品牌所带来的不同平常的生活感受,潜移默化地改变他们。因为,在西餐厅这样的环境里,关于西式生活方式的元素能够自然而然地成为人们讨论的话题。更进一步,可以考虑与西餐厅开展联合的品牌推广与促销活动。

四、攻击高成熟度的产品品类

高成熟度产品早已为市场与消费者接受,市场与消费者对此类产品保持较高的关注度与敏感度,通过攻击这些产品品类本身的缺陷,一方面,可迅速提升整个社会对新品类的认知;另一方面,能够实现快速地对被攻击产品品类的替代。

在西式家电中,烤箱与电水煲具备了攻击的条件。在西方,烤箱替代微波炉成为主流产品品类早已完成。因为一方面,烤箱的加热方式是通过发热管产生热量,对食物从外到内进行加热,不会破坏食物的分子结构,也就不会破坏食物的营养。而微波炉是通过微波震荡食物的内在分子结构,使食物的分子高速运动互相摩擦产生的热量来加热食物的,从根本上破坏了食物的分子结构,使食物的营养成分大量流失。可以说,你吃到的通过微波炉加热的食物已不是原来的食物了。另一方面,微波炉在理论上,在现实中,存在微波泄漏的风险,对人体健康是一种潜在的威胁,而烤箱就不存在这一缺陷。因此,烤箱替代微波炉是市场的必然趋势。但是,在中国市场上,从来没有发生过烤箱行业攻击微波炉行业的事情,或许,烤箱行业很满足于一年不到 3 000 万元的销售额吧,但是看看微波炉行业,仅仅前三名的品牌销售额总和就超过 50 亿元。不主动攻击对手,就只能被对手抑制。

电水煲行业则可以发动对饮水机行业的攻击,饮水机存在着太多的缺陷。比如,饮水卫生始终是这个行业的问题,桶装水本身的水质问题,水桶的材质问题,饮水机二次污染的问题,饮水机内部卫生的问题;饮水机本身的购买成本问题,使用成本问题,能源无效消耗问题,等等。电水煲不存在饮水卫生不卫生的问题,购买成本与使用成本远远低于饮水机,这两方面足以成为替代的理由。

五、降低产品销售价格

西式家电产品的经营者,要么是外资企业,要么是以前主要从事出口的企业,他们对国内市场的营销都不太了解,外资品牌总是处于高高在上的位置,他们要的是利润率,不会轻易地发动价格战;而出口转型的企业,由于品牌在国内市场的知名度太低,市场资源缺乏积累、沉淀,发动价格战不可能及时地扩大销售规模,所以,他们也没有动力迅速地将西式家电产品普及。

以微波炉行业为例,在格兰仕进入之前,这个行业就是一个暴利行业,单台产品售价动辄两三千元,市场规模始终无法扩大。但是,格兰仕就一招——不断地降价,再降价,市场规模在两三年内实现了"井喷式"增长,硬是把一个西式家电产品做成了中国家庭的必备品。

中国数量最多的消费者最敏感的是什么?是价格。说没有市场是主观的,中国市场大得不可想象,关键是你给消费者一个什么价格。

六、强势传播

对于部分西式家电产品,它既适合西方家庭使用,也适合中国家庭使用,这种产品就需要进行强势传播。通过强势传播,形成消费热潮。比如,电蒸笼,在西方作为蒸煮工具使用,用于加热牛奶、蒸鸡蛋等,在中国,可以替代传统的以火加热的蒸笼,用于蒸煮馒头、米饭、鸡蛋、包子、饺子、粉蒸肉、粉蒸排骨等。

七、成为大品牌的团购对象

在导入期的西式家电产品,可以通过成为大企业、大品牌的团购对象,实现快速销售与市场导入。比如,ACA 烤箱与酸奶机向联想电脑一次性销售 10 万套,不仅直接实现了销售量的增长,更有价值的是,这 10 万套产品进入到消费者家庭中后,会影响到成百万的潜在消费者,让他们认知产品、认知品牌,有效地完成市场教育过程。要成为大企业、大品牌的团购对象,西式家电产品的营销团队必须具备以下条件:

(1)主动地将产品与品牌信息传递到大企业、大品牌的采购部门,比如,国内通信巨头、汽车巨头、石油巨头、航空公司、房地产巨头、家电连锁巨头等;

(2)主动地规划团购产品系列,并提供相应的有竞争力的价格;

(3)主动地通过企业网站发布本企业的团购资讯;

(4)主动策划针对团购对象的活动;

(5)要具备短期内快速交货的能力。

上述策略既可以单独执行,也可以综合实施,当然,也还有其他策略可以使用,西式家电产品快速进入中国家庭的企业,一定会不断地在实践中创造出新的行之有效的策略。

第六节　小家电产品的分销模式

一、多网点

1. 对多网点的理解

增加销售有两个途径:一是增加网点,把产品卖到更多的、有销售的地方去,达到基本覆盖有效市场;二是提升单点的有效性,让所有的渠道和网点货畅其流,物尽其用。对于大部分小家电品牌来说,实现第一点即网络建设,相对容易一些,只要在网络建设上投入一定的资源就可实现。然而,更重要的是对网点的管理,淘汰无效网点,提升有效网点,巩固战略网点,打击竞争网点,强化形象网点。只有这样,才算是真正实现了多网点。

2. 多网点的标准及构建

小家电品牌的网点多到什么程度才算合适?多网点的衡量标准是基本覆盖有效市场:所有地级城市的大中型商场必须基本覆盖,对于发达地级市场还必须覆盖专业市场,县级市场原则上必须一县一点,对于发达县级市场还必须一县多点,从而形成从省会到地市、到县城的合理而良性、竞争而合作的基本覆盖的网点格局。通过对全国主要小家电品牌的分析和对比,多网点的构建和开发标准是:

(1)直通物流。从分公司驻地到网点必须有直通的物流车,不能经过中转,当天发货当天就可到达,最多不超过两天。

(2)收益超过成本。新开客户初期的回款收益超过初期的开发成本,客户的长期持续回款不是分流原先的客户销量,而是以做大区域市场的整体蛋糕为来源,同时其回款收益超过市场的维护和管理成本。

(3)基本覆盖有效市场。不能出现空白网点、无效网点、密集交叉网点,网点之间形成既竞争又合作的良性格局。

(4)不破坏现有市场结构布局。新开网点不能破坏现有客户的利润来源,以共同做大区域市场为根本,以与现有客户的渠道互补为原则,同时,对竞争对手形成有效阻击态势。

二、短渠道

如果说多网点是小家电品牌渠道建设和网点构建的主要指导思路的话,那么短渠道则是其主要衡量原则。对于短渠道来说,核心就在一个字——快。小家电品牌在设计短渠道时,应该主要体现以下几个原则:

(1)渠道短,提供点到点的服务。产品从厂家到消费者手里尽量减少中间环节,同时各分支机构应该定位于销售管理机构而不是渠道机构,所有的销售政策从总部直接到客户手中。

(2)交通快,提供直达的物流服务。产品配送从分支机构到零售网点,不需经过中转,当天就可来回,降低物流成本。

(3)信息快,提供当天往返的人员管理和信息反馈。客户拜访和信息反馈一天就可来回;变以前出差走马观花的走访管理为驻地的面对面的近距离管理,对市场的反应加快。

(4)资金周转快,提供快速的资金循环和资金重复利用。这样做减少了层层代理和经销,在给总部创造了资金源泉的同时,也减轻了客户的资金风险,降低了销售经理的资金利息考核压力。小家电产品的销售特点介于耐用消费品和快速消费品之间,一方面,它需要耐用消费品如大家电产品的服务保证;另一方面,它又需要与快速消费品类似的物流保证。

三、近距离

所谓近距离,包括拉近厂家与商家的距离、厂家与消费者的距离、商家与消费者的距离、厂家与竞争对手的距离。短渠道是其外在表现形式,虚拟实地销售机构的建立则是其内在表现形式。虚拟实地销售机构,对小家电来说就是在现行的分公司体制下,改原来业务员出差制为驻地虚拟办事处制,其出发点是在短渠道的基础上实现对商家、消费者的近距离管理和终端的强化工作。设计原则是在整体费用不超过或略超过以前出差制的前提下,不改变人员的结构和组成,只改变费用的组合形式、支付形式及业务人员的工作条件,以实现近距离管理和强化终端。

1. 厂家与商家的近距离

对小家电来说,款式、工艺、功能、价格、促销、陈列等都是区别于竞争对手的重要体现,对市场最有发言权的是每天扑在市场上的商家,但商家在对市场信息的捕捉和分析上不如厂家系统和敏感;厂家虽能够对信息进行系统分析和概念提升,但所获信息要么是经过加工的,要么与事实相差甚远,缺乏市场一线真实的反馈和直接信息。最终的结果是两张皮很难结合在一起。短渠道和虚拟实地销售机构的建立,则使厂家业务员能够及时发现商家经营的不足和问题,共同研究,及时解决,厂家与商家捆绑得更紧。

2. 厂家与消费者的近距离

实施虚拟驻地机构制,驻地业务员不仅与商家打成一片,还可以深入到消费群体中进行产品测试和消费测试,分析现实中消费者购买或不购买的原因,从而为市场调研、产品研发、新品上市、概念推广、主题促销提供有针对性的意见。

3. 商家与消费者的近距离

在二、三线商场，对终端购买最有影响力的是商家人员。在品牌、产品相差不大的前提下，消费者购买什么产品，最终的决定力量是渠道。因此，只有真正拉近商家与消费者的距离，才会拉近商家与厂家的距离、消费者与厂家的距离。

4. 厂家与竞争对手的近距离

只有近距离地观察和了解自己的竞争对手，才可避免行动的盲目性，竞争才能更有针对性，更有效力。

四、强终端

多网点、短渠道、近距离是强化终端的基础和前提，而强化终端则是其最终体现。从强化终端的内容来看，最核心的就是终端的有效性，只有有效产出（收益超过成本）的终端才算是有效终端。针对小家电产品的特性，有效终端的界定应该是具有以下一种或几种作用的终端：

（1）盈利性终端——预计终端开发后的销售利润大于开发与维护的投入；

（2）展示性终端——对展示产品、宣传品牌和企业形象具有较大的意义；

（3）促销性终端——适合开展终端促销活动；

（4）竞争性终端——对竞品具有拦截作用的战略性终端。

针对小家电的特性，强化终端包括以下几个方面：终端的生动性、终端的形象力、终端的竞争力（包括终端的分布、结构、疏密及强弱）和终端的盈利性。倡导终端的有效性，就是希望终端尽可能地多具备以上功能。在考核一个终端时，只要其具备其中某一个功能就是有效的；而在考核所有终端时，就必须考虑所有终端的整体盈利性。

习题

1. 谈谈家电产品的市场特点。
2. 简述家电营销的五大盈利模式。
3. 简述家电产品农村市场营销的特点。
4. 说明西式家电产品如何成为大品牌、大企业的团购对象。
5. 小家电产品分销模式的特点有哪些？

案例学习及讨论

案例1　美的凡帝罗冰箱：色彩营销倡导个性受热捧

为满足当前消费者追求个性化的需求，美的凡帝罗冰箱还特别推出了个性化订制服务，有意大利红、地中海蓝、那不勒斯橙、阿尔卑斯白、银白拉丝共5种时尚色调供消费者选择和订制，受到消费者的广泛欢迎，销量不断突破新高。同时，为全面保证凡帝罗系列产品的品质要求和制造水准，美的高端冰箱生产基地引进了全行业最先进的生产平台，专业生产多门、对开门等高端冰箱，能满足高端冰箱生产过程中诸多的严苛要求。据介绍，美的高端冰箱生产基地的核心制造和检测设备均源自德国、意大利等世界顶级制冷供应商，其性能卓越、运行稳定，可确保产品品质始终如一。

受益于全新生产平台所带来的在制造工艺、装配质量、品质检测方面的全面升级，美的凡帝罗系列冰箱在能耗、噪声、冷冻能力、冷却速度等方面的性能得到了全面提升，结合简约的欧式外观设计和人性化的功能设置，美的凡帝罗冰箱自上市以来就受到消费者的广泛欢迎，销售业绩不断攀升，有力促进了美的冰箱高端市场份额的不断扩张。

另外，美的凡帝罗意式变频滚筒洗衣机，以颠覆传统的钻石型外观，演绎浪漫时尚的动人故事，更有四种各具风格的外观配色方案，代表天空和海洋的蓝色，象征自然与生命的绿色，演绎娇柔与浪漫的紫色，诠释高贵与深邃的黑色，总有一款能触动心灵那根与美相连、与爱相关的弦。

资料来源：

《美的凡帝罗冰箱：色彩营销倡导个性受热捧》，摘自新华报业网，2011 - 12 - 17，http://news.xhby.net/system/2011/12/17/

讨论题：

1. 结合美的凡帝罗冰箱的案例，谈谈如何通过色彩营销倡导消费者个性。

2. 结合美的凡帝罗冰箱的案例，谈谈制造型企业如何为客户提供个性化订制服务。

案例 2　格力营销模式真相

格力与国美对峙而屹立不倒，甚至涨势凶猛，进而使得格力的渠道模式更加引人注目。不少专家解读格力成功的秘诀，都把其股份制区域销售公司列为首要因素，甚至美其名曰“21 世纪经济领域的全新营销模式”。这其实是一种误读，它既与事实不符，也与营销的本质相去甚远。

一、市场是认知之战

实际上，无论对格力的渠道模式是褒是贬，或困惑、或忧虑，反映出的都是目前中国营销的同一个“情结”——从商品流通角度看待渠道在营销中的作用，很容易把渠道置于主导两端的枢纽地位。殊不知，这只是一种浮于表面的因果联系，它没有看到，真正驱动这个枢纽转动的力量，既不在厂商手里，也不被渠道商所掌握，而是存在于市场的本质——顾客的心智（认知）中。

顾客对你所持的看法，也就是你的“定位”，才是决定市场营销成败的关键。格力之所以能在市场上纵横笑傲，最重要的是在人们心目中，格力首先就代表“空调”，其次它意味着“空调专家”，而在这两点上它的对手们都无法望其项背。海尔、美的、春兰、科龙、长虹等都是延伸品牌，多元化稀释了它们在顾客心目中的位置。近年来增长颇为快速的志高是相对专业化的，但在人们心目中它是一个低价品牌，本质上与格力处在不同的市场上。也就是说，在人们大脑里“空调”这个品类的品牌阶梯上，“格力”已经牢牢占据了第一的位置。

二、聚焦成就定位

定位是顾客给予你的，塑造它的方法有三个要素：抢占第一、好名字和聚焦。所谓“先入为主”，人们总是对第一有特殊的好感。不过，你的第一必须要让消费者感知到。格力善于搞第一，不仅在于它每年的研发资金超过销售收入的 3%，是中国空调业技术投入费用最高的企业，还在于它每有重大创新必在媒体上广泛宣传，树立并巩固了其行业领先者的形象。

名字是打造品牌最不可忽视的要素。“旺旺”仅凭这个名字每年赚得盆满钵满。就空调产品来说，格力不仅中文名字比对手的名字好听，其英文名“GREE”也高人一筹，简短、有力，与“SONY”颇有异曲同工之妙，天生具有成为世界级品牌的模样。而早期的空调名牌古桥、迎燕、宝花等，注定不可能取得多大成功。

实际上，市场营销是一场竞赛，从来没有一个品牌是因为服务顾客而成功，多是因为对手的平庸、迟钝或错误而成功的。要多元化而不出错，无异于让一匹瘦马快跑又不给它草吃。所以聚焦的企业在与多元化的企业竞争时有无数的机会可以胜出，更何况顾客的认知也会助你一臂之力。

不过聚焦是对人的意志的考验。缔造新飞的刘炳银曾坚持专业化，但在世纪之交时也难拒诱惑，推出了新飞空调，可谓“晚节不保”。这也可见朱江洪、董明珠们的可贵。顺便说一下，格力小家电是原格力集团留下的遗产，格力电器还曾因此与格力集团闹出纠纷。虽然现在朱江洪已成为格力集团的掌门人，不会再起“内讧”。但从长远考虑，建议格力还是尽早将小家电业务放弃为好。

三、格力未来怎样走

明白了格力是怎么成功的，我们就能对其正确的营销战略作出预见。因为能让你登上成功巅峰的，往往就是带给你最初成功的——你的定位。格力如果改变了它的定位，就像春兰进入摩托车、卡车等领域而把空调行业的领导权拱手相让一样，其命运就难以预料了。如果格力保持聚焦，那么它会成为世界空调业的IBM，无人可以撼动它的老大地位。问题是，格力要怎样沿着它的定位大道走下去呢？

首先，格力要清晰认识到自己的成功之本，不断强化并发挥其心智优势。虽然格力的多数作为是合乎定位法则的，但它在建立顾客心智优势上仍然非常不足。实际上，对中国许多真正有竞争力的领先品牌来说，未充分释放心智资源的潜力是普遍现象，这是中国企业对定位理论掌握还不够的缘故。格力如果补上定位这堂课，其品牌威力将更加强大。

其次，格力还要解决顾客心智中的一个定位冲突。随着家电连锁卖场的快速发展，国美、苏宁们已经成为越来越多的人们购买家电的优先选择。而“买空调，选格力”和“买家电，到国美”的认知由于格力的渠道策略并未统一在一起。目前虽然格力在这场“定位战争”中占了优势，但要将这种优势保持下去，必须在人们心智中将买空调的渠道与买其他家电的渠道区隔开来。所幸的是，空调确实有这种特殊性。

空调是一种半成品，不像其他家电买回来插上电源就可以用，它必须经过专业的选型、设计和安装，所以发达国家规定空调必须由有专业技术的经销商经营。格力有信心建立其4S专卖店即在于此。不管格力与渠道商（包括国美）将来怎样合作，服务是格力始终可以握在手里的牌。同时，格力最好把其专卖店改叫4S服务店，突出“服务”，以“专业化服务”的定位带动销售，而不是以销售带动服务。

这样，作为市场领导者，格力将能够以服务极大改变空调业的竞争面貌，并获得掌控渠道的力量，有如宝洁可以与沃尔玛相抗衡，顾客喜爱它，谁又能不把它放在货架上呢？

资料来源：

侯夫，《格力营销模式真相》，摘要《经理日报》，2008年4月18日，有改动。

讨论题：

1. 简单说说格力营销模式的真相。
2. 为什么说“空调是一种半成品”？
3. 你认为消费者“买空调，选格力”和“买家电，到国美”的认知如何有效统一？

第七章　医药产品市场营销

本章学习要点：

- 基本概念
- 我国医药产品消费者需求市场的主要特征
- 医药产品市场营销的特点
- 医药产品市场营销策略
- 医药产品基本营销模式

第一节　基本概念

一、医药产品的整体概念

从市场营销观念来看，医药产品应为满足消费者防病、治病、保健等方面需要和欲望的任何东西，不仅包括有形产品，而且包括无形产品，如药品实体、用药咨询、用药指导以及药品销售的场所，医药企业经营的思想、理念，都是医药产品的范畴，这就是医药产品的整体概念。

二、医药产品的分类

1. 以剂型为基础的综合分类

以剂型为基础的综合分类可分为注射剂、片剂、胶囊剂、丸剂、膜剂、软膏剂、液体制剂、半固体制剂、栓剂、气雾剂、粉剂等，此外还有分散片、缓释制剂、控速释药体系、微型胶囊、脂质体、微球剂等。

2. 按医药商业保管习惯分类

按医药商业保管习惯分类可分为针剂类、片剂类、水剂类、粉剂类。

3. 按药品的来源不同分类

按药品的来源不同分类可分为动物药、植物药、矿物药、人工合成的药品、生物药品等。

4. 按购买时是否需要处方分类

按购买时是否需要处方分类可分为处方药和非处方药。处方药系指必须凭执业医师或执业助理医师处方才能调配、购买和使用的药品；非处方药（OTC）系指不需要执业医师或执业助理医师处方即可自行判断、购买和使用的药品。

5. 按药品使用部位不同分类

按药品使用部位不同分类可分为外用药、内服药和注射用药。

6. 按是否为国家基本药物分类

按是否为国家基本药物分类可分为国家基本药物和非国家基本药物。

7. 按药品的特殊性分类

按药品的特殊性分类可分为特殊药品和普通药品。特殊药品主要是指特殊管理的药品，包括麻醉药品、精神药品、医用毒性药品、放射性药品。

8. 按药品产生的历史背景分类

按药品产生的历史背景分类可分为传统药和现代药。

9. 按药品的功能分类

按药品的功能分类可分为预防性药品、治疗性药品和诊断性药品。

10. 按药品使用的频率分类

按药品使用的频率分类可分为常用药和非常用药。

第二节　我国医药产品消费者需求市场的主要特征

一、市场规模大，人均消费水平较低

这是由我国人口基数庞大、经济水平较低、医疗卫生条件和水平较差等原因造成的。这个特点说明，受支付能力的限制，人们还是比较偏重于疗效确切、价格低廉的药品，同时也预示着一旦提高了我国人均用药水平，市场前景是无比巨大的。这也是国外所有的大型跨国医药制药企业纷纷进入中国市场的一个重要原因。

二、经济发展不平衡，地区间、城乡间市场差别较大

由于历史原因，我国城乡差别依然存在，表现在药品的使用上也是如此。农村市场在药品品种、质量价格档次、用药知识、观念与习惯等方面都与城市有相当大的区别，并且在短时间内不会有太大的改变。但由于城市市场竞争激烈，努力开发农村市场将逐步成为医药经济中新的增长点。此外，由于地区之间存在着地形地貌、气候条件等区别，因而在不同地区的居民，所要求的药品品种也不相同，如北方寒冷地区对一些驱寒药物、抗感冒药物的需求量较大；在江南或江河边缘地区，真菌感染发病率比较高，因而预防和治疗这方面疾病的药品需求量较其他地区要大得多。

三、非专家性

由于医药产品在使用过程中需要相对多的专业知识，而大部分消费者是无法达到这一要求的，一般消费者(患者)缺乏鉴别药品质量的能力，仅凭外观根本无法衡量药物的价值，所以其非专家性的特点可谓特别突出。人们或者习惯于听从医生的“命令”，由医生来决定用药的品种、数量和方式；或者容易受到药品广告、宣传和他人的影响。但这并不是意味着医药企业可以无视消费者基本权利(如知情权)，相反应该采用合适的方法，开展消费者相关消费教育，科学合理指导消费者用药。

四、消费上的单一性和多样性并存

药品不同于其他商品，潜在消费者要变为显在消费者条件是唯一的，那就是只有当一个人生了病后，才会产生购买欲望，药品消费的可诱导性相对于一般商品而言比较小，而且

消费的直接目的只有一个,那就是身体的康复(它不像一般商品那样,人们使用它不仅在于其使用价值,而且在于其精神价值,如劳力士手表等),这就是药品消费上的目的单一性,药品促销过程中的"诉求点"也就不像一般商品那样丰富。同时,由于存在消费者个体上的差异,如民族传统、宗教、经济收入、文化程度、风俗习惯、兴趣爱好、性别、年龄、职业等,使其在药品的购买行为方面产生一定的区隔,如有的关注价格、有的关注品牌、有的自己能够简单诊断、有的完全听别人的。所以要求医药企业特别是生产经营药品的企业,充分认识到消费者方面的差异,针对不同市场采取相应的营销策略,更好地满足消费者的需要。

第三节　医药产品市场营销的特点

一、产品的同质性

医药产品市场竞争的加剧,使具有相同或类似功能的医药产品越来越多。市场经济理论告诉我们,盈利水平的高低决定了进入这个行业竞争者的多少。据国家药监局资料显示:2010 年上半年通过 GMP(Good Manufacturing Practice)认证使原有的六千多家制药企业减少到三千多家,但又增加了新批建立的两千多家制药企业。新建的制药企业中有许多是刚刚涉足医药行业的,原因是他们从其他行业看到医药行业利润丰厚。他们在其他行业都积累了雄厚的资金实力,尤其原始积累是从房地产等获利丰厚行业进军医药行业的企业就太多了。虽然,新审批建立的企业需要新药的支撑,但还是觉得应从市场获利多与市场潜力大的品种入手,这就导致了市场上相同产品重复率高的现状,尤其是普药类产品。消费者对这类产品比较熟悉,有认同感,市场需求潜力也比较大。产品同质化严重,必然导致市场的恶性竞争。产品过剩时期,产品竞争是企业面临的一个非常重要的问题,而品牌就是在产品严重过剩时期最后选择的理由之一。从另外一个角度看,资金实力成为企业应对市场日益竞争激烈的一个非常关键的因素。

二、供需双方信息的不对称性

医药产品的专业性比较强,终端消费者很难准确掌握这方面的专业知识,大都通过"寻医问药"来解决。如一些地区打出一元钱的感冒药、一元钱抗生素却遭遇难堪,其原因在于药价低,厂商不愿意再掏钱打广告做宣传,致使供需双方信息不通畅。向目标顾客传递有关产品和服务项目的存在、特性、用途以及在哪里可以得到它的信息,包括差异化的特性和概念、差异化的价格信息等营销沟通是最基本的。另一方面,由于市场管理的不规范、出现夸大其词的广告信息也很容易误导消费者。尤其是虚假广告不仅败坏了促销活动的名声,也使众多消费者对一些促销方式心存疑虑、非常反感。

三、医药服务的超前性

医药产品个性化需求表现突出,最为普遍的是同样的需求在不同的客户购买行为上的个性化特征尤为明显。这与人们的用药感受、收入水平、消费能力密切相关。因此,在产品上市之前做好市场调查、客户需求调研以及把握客户消费心理,满足客户人性化消费意识等服务性工作就尤为重要。这就体现出了医药服务的超前性。

四、医药服务的同步性

市场上具有相同或类似功能的医药产品的增多,使客户一方面获得了更多的选择产品的余地,一方面也面临着选错药、用错药的情况。因此客户在购买医药产品的同时也需要为其提供药品购买和使用的咨询服务,产品的购买和伴随购买使用以及指导咨询具有时间上和空间上的同步性。理论是实践规律性的总结,并在实践中证明其理论的适用性,进而推动理论的完善与发展。医药市场是一个特殊的商品市场,自医药行业列入国家高新技术产业以后,近几年始终保持了旺盛的发展势头。这不仅得益于宏观环境的改善,也得益于企业对市场营销理论的接受与结合实际的运用。实践证明,营销是企业的生命线,研究市场环境的变化,把握医药市场的特点,运用科学的营销手段,增强核心竞争力,是企业取得长期竞争优势的保证。

第四节　医药产品市场营销策略

一、医药产品组合策略

1. 扩大产品组合策略

包括拓展产品组合宽度和加强产品组合的深度。拓展宽度是指在原产品组合中增加一个或几个产品线,扩大经营产品范围;加强深度是指在原有产品线内增加新的产品项目。一般来说,扩大产品组合,有利于企业充分地利用人力、物力、财力资源,分散风险,增加竞争能力,扩大经营规模,适应消费者多方面的需求。但这种方法要求企业拥有多条生产线,多种销售渠道,同时也会增加企业的生产成本和销售费用。

2. 缩减产品组合策略

指减少产品组合的宽度和深度,即从企业现有的产品组合中剔除某些产品线或产品项目。从产品组合中剔除了那些获利很小,甚至不获利的产品线或产品项目,使企业可以集中资源发展获利多的产品线和产品项目。缩减产品项目组合策略可使企业集中资源、技术投入到少数产品,提高质量,扩大这部分产品的生产规模,使销售渠道等策略目标集中,减少资金占用,有利于企业获得较高利润,但同时也存在较大的风险。

3. 产品线延伸策略

指全部或部分改变企业原有产品的市场定位,具体包括向下延伸,即企业原来定位于高档市场的产品线向下延伸,即在高档产品线中增加低档产品项目;向上延伸,即企业原来定位于低档产品,后来决定在原有的产品线内增加高档产品项目,使企业进入高档产品市场;双向延伸,即原定于中档产品市场的企业掌握了市场的优势以后,决定向产品线的上下两个方向延伸,一方面增加高档产品,另一方面增加低档产品,以期占有更广大的市场。

二、医药产品定价策略

1. 折扣折让策略

指在原定价格基础上给予购买者一定的价格优惠,以吸引其购买的一种价格优惠。现款折扣是对迅速支付账款的购买者的价格优惠。这种折扣策略在许多行业都非常盛行,它有助于改善销售者的现金流动性,降低呆账风险及收款成本。实行现金折扣的关键是合理确定折扣率。数量折扣指企业对购买药品数量大的顾客给予价格优惠。目的是鼓励顾客大量购买从而降低企业在销售、储运、记账等环节中的成本费用,可以刺激顾客在固定的地方订货与购买,培养顾客的购买忠诚度。贸易折扣指企业根据中间商负担的不同功能及对企业贡献的大小来给予不同的折扣优待。季节折扣是对在淡季购买药品的购买者的价格优惠。采用这种策略可以鼓励客户早进货、早购买,减轻企业的仓储压力,加速资金周转。还可以使企业的生产和销售不受季节变化的影响,保持相对稳定。促销折让是生产企业对为其药品进行广告宣传、布置专用橱窗等促销活动的中间商给予减价或津贴,作为对其开展促销活动的报酬,以鼓励中间商积极宣传本企业的药品。这种策略特别适合于新药的导入期,其实质是企业为开拓药品市场而支付的费用。

2. 差异定价策略

对同一药品或服务,根据流通环节、销售对象、时间或地点等方面的不同,制定不同价格的一种策略。根据流通环节定价主要表现为购销差价策略和批零差价策略。合理的购销差价既能促进生产企业生产的发展,又能改善经营企业的经验管理,正确指导消费。同样,合理的批零差价有利于调动批发企业和零售企业两方面的积极性,也有利于稳定药品的零售价格。根据购买者定价即对于同一种药品,在卖给不同客户时采取不同的定价。根据药品形式定价即根据不同规格、不同品牌、不同包装的药品实行不同的定价。根据时间定价即对于同样的药品,在不同的季节、不同的日期或不同的时刻销售时采取不同的定价。对于药品,主要表现为制定季节差价,这样有利于生产企业合理地安排生产,经营企业有计划地均衡上市,从而保证不同季节的均衡供应,满足消费者的需求。根据地点定价,即对于相同的药品,因其所处的位置不同而采取不同的定价。

3. 心理定价策略

指针对消费者在购买过程中的心理状态,来确定药品价格的一种策略。主要包括:

(1)整数定价。指在制定药品价格时,不保留价格尾数的零头,而是向上进位取整数。这种定价策略主要适用于高档药品、具有特殊功能的药品和价值大的药品。

(2)尾数定价。指在确定药品价格时保留价格尾数上的零头,而不是进位成整数。一般需求价格弹性较大的药品宜采用这种策略。

(3)声望定价。利用企业的信誉,或是为了树立药品的高档形象,故意将某些药品的价格制定得比一般药品高,以迎合消费者的"价高质必优"的心理。

(4)习惯定价。有些药品的功能、质量、替代品等情况已为消费者所熟悉,而且消费者对其价格已习以为常,家喻户晓。这类药品,企业最好是能满足消费者的习惯,采取习惯定价法。

(5)最小单位定价。价格过高,会使人望而生畏,不敢问津。若用较小单位标价,会给人以便宜的感觉,从而促进交易。

三、医药产品渠道策略

1. 直销

直销作为一种销售方式并非适用于一切产品,事实上其应用范围是很有限的,最多的直销产品是保健食品和化妆品。大凡适合作直销的产品,都有两个特点,第一是生产成本占产品的价格比例非常小,也就是说渠道流通成本非常高;第二是这种产品几乎每个家庭或者每个人都可以使用。由于这一类产品消费的经常性特征,才有可能形成持续的连锁消费行为，从而形成直销业的市场。

药品的直销模式在国外已经屡见不鲜，在国内却刚刚起步，目前，天狮集团已成为国内药品和保健品直销模式的先锋。在营销模式上，天狮很注重全方位创新。2001 年，他们推出了较为成熟的“三网合一”的营销策略。在美国建立了大型网站，连接 86 个国家和地区，为完成全世界互动、资源共享缩短了时间和距离，实现了制度化、科学化、信息化和系统化管理，将互联网、10 万家加盟连锁店和人力资源网组合在一起。

2. 网络渠道

据统计，全美一年用于上网购药的消费支出将达到 2 300 亿美元。趋势表明，网上药店将成为医药企业终端竞争的下一个重要战场。据美国一家以销售保健营养食品为主的网上药店 drugstore. com 的总裁预计，网上药店在今后的五年里，会获得 20% 至 25% 的发展。药品的网络营销具有先天优势。首先，药品有许多适合于网上销售的特点：除体积小、质量轻、便于运送等物理特性外，药品还有明确的规范标准，便于网上浏览的介绍说明等。传统的医药经营模式需要通过批发商、供应商及医药公司等众多中间环节，但这些中间环节在解决了药品的基本流通问题外，还大大提高了药品的价格，而药品的网上销售则可以避开其中不必要的中间环节，使其价格得以大幅降低。因此，药品网上销售的价格优势非常显著。其次，通过电子商务的有效运行，可有效改善医药企业的众多“传统问题”：提高医药企业各项工作的效率和质量，促进技术创新；减轻各类事务性工作的劳动强度，使从业人员得以腾出更多的精力和时间来服务于客户；改善经营管理、堵塞漏洞，保证病人和医药企业的经济利益。

在美国，目前网上药店有 1 000 多家，而预计网上药品零售、批发规模将在未来超越传统的医药市场。在国内，国家经贸委早在 1999 年 9 月就下发了《关于开展医药电子商务试点的意见》，并选定了规模大、计算机管理基础较好的上海医药股份有限公司和中国金药信息网络公司武汉分公司为医药电子商务试点企业。在政策的鼓励下，国内的医药电子商务市场也日渐红火，各医药厂商、经销商纷纷设立自己的网站，在宣传介绍自己产品的同时传播各种医药知识，作了不少有益的尝试。到 2010 年为止，北京市拥有独立域名的健康、医药网站共有 120 余家，而在全国此类网站则有 600 多家。上海则在构建国内最大的药业立体电子商务平台，目标直指传统的中医药领域，希望通过与全国所有中药材交易市场联手运作，建立一个辐射全国乃至亚洲的中医药网络。

3. 连锁流通

连锁药店是目前医药行业中最受关注的焦点。流通企业、生产企业、上市公司、国营、民营、个体齐开药店的现象比比皆是，从我国目前药店的数量和质量看，在很多地区依然不能满足群众的消费需求，因此还有很大的发展空间。发展药店，尤其是具有一定规模的连锁药店，称得上是医药流通领域的一个亮点。药品连锁企业要考虑的第一个问题是规模与服务。与发达国家相比，我国连锁经营的规模与服务水平都还很低。如美国早在 1999 年就有传统连锁药店 19 000 家、食品超市药店 7 000 家、大型购物商场 5 000 家，连锁药店销售处方占全美处方数的 60%；排名前十位的药品连锁店总数达 22 000 家，占全美药店总数的 68%，规模最大的 CVS Corp 拥有药店总数 3 954 家，零售额为 90 亿美元。而我国目前最大的连锁规模还不到 1 000 家，销售额约 5 亿元，因此扩大规模是首要问题。在扩大规模的同时，完善服务水平也是要考虑的重要问题。国内连锁药店在近几年的发展中积累了许多宝贵的经验，如一致模式、和平药房模式等，集中招标采购、建立配送中心、实行网络化管理是连锁药店发展的重要手段，也是其竞争力的重要体现。

第五节 医药产品基本营销模式

一、目标营销模式

在消费需求日趋多样化、差异化的背景下，企业若能在品牌的整体规划下，在深入、科学的市场调查的基础上，发展出多个产品，每个产品都针对某一细分群体(分众)进行产品策划、包装设计、价格定位、分销规划和广告活动，那么各产品的个性和产品利益点便能更吻合、更照顾到自己所针对的那部分消费者的特殊需要，自然能获取这一群体的信赖和品牌忠诚，比面向大众消费群泛泛而谈没有特色的产品更有竞争力。

史克的“兰美抒”投入了大量的广告，应用了非常细致的OTC市场操作手段，但其销售结果却不尽人意；东盛科技的“东盛四季三黄软胶囊”更是入不敷出，市场推广的结果是回款连广告费用都没有收回来；太太药业的“汉林清脂”市场操作和推广策略几乎没有大的偏差，但市场销售却非常失败。这说明在日益同质化的药品市场，想靠一个品种包办天下的做法已经越来越难了。相反，国内其他一些制药企业，由于采取目标市场营销策略，取得了辉煌的成功。

2003年，养生堂的“成长快乐”，在前有“金施尔康”后有“善存片”，四周被各种补充维生素类药品和保健品层层包围的情况下，却异军突起，取得了相当好的成绩。成长快乐没有针对所有的人群，而是选择少年儿童作为其目标使用人群，把希望自己孩子健康成长的父母们作为成长快乐的目标购买人群。因为市场定位精准，养生堂只用了半年时间，就让成长快乐在复合维生素产品中异军突起。

二、品牌营销模式

在医药界已经达成共识，做品牌比做销量更重要，但好品牌的树立似乎又与处方药不能在大众媒体上做广告相矛盾。对此，不少药企开始通过非处方药带动处方药，将原本用于处方药的广告投入到非处方药的广告宣传中，通过对非处方药的广告宣传，担负起品牌建设的重任。

美国百时美施贵宝就是通过施尔康和百服宁系列品牌等非处方药的成功营销而深入人心的。非处方药的营销越来越趋向于快速消费品营销。原先OTC市场上那些巨额广告花费、浓重非理性色彩的特殊营销模式目前正处于根本性的转型和改革之中，其中的一点就是一些富于快速消费品营销经验的市场人员开始进入医药企业。

在品牌营销模式的运用中，东盛科技取得了巨大的成功。2003年，东盛科技掀起了名为“抗感风暴”的品牌战略：用白加黑支撑起东盛科技的企业品牌，再凭借东盛的实力，推出东盛牌板蓝根颗粒、东盛牌抗病毒口服液等一系列感冒药，形成了一个抗感家族。白加黑1994年10月投放市场，刚上市三个多月就实现销售额7 000多万元，成为药品营销史上的一段传奇。到2002年，白加黑在感冒药市场上，不论品牌知名度、美誉度还是忠诚度都名列前茅。转至2003年，在非典期间贡献显著的东盛集团以白加黑为旗帜，携抗感全系列近20种产品，卷起了“抗感风暴”。东盛抗感系列药物包括综合抗感、抗病毒、抗菌、解除头痛发热、止咳化痰、提高免疫力六大系列近20种药物，其中包括中药和西药，包括成人服用的和专为儿童设计的药物,包括普遍选用的和专为白天工作、学习的人群设计的药物。

三、OEM 经营模式

按照我国旧的法律法规,药品 OEM 不被允许。在众多企业呼声日高的情况下,国家曾于 2002 年 9 月出台《药品生产监督管理办法(征求意见稿)》,使得药品的 OEM 成为可能。这样一来,不仅解救了一批无力通过 GMP 认证的企业,使这些企业可以将现有的几个销售不错的品种交给条件合适的企业进行加工,甩掉生产这个包袱,专事销售与研发,更重要的是使那些已达标企业大量闲置的生产能力得到利用。医药行业可能因此会诞生一种全新的,与 IT 业的 OEM 有些相似的新型业态。如果企业不能从事药品生产,但可以通过委托加工,不仅可解决企业的生存问题,而且可降低产品的成本,使产品更具有竞争力。而 OEM 可能导致的另一个直接的结果便是促成一种全新的经营模式出现,长期以来一直从属于药品生产企业的医药商业企业和药品科研单位将会是这一模式的主要推动力量。新药研制者在对产品有信心的情况下可以单独完成药品的报批上市工作,生产则委托制药企业完成,销售可以寻求商业公司代理招标进行。这样就可以保证新药研制者的权益最大化,进一步推动新药开发。

根据《福布斯》杂志中文版报道,中国台湾省目前出现一种趋势:大力发展生物制药,要将台湾建成全球该领域的生产中心。日本市场几乎同时向外打开了大门,其讨论修改的《药事法》规定,今后海外企业可以为日本本土制药企业 OEM 药品。这也就意味着世界第三大医药消费市场的大门也同时向中国制药企业打开。

四、服务营销模式

1. 创造顾客满意价值

顾客满意管理是以顾客满意为核心的管理和经营方式,是 20 世纪 80 年代中期至 90 年代兴起的新型的管理方式。在当今的经济和社会环境,市场竞争的规模、范围和激烈程度是前所未有的。主导权开始转移到顾客的手中,不能从顾客的角度出发考虑问题,不能使顾客满意的企业,注定要被淘汰出局。

为什么很多企业的“顾客第一”往往只是流于形式的宣传口号?顾客需要的是关心与关切,而不是不理不睬;公平的礼遇,而不是埋怨、否认或借口;明白与负责的反应,而不是“抱歉这是公司的政策”;迅速与彻底,而不是拖延或沉默。顾客在每一次与企业发生接触时,他们会根据自己的感觉,对这家企业的产品或服务作出默默评价。

2. 建立客户数据库

顾客是公司重要的资产,信息就是力量,如何加强组织以提高利润?资料库营销是运用储存的有关企业与客户关系的所有信息来辅助个性化沟通,以创造销售业绩的一种营销方式。资料库让营销人员“看得见”顾客与潜在顾客,对相关信息的了解及分析为营销的成功增添了胜数。数据库营销具有极强的针对性,是一种典型的“一对一”营销。数据库中的数据一般包括以下几个方面:

(1)顾客的一般性资料——姓名、地址、年龄、联系方式、性格、爱好等;

(2)交易信息——订单、退货、投诉、服务咨询等;

(3)活动信息——顾客参与了企业开展的哪些活动,对活动的看法如何;

(4)产品信息——顾客购买产品、频率和数量等。

数据库维护是数据库营销的关键要素，企业必须经常检查数据的有效性并及时更新。

肝药“速立特”是国内率先引入“服务营销”理念并在实践中卓有成效的一种新药，凭借显著的疗效和完善的服务，连续几年取得不俗的业绩。“速立特”服务营销主要体现在以下几个方面：

第一，绿色生产意识。“速立特”的生产从原材料采购、设备选用、工艺流程、包装材料、污染处理等各个方面都遵从“绿色意识”，保证原生药成分的纯度，从而保证药品的疗效。

第二，“远离乙肝，感受生命健康”的服务理念。“速立特”公司通过大量接触肝病患者，准确理解了肝病患者治愈疾病、渴望健康生活的迫切心理，提出了“远离乙肝，感受生命健康”的先进服务理念，在这一理念指导下为患者提供完善的售前、售中和售后服务。

第三，全国性服务网络的运营。短短两年时间内，“速立特”公司已经建立起了覆盖全国的服务网络并开始运营，让肝病患者感受到“贴身的服务”，许多患者将身边的“速立特”服务机构亲切地称为“我们的家”。

第四，顾客信息系统的建立。“速立特”公司引进 CMS 信息系统技术，为全国每一位接触到的肝病患者都建立起顾客档案，将顾客的资料作详尽纪录。对于服用“速立特”的患者，则由各地服务机构的专业人员进行全程跟踪，及时了解患者服药前后病情变化情况，并及时反馈给“速立特”专家组，专家组针对个性或共性问题，分别为患者提供相应治疗方案。先进的信息系统，实现顾客信息在专家、机构、患者之间快速、及时、准确的传递，确保患者得到科学权威的治疗。

第五，星级服务内容。包括免费寄送最新医学资料；免费肝病治疗仪理疗；免费定期仪器检测；免费专家上门诊疗；免费参加各种活动；免费上门送药等。

五、知识营销模式

知识营销是医药保健品营销的新手段，它是针对目标顾客的需求以及潜在的需求，主动提供医药保健品的知识，在知识的传播中达成与消费者之间的互动，从而让消费者了解医药保健品的功能以及适应的症状。知识营销是对消费者的教育，是对品牌积极的宣传和传播。在国外，知识营销是众多医药保健品新品牌、新产品推广的主要方式。

知识营销不是单纯的义诊，也不是一场两场学术讲座，而是充分调动企业在研发、销售以及应用方面的优势，把消费者的沟通作为推广的重点，从而避开激烈的终端竞争、耗时耗力耗财的地面推广，更加准确地锁定目标消费者，形成品牌和消费者需求的互动。上海交大昂立公司通过开展“送你一把健康金钥匙”的科普活动，进入社区举力科普讲座，广泛向市民赠送科学书籍，并通过媒体举行科普知识竞赛，这些活动不夹杂产品的促销，其间并不要求参加者购买产品，但其效果却是任何形式的产品营销所达不到的。通过提高市民的科学健康理念，引发人们对生物科技产品的购买欲望，拉动了市场需求，公司也从一家资产仅 36 万元的校办企业迅速发展成为产值达 10 亿元的现代化生物医药支柱企业。

习题

1. 什么是医药产品的整体概念？简述医药产品的分类依据。
2. 分析我国医药产品消费者需求市场的主要特征。
3. 简述医药产品市场营销的特点。
4. 肝药“速立特”的服务营销主要体现在哪些方面？

5. 谈谈医药产品市场营销策略。

6. 简述医药产品基本营销模式。

案例学习及讨论

案例 1　以岭药业借助甲流顺势而上

背景

2009 年 3 月,甲型 H1N1 流感疫情在墨西哥爆发,并迅速横扫全球。自卫生部于 2009 年 5 月 11 日确诊了中国内地首例甲型 H1N1 流感患者之后,甲流迅速在全国范围内蔓延开来。

定位

以岭药业同时针对流感治疗药和感冒治疗药市场,将连花清瘟胶囊(颗粒)的宣传定位于"退热消炎抗病毒,清瘟解毒抗流感"以及"退热消炎抗病毒,清瘟解毒抗感冒",避免了营销效应对流感事件的过分依赖,降低了企业在生产组织上的难度,最大程度地规避了运营风险。

创意

甲流爆发之后,国家卫生部研究制定了《甲型 H1N1 流感诊疗方案》,连花清瘟胶囊(颗粒)位列其中。由于各方面因素的推动,该《方案》立即在社会上引起强烈反响,形成"蝴蝶效应",连花清瘟胶囊(颗粒)突然之间供不应求。

2009 年 8 月 21 日,从卫生部、世界卫生组织和《柳叶刀》杂志共同主办的"流感大流行应对与准备国际科学研讨会"卫星会上传来消息:中药连花清瘟胶囊抗甲型 H1N1 流感病毒临床与实验研究均取得重大突破。临床试验表明,连花清瘟胶囊的病毒核酸转阴时间与达菲相当,平均退热时间短于达菲,治疗费用仅为达菲的 1/8。这条新闻迅速被《新闻联播》在内的国内及全球各大媒体广泛报道。行业内媒体更是纷纷予以剖析解读,形成很强的新闻焦点效应。

搭台

连花清瘟胶囊(颗粒)在甲流爆发之前,由于其广谱抗病毒作用,成为近年来我国病毒传染性公共卫生事件的代表性防治药物。2005 年,被卫生部列入《人禽流感诊疗方案》,成为治疗人禽流感推荐用药;2008 年,被国家中医药管理局列入《关于在震区灾后疾病预防中应用中医药方法的指导意见》,成为感冒推荐用药。

执行

以岭药业抓住瞬间产生的轰动效应,加大渠道覆盖与管控力度,尤其是延伸分销通路,注重政府采购,加强价格控制,强力终端拉动,线上线下密切配合,立体作战。

线上传播进一步扩大战果。借助报纸、电视和网络媒体对大众人群的影响力,短时间内高密度地进行媒体投放,展示连花清瘟胶囊的品牌特征,形成媒体的密集效应。在有限的媒介投入下,最大限度地确保了广告投放效果。

开展公益捐赠活动。利用甲流的捐赠活动引起人们的广泛注意,树立良好企业形象,增强消费者对企业品牌的认知度和美誉度。在甲流肆虐期间,以岭药业捐赠连花清瘟胶囊(颗粒)的金额累计超过 1 000 万元。捐赠主要针对学校、机关、部队、社区、贫困地区等重点需要抗甲流药品的地方,在社会上形成良好的正面效应。

进一步深入进行临床科研。以岭药业与国家中医药管理局共同开展"连花清瘟胶囊治疗甲型 H1N1 流感循证医学研究",采用随机双盲、多中心的国际最权威的循证医学研究方法,为连花清瘟胶囊治疗甲型 H1N1 流感提供了更科学的客观依据,为销售提供了强大的学术支持。

效果

连花清瘟胶囊(颗粒)在较短时间内获得了营销业绩的飞跃。终端覆盖率提高了10倍以上,药店首荐率也提高到了20%以上,城市人群的品牌知晓率从5%提高到40%左右。连花清瘟胶囊防治甲流的事件,还入选了“2009国际十大科技新闻”。从2008年不到1亿元的销售金额,上升到2009年全年超过5亿元回款的业绩。

临床与实验研究表明,连花清瘟胶囊对甲型H1N1流感病毒具有明确的拮抗作用。病毒转阴率与达菲相当,在退热及改善咳嗽、周身酸痛、乏力方面明显优于达菲,并且安全性高,费用仅为达菲的1/8。

5亿元

连花清瘟胶囊(颗粒)在较短时间内获得了营销业绩的飞跃,从2008年销售额不到1亿元上升到2009年超过5亿元回款的业绩。

20亿元

2009年,中成药抗流感药物的总市场容量在20亿元左右。除连花清瘟胶囊(颗粒)外,中成药抗流感领域还有双黄连口服液、抗病毒口服液、芙蓉抗流感片、流感丸等普药产品。

1 000万元

以岭药业针对学校、机关、部队、社区、贫困地区等抗甲流重点地区,捐赠连花清瘟胶囊(颗粒)金额累计超过1 000万元,在社会上形成良好的正面效应。

资料来源:

根据《以岭药业 事件营销》整理,摘自《医药经理人》,2010年第4期。

讨论题:

1. 以岭药业如何借助甲流顺势而上?
2. 以岭药业如何狠抓营销策略的执行?
3. 结合以岭药业的经验,谈谈医药行业如何以学术带推广。

案例2 三精医药:整合营销重塑钙市场

哈药集团的主力之一——哈药三精制药厂,以优秀的产品力为基础,从“广告”营销模式到“渠道”营销策略,从提升知名度到打造美誉度,创造了营销佳绩。

(一)卖什么?

1998年,三精制药拥有147个品种、206个规格的产品,分水针剂、口服液等七大剂型。产品线很长,但知名品牌很少。三精制药确立了主推新产品的营销策略,并在众多产品中选出了sz、sk和葡萄糖酸钙口服液等三个新产品。经过分析发现,葡萄糖酸钙口服液在这三个产品中不仅销量最高,且是企业自50年代成立以来第一个由自己的科研人员研制成功的国家级新药。市场调查结果表明:消费者普遍认为葡萄糖酸钙口服液口感好,儿童可以接受,81.5%的消费者认为该产品定价尚可接受。经过反复论证,最终,葡萄糖酸钙口服液被定为主打产品。

(二)卖给谁?

计划经济时期,三精制药的销售渠道是国有的三级批发网络,主要销售对象就是批发商。但1996年政府多个医改政策相继出台后,在药厂、批发商、零售商、医院、消费者这五大销售环节中,批发商和医院受医改冲击较大,零售药店和消费者两个销售环节比较稳定。因此,葡萄糖酸钙口服液的市场推广应直接面向消费者,以消费者拉动零售商、医院和批发商。

(三)如何卖?

第一步:确定宣传推广的切入点

三精制药在调查中发现,在医生和消费者眼中,对一个好的补钙产品应具备的标准等级划分是不同的,分别依次为:

医生 吸收好→安全→含钙量→价格

消费者 含钙量→价格→吸收好→安全

调查表明,消费者对补钙产品的认知程度不够清晰。消费者更看重的是产品的含钙量,但研究结果证明,补钙产品进入人体后的吸收程度才是评价钙产品优劣的关键。安全补钙也是消费者未看到的问题,大多数消费者认为补钙产品是保健品,对身体不会有影响,其实不然。过量补充,或盲目选择补钙制剂都会对人体造成损害。

葡萄糖酸钙口服液的目标使用者是婴幼儿,而吸收和安全对他们来讲应该是最重要的。由此,三精制药确立了产品宣传推广的市场切入点——引导消费者科学补钙、加强消费者的补钙意识。三精制药将产品定位于"吸收好,安全可靠"来进行宣传。同时,树立消费者科学补钙的观念,强调葡萄糖酸钙口服液是针对儿童研制的,其水果口味及含钙量都特别适合于儿童服用。

第二步:选择广告投放媒体

在媒体选择上,利用各省级卫星电视台在国内其他省份交叉落地以求增大广告覆盖面。启动"垃圾时间",增加播出时间,降低广告费用。

第三步:用促销配合媒体宣传

以药店作为销售主渠道,把店内服务作为重点,进行人员宣传;参加并开展多种形式的促销活动;设置产品咨询电话,设立专项邮购负责人。

整合营销助力品牌成长

(一)品牌建设三步曲

三精制药的品牌建设分为三大步:一是给品牌注入深刻的内涵,即"产品精、技术精、服务精",并利用多种形式对员工进行"三精"理念的渗透,形成以品牌为核心的企业文化。二是实施企业形象工程。使厂名、品牌、理念三者融为一体。2000 年元旦,"哈药集团三精制药有限公司"的形象广告出现在中央电视台 19 点报时中。三是充分利用各种媒体资源为"三精"品牌组织强大的宣传攻势,在广告运作的同时,企业还出资组建了三精乒乓球俱乐部,与中央电视台联手举办了《同一首歌》——走进哈尔滨大型歌会。

(二)产品线是品牌的根本

三精引以为荣的产品线一直是三精品牌的基本保障,在消费者中建立了对企业的信誉度及忠诚度。多剂型、多样化、多功能的产品研发,以及生产一代、储备一代、开发一代、研制一代的产品开发战略为日后三精制药迅猛发展奠定了基础。

(三)将知名度转化为美誉度

曾几何时,许多企业都曾风光一时,但最终也不过是各领风骚三五年。秦池、红太阳、爱多,以及曾作为三精制药样板的三株、哈慈,都已纷纷落马。外界看到三精制药大规模的广告投放,担心又一个"秦池""爱多"悲剧的产生。这一切都在时刻提示着三精人,怎样才能在激烈的市场竞争中把握方向?

广告在整个市场营销中占有十分重要的地位,但仅靠广告来开拓市场是不能稳定的,广告不是营销的核心,更不是营销的全部。要使企业有长足的发展,就必须在提高企业知名度的同时提高美誉度。

因此,三精制药应采取以下策略:提高广告投放的准确率,减少投放量;节省的广告费用于技术改造和让利中间商、谋求渠道优势;回馈消费者,变相降价;积极参与社会公益活动,树立“好公民”形象等。

这样,三精制药就可顺利地实施从高知名度到高美誉度,从高销售业绩到强品牌效应,从高知名度到名牌产品的质变,迎来三精制药的“第二个春天”。

资料来源:

《三精医药营销案例:整合营销重塑钙市场》,摘自中华管理在线,2008-11-1,http://www.8bio.com/

讨论题:

1. 结合“三精制药”的经验,谈谈如何将知名度转化为美誉度。
2. 结合“三精制药”的“品牌建设三步曲”,谈谈“三精制药”的品牌内涵。
3. 你认为“三精制药”通过电视广告轰出畅销产品的模式可以复制吗?为什么?

第八章 餐饮业市场营销

本章学习要点:

- 基本概念
- 餐饮服务的特点
- 餐饮业市场营销的基本方法
- 餐饮业市场营销的成功要素分析
- 餐饮业市场营销策划

第一节 基本概念

按照欧美《标准行业分类法》的定义,餐饮业是指以商业盈利为目的的餐饮服务机构。在我国,根据《国民经济行业分类注释》的定义,餐饮业是指在一定场所,对食物进行现场烹饪、调制,并出售给顾客主要供现场消费的服务活动。

第二节 餐饮服务的特点

一、无形性

餐饮行业属服务行业,向顾客提供的是烹饪菜品、点心制作和助餐服务,在向顾客销售的产品中含有较多的无形成分。餐饮产品的内涵除包括菜品、装修和设施外,还包括助餐服务、环境、形象等诸多要素,在整个餐饮产品中,顾客基本利益的满足同时来自于有形和无形两个部分。餐饮产品的有形部分与无形部分的比例决定了餐饮产品的类别和档次。从类别上来看,常见的中西正餐、火锅、自助餐及快餐的无形部分的比例依次呈递减趋势,而有形部分的比例则是呈递增趋势。从档次上看,档次越高其无形部分比例越大;档次越低,则有形部分比例越大。

二、不可分离性

服务的生产、交易和消费是同时发生的。在服务过程中,生产者(或营销者)与消费者之间是不可分离的,消费者参与服务产品的生产,服务的价值在生产者与消费者的接触中产生。例如,顾客进入餐厅的同时,餐厅的服务也开始了,当顾客用餐完毕离开餐厅时,餐厅的服务也同时结束。在顾客进入和离开餐厅这段时间内,菜肴的生产(烹饪),顾客的消费及结账(交易)都是在同一时段进行的。顾客参与菜肴的生产,如顾客点菜和对菜肴的烹饪提出一些要求,甚至像有的餐厅那样点名要某位厨师掌勺,有的菜肴(像火锅)的生产必须让顾客动手参与。另外,顾客的口味特殊,还可能让厨师再加工等。餐饮服务的价值在顾客与餐厅接触中产生,即价值不仅体现在餐饮菜品上,也体现在顾客接触的餐厅环境、餐厅人员上。

三、易变性

亦称波动性。服务是人的一种活动,既有服务人员参与,又有顾客的参与,人的因素常常干扰服务活动,使得服务活动容易"走样"。一是因人而异,即不同的服务人员在同一服务岗位所提供的服务产品有差异,如厨师手工制作菜品的差异,服务人员因知识、技能、经验、体力所造成的差异等;二是因时而异,即同一个服务人员在不同时间所提供的服务产品有差异,如服务人员因心情的好坏所造成的差异等;三是因地而异,即同一家餐饮服务机构在不同网点所提供的服务产品有差异,如不同地区或种族的消费者对同一餐饮产品和服务的评价可能不同等。

四、不可储存性

一方面,服务的生产和消费是同时发生的,生产的起始和结束就是消费的起始和结束,不存在生产结束与消费起始之间的储存期;另一方面,餐饮产品不能通过仓储方式储存或在销售现场保值留置,餐饮产品的构成除了包括菜品外,还包括服务,设施,环境,形象等多项要素,由于餐饮产品实物部分的菜品不能储存,因此餐饮企业就不可能大量事先生产,只能是以销定产,现产现销。这就容易导致客源不足时,每天的固定成本得不到及时充分的回收,又无法通过储存进行调控。

第三节　餐饮业市场营销的基本方法

餐饮营销是在一个不断发展着的营销环境中进行的,所以,为适应营销环境的变化,营销人员应该制订相应的营销计划。一般来说,餐饮企业可以从以下四个方面采取相应的营销手段。

一、广告营销

广告营销是通过宣传媒介直接向消费者推销餐饮产品和服务的营销手段。餐饮广告一般可分为以下几种:

(1)电视广告。其特点是声情并茂、感染力强。但此种方法成本昂贵,制作起来费工费时,同时还受时间、收视率、存储等因素的限制和影响,信息只能被动地单向沟通。这种广告适合于覆盖面广的大型连锁餐饮企业。

(2)电台广告。它是针对本地或者周边地区的消费群体的一种餐饮广告形式。其特点是成本较低、效率较高、大众性强。但是这种方式同样存在着不少缺陷,如传播覆盖面窄,不具备资料储存性,对消费者构不成直观的视觉冲击。适用于新店开张。

(3)平面广告。这类广告适于做食品节、特别活动等餐饮广告,也可以登载一些优惠券,让读者剪下来凭券享受餐饮优惠服务。此种方法具有资料收集的优点,成本比较低,但是想像空间差、传播速度慢、范围比较小。

(4)餐厅自制宣传品。例如可以印制一些精美的定期餐饮活动目录单,介绍本周或本月的各种餐饮娱乐活动;刊有餐厅的种类、级别、位置、电话号码、餐厅餐位数、餐厅服务方式、开餐时间、各式特色菜点的介绍等内容的精美宣传册；特制一些可让宾客带走以作留念的“迷你菜单”，等等。

(5)邮寄广告。即将饭店、餐厅商业性的信件、宣传小册子、新闻稿件、明信片等直接邮寄给消费者的广告形式。它比较适合于一些特殊餐饮活动、新产品的推出。

(6)户外广告。通过户外的道路指示牌、建筑物、交通工具、灯箱等所作的餐饮广告，甚至包括广告衫、打火机等都可以成为广告的载体。其特点是费用低、广告持续时间长。这种方式很适合为餐饮设施等做形象广告。

二、宣传营销

这里指以新闻报道、消息等形式出现的正面宣传。一般通过电台广播、电视、报刊文章或其他媒介，为人们提供有关饮食产品以及服务的信息。与广告相比，它更容易赢得消费者的信任。餐饮业营销人员应善于把握时机，捕捉一些有新闻价值的活动，向媒体提供信息资料，凡餐厅接待的重大宴请、新闻发布会、文娱活动等，都可邀请媒体代表参加。一般应由部门有关人员主动撰写稿件、拍摄照片等，还可以与新闻媒介联合举办“美容食谱”“节日美食”“七彩生活”“饮食与健康”等小栏目，提高本部门或餐厅的声誉，为自己的经营特色、各种销售活动进行宣传。

三、公关营销

规模较大的餐饮企业一般都有专门的人从事公关营销工作，他们精通餐饮业务，了解市场行情，熟悉饭店各餐饮设施设备的运转情况，宾客可以从他们那里得到肯定的预订和许诺。电话推销是餐饮营销人员公关时常用的手法。这种推销方式只是通过声音进行沟通，所以就需要特别注意运用自己的听觉，要在很短的时间内对宾客的要求、意图、情绪等方面作出大致的了解和判断。

四、菜单营销

即通过各种形式的菜单向来餐厅就餐消费的宾客进行餐饮推销，这类菜单个性突出，特点鲜明，常见的有：特选菜单、儿童菜单、中老年人菜单、情侣菜单、双休日菜单，等等。此外，还有针对一些丰富多彩的美食活动而设计的专门菜单。各种菜单的设计应避免雷同，在质地、规模、主题、情趣等方面灵活变化，色彩、样式、造型亦要透露出新颖，让宾客在欣赏把玩中爱不释手，无形中产生购买欲。

第四节　餐饮业市场营销的成功要素分析

一、资深员工

必须选拔资深员工担任餐务委托。因为餐务委托是一项专业性非常强的工作，首先要熟悉环境、熟悉客人、熟悉操作程序，掌握目标客源定位，对熟客、常客、消费大户、领导以及周边竞争、状况等应非常清晰和了解。餐务委托一上岗就要立即进入角色，要用心、专心，具备语言家的水平，要有顾全大局的事业心和宣传、组织能力，同时也要是公关营销的强手,能注意信息反馈和部门间的沟通,处事及时、迅速、敏捷,有节奏感,操作上要规范、正确、高效、诚实守信及创新。

二、收集信息

当今是信息时代,信息也是生产力。有了信息,营销才有相应的对策及方式,才能迎接挑战,取得营销的成功。通过信息能了解消费者的心理需求,取得合理化建议,同时和相关部门一起实行营销措施,能在服务上、产品上不断取得改进和完善。通过信息也可以拉近客我之间的距离,提高客人满意度。

三、营销意识

餐饮营销人员始终要有强烈的营销意识,为达到推销产品的目的,首先应掌握顾客的需求动机,了解客人的消费能力、层次、身份、条件特点、特殊需求以及个性化需求,并协调相关服务部门,尽可能满足宾客的需求。在接待过程中,也可适当推销其他部门的产品。在与客人面对面交流当中,保持自己良好的精神状态,以真诚热情的微笑和主动负责的态度迎接宾客。接待中,及时了解客人的用餐目的,合理调配餐位和包厢,要留有余地,始终有空余包厢作为备用,以应急一些重要特殊客人。接待中,必须正确了解客人需求细节,如人数、餐标、用餐目的、对方电话、姓名、单位、主宾饮食偏好、特殊情况等,注意观察,正确判断主人和主宾,把信息及时反馈到相关部门。

四、个性服务

让客人受到尊重、关爱,获得宾至如归的感觉,使其在接受服务中感到物有所值。餐饮营销人员应该具备引导消费的能力,首先要主动和客人沟通,平时要熟记客人的消费习惯,"好记性不如烂笔头",把客人习惯及偏好一一记在本上。如爱吃的酒菜、对服务要求、包厢位置、宴请目的、特别指明要哪位服务员、上菜速度要求,主食点心偏好、敬酒方式与尺度、消费标准等,都要一一记住。其次要在菜肴上做好文章:

(1)老人吃的菜要烧透;

(2)妇女儿童喜欢吃甜品和水果;

(3)年轻人的主食精料要丰富;

(4)商务、政务宴请菜要精制,有品位,量要适中;

(5)寿宴菜肴要有主题文化,长寿面不能少;

(6)沿海客人尽量不要上水产;

(7)香港、韩国、日本客人必须有生吃的水产拼盘;

(8)四川、江西、湖南客人,必须要有几道辣炒的菜;

(9)大城市的贵宾,必须提供精品功夫菜;

(10)领导、教授等客人要注重本地菜肴和典故文化。

在服务过程中,服务员要"真情服务,用心做事",做到人不动,眼睛动,注意每个角落变化,确保服务质量的到位和补位。

五、客史档案

记录客史档案,可以跟踪服务,了解信息,掌握消费者的动态。引进此项服务举措,将在培养会员式客人中起到关键作用。要设法了解主宾的姓名、电话、地址、单位、家庭住址及生日等，然后锁定目标采取相应的营销策略，定期进行拜访慰问，参与、融入客户生活中去，与客户建立起比较深的感情合作关系，使企业在市场竞争中立于不败之地。

第五节　餐饮业市场营销策划

餐饮营销作为一种服务营销，其服务营销的整个策略体系是由"克服服务基本特性对服务营销不利一面"的营销策略和"利用服务基本特性对服务营销有利一面"的营销策略两部分组成的，可归纳为"八化"营销，即有形化营销策略，技巧化营销策略，可分化营销策略，关系化营销策略，规范化营销策略，差异化营销策略，可调化营销策略和效率化营销策略。

一、克服服务特点对营销不利一面的策略

（一）有形化营销策略

餐饮服务本质上是无形的、抽象的，这对餐饮营销不利。因此，餐饮企业在营销中应讲究有形化，即尽可能提供一些有形线索或有形提示，帮助顾客识别和了解企业，并由此促进营销。美国服务营销学家肖斯塔克（L. Shostack）指出，顾客看不到服务，但能看到服务环境、服务工具、服务设施、服务人员、服务信息资料、服务价目表、服务中的其他顾客等有形物，这些有形物就是顾客了解无形服务的有形线索，能帮助顾客识别和了解餐饮企业的有形线索，主要有销售环境、餐饮品牌和餐饮服务承诺。

1. 使销售环境有形化

餐饮企业的销售环境，包括餐厅地段、建筑外观、停车场、周边环境、内部装修、布局、气温、气味、灯光、音响、餐桌、餐椅、餐具、指示牌、菜单、厨房、卫生间、人员、顾客、气氛等。餐饮销售有形化具体表现在以下五个方面：

（1）菜单的有形化，如添加菜名说明，设置菜名说明图片，菜名的命名形象生动，使用电脑点菜，增加菜点原料构成和营养成分说明等。

（2）菜品原料的展示，如食物原料展示，菜品配料按实际分量展示等。

（3）制作展示，如可采用开放式厨房，餐厅内设置投影来展示厨房生产过程，餐厅内现场制作表演，餐台边制作等。

（4）销售展示，如菜点、酒水等成品用推车巡回销售等。

（5）消费经历回忆展示，如赠送所消费的宴会纪念菜单，赠送用餐消费的照片或光碟等。

2. 努力打造餐饮企业品牌

餐饮品牌也是一种有形线索，它能反映餐饮企业的服务质量和水准，会在顾客心目中树立起一个有力、清晰而且准确的餐饮服务形象，就像一个实际产品那样由于具有有形特色便于辨认和信赖，而成为一个永久的标记。餐饮品牌营销就是餐饮企业建立品牌和利用品牌来促进营销。例如，上海的"功德林"素斋馆是当地知名品牌，很多较高规格的素食宴请者在选择餐馆时常常会不假思索地选择"功德林"，不用担心菜肴质量、服务质量不佳而使宴请出现风险，其原因就来自品牌的价值。品牌建设是解决服务的无形特点给餐饮企业带来销售困惑的根本途径。

3. 开展餐饮业服务承诺活动

餐饮服务承诺是指餐饮企业通过菜单、海报、照片、人员、广告、促销活动和公共宣传等沟通方式向顾客预示餐饮质量或效果,并对餐饮质量或效果予以一定的保证。它是看得见、听得到的,因此,也是一种有形化营销手段。

在餐饮承诺中,有的承诺是明示的,有的承诺是暗示的。在餐饮承诺中,仅仅预示质量或效果的承诺是不完全承诺,如果既预示质量或效果,而且又予以保证的承诺,才是完全承诺。餐饮企业通过一定媒体向顾客承诺,可以影响顾客心理,降低顾客的认知风险,加强顾客对餐饮质量的监督,从而吸引顾客和增强营销吸引力。同时,承诺也有利于内部管理的提高和完善。

(二)可分化营销策略

餐饮业的可分化营销是指通过服务的可分化来吸引顾客和扩大客源。餐饮业服务的可分化是指在餐饮服务过程中,餐饮服务者与顾客之间实行"远离"或不直接接触,而通过"中间媒体"接触顾客和向顾客提供服务。餐饮业服务的可分化,主要有自助化、渠道化和网络化三种方式。在自助化服务中,餐饮企业通过自助服务的菜点、餐具、设备等接触顾客和提供服务;在渠道化服务中,餐饮企业通过特许经营商接触顾客和提供服务;在网络化服务中,餐饮企业通过网络商或电子商务接触顾客和提供服务。在三种可分化方式中,所谓"中间媒体"分别指"自动服务的菜点、餐具、设备""特许经营商"和"网络商"。餐饮企业无论使用上述哪一种方式"远离"顾客,都可以起到吸引顾客和扩大客流的营销作用。因此,按服务可分化的方式分,餐饮业的可分化营销有自助营销、特许营销和网络营销三种。

1. 自助营销

餐饮业的自助化服务就是自助餐服务。在自助服务中,餐饮企业提供事先做好的菜点、调味品、饮料以及炊具、餐具、餐桌等,而菜点装盘、端盘以及简单的烹饪等餐饮服务由顾客自行完成,包括煎鸡蛋、烤面包、火锅和铁板烧烤等。此外,也有顾客直接下厨的自助餐。

2. 特许营销

餐饮企业的特许营销就是一般所说的餐饮特许经营,即餐饮企业(特许者)将自己的品牌以特许合同的形式转让给加盟者(被特许者或特许经营者)使用,加盟者按合同规定,在特许者统一的业务模式下从事餐饮经营活动,并向特许者支付相应的费用,包括一次性的品牌使用费用和每年的收益分成。特许经营者以此模式,迅速提高品牌知名度和扩大市场规模。由于特许经营通常形成由特许者和多个加盟者组成的连锁体系,故"特许经营"通常与"特许连锁"或"特许加盟"同义。

3. 网络营销

餐饮业的网络营销就是通过互联网接触顾客进行交易,确切地说,就是通过网络(或电子)渠道商向顾客提供餐饮服务。网络营销,习惯上也称电子商务,近些年来在餐饮业的应用开始兴起。例如,"网上餐厅"和"送餐服务"便体现了这种新时尚。中国现已有一批餐饮网络公司或有餐饮业务的网站公司,可供餐饮企业借以开展网络营销,如饭统网(www.fantong.com),食神(www.chichichi.com.cn),中华美食网(www.5eat.com)等。另外,新浪(sina),搜狐(sohu)等著名网站公司,辟有专门的餐饮网站。随着餐饮业网络营销的发展,餐饮业将进入所谓"数字化餐饮"时代。有关描绘数字化餐饮的报道层出不穷,如"一场新的革命在餐饮业中发生""人们明天用鼠标吃饭""数字化餐厅与数字化食品必将风靡全球”等。

（三）规范化营销策略

服务的易变性为餐饮营销带来不利。为此，餐饮业需要进行规范化营销，即在餐饮服务过程中建立和健全规范并用规范来引导，约束员工的心态和行为，以保持餐饮服务质量的相对稳定性。其主要有理念规范和行为规范。餐饮业的规范化营销包括：建立理念规范、质量标准和质量控制等内容。

1. 理念规范

餐饮企业的规范化营销，首先是用自己的一整套企业理念来规范员工的心态和行为。企业理念（Mind）是指企业用语言文字在企业内外公开传播的、一贯的、独特的经营管理思想。企业理念包括企业宗旨、企业使命、企业目标、企业方针、企业政策、企业原则和企业精神等。例如，肯德基公司的宗旨是“回报消费者，回报社会”；美国汉堡王快餐公司的经营目标是“任你称心享用”；德克士快餐公司的企业方针是“以人为本，让消费者满意，让加盟者富起来，与协力厂商建立长期的利益共享关系”；日本一家骨汤拉面店的工作原则是“理解，准备，确认，实行”；全聚德集团的企业精神是“全面无缺，聚而不散，仁德至上”。在企业理念中，“宗旨”和“精神”的思想层次较高，但较抽象，较难操作；“目标”“方针”和“政策”较具体，较易操作，但思想层次相对较低；而“使命”和“原则”的思想层次和操作性介于上述两组理念之间。

2. 质量标准

餐饮企业的质量标准，包括菜点质量标准，服务质量标准和环境质量标准等。例如，肯德基的顾客导向的质量标准体现在它在全球推广的“CHAMPS”（冠军计划）上，其内容为：

（1）C（Cleanliness）——保持美观整洁的餐厅；

（2）H（Hospitality）——提供真诚友善的接待；

（3）A（Accuracy）——确保准确无误的供应；

（4）M（Maintenance）——维持优良的设备；

（5）P（Product Quality）——坚持高质稳定的产品；

（6）S（Speed）——重视快速便捷的服务。

餐饮企业的质量标准是餐饮企业的理念规范在餐饮生产和服务过程中的体现，所以，餐饮企业建立和执行质量标准的过程也是规范化营销的过程。餐饮企业建立和执行质量标准又称餐饮业的标准化，标准化已成为现代餐饮业营销的主要标志之一。

3. 质量控制

餐饮企业的质量控制是指餐饮企业依据理念规范和质量标准对餐饮生产和服务活动的质量进行全面的、全过程的监控，发现质量偏差，分析偏差的原因和采取纠正偏差的措施，使餐饮产品和服务的实际质量符合标准。质量控制是餐饮业规范化营销的保障。质量控制的实施指餐饮企业依据已建立的质量体系对生产、销售和服务活动或过程的实际情况进行监察和调控，也就是餐饮质量体系的实际运行。这需要餐饮企业主要对质量体系的领导、完善质量信息的反馈、不断改进质量体系这三个方面实施质量控制。

（四）可调化营销策略

餐饮业的可调化营销是指餐饮企业通过对时间、空间和价格的调节来调控供求矛盾，以克服餐饮业不能用服务储存来平衡供求矛盾的困难。时间调节的营销作用主要是有利于接近目标市场,捕捉营销机会,创造或开拓市场,促进个性化营销和特色营销等。

1. 时间调节

餐饮业市场的供求矛盾首先体现在时间上。一是每日的波动:一日三餐,早餐、午餐和晚餐都是需求高峰,而其余时间则处于需求低谷;每一餐的不同时段,需求也不同,如晚餐18:00—20:00一般用餐人数较多;随着城市夜生活越来越活跃,市中心又出现夜间用餐的小高峰。二是每周的波动:周六、日的需求是高峰,而其余时间相对平稳。三是季节时令的波动:旅游旺季或节日的需求是每年的高峰,而其余时间相对平稳。餐饮企业可以通过对营业(供给)时间的调节来适应餐饮市场需求在时间上的波动和变化。

2. 空间调节

空间调节是指餐饮企业对服务地点或场所的调节,并以此来平衡供求。服务地点是一个空间问题,而空间与时间是可以互相替换的。当营业时间的调节不足以达到餐饮业营销目的时,可以采取服务地点或场所的调节来补足。

3. 价格调节

价格,始终是餐饮消费者关注的大问题。定价在市场营销组合中的地位已逐步上升。价格调节,就是用价格来刺激需求和吸引顾客。中国餐饮业市场目前已进入了一个竞争市场,因此,价格调节、价格营销是餐饮业刺激需求和吸引顾客的主要手段之一。

二、利用服务特点对营销有利一面的策略

(一)技巧化营销策略

服务无形性的背后是服务的技巧。餐饮业归根结底是靠自身的、其他行业难以替代的烹饪和服务技巧得以生存和发展的。餐饮业的营销在某种程度上就是技巧的营销,即餐饮企业培养和增强烹饪和服务的技巧,利用烹饪和服务技巧来吸引和满足顾客。餐饮业的技巧,狭义地指餐饮业的技能;广义地还包括餐饮业的知识、文化、信息和专业化水平等。

(二)关系化营销策略

服务的不可分性又存在对餐饮业营销有利的一面,主要表现在:餐饮服务的生产与消费不可分离,这在客观上形成一种压力,推动餐饮企业主动地关心顾客的需求,改善与顾客的关系,以便达到更好的餐饮生产和消费的效果。为了利用这个有利方面,餐饮业营销可以采取关系化策略,即在营销中强调关系营销。由于餐饮企业主要依靠员工改善其与顾客的关系,餐饮企业还要改善与员工的关系,因此,关系营销还包括角色营销、细微营销、倾斜营销、合作营销和内部营销。

1. 角色营销

关系营销首先是角色营销,是指餐饮企业让全体员工,包括经理、厨师和服务人员等,在餐饮服务(即接触顾客)的过程中忘我地进入角色,将服务过程变成"演戏"过程,将服务中的人际关系变成角色关系,用角色服务吸引顾客和满足顾客的需求。角色营销所谓的"进入角色"或"扮演角色"是指:

(1)人员的仪表、语言和行为等形象符合餐饮企业所设计的角色规范;

(2)人员必须忘我,即在餐饮服务中必须彻底忘掉自我和排除自我干扰;

(3)尽可能地引导顾客也进入角色。

2. 细微营销

关系营销其次是细微营销,是指餐饮企业及其人员从细微处来关心顾客和贴近顾客,

使服务关系进入更深的层次。正如肯德基公司所说,服务行业无小事,无论是食物量,服务态度还是餐厅气氛对餐厅来说都很重要。餐厅为顾客提供的价值,就是这一点一滴的细节的总和。在餐饮业的营销中,细微服务是情感服务、技巧服务、特色服务、周到服务和超值服务,它以情感、技巧、特色、周到和超值等来吸引顾客。

3. 倾斜营销

关系营销又是倾斜营销,是指餐饮企业将营销的重点放在现有顾客身上,营销政策向现有顾客,尤其是忠实顾客倾斜。这是一项重要的营销策略。餐饮业有句行话:"卖流水客不算啥,卖回头客才算真本事。"回头客的多少,是衡量一家餐饮企业营销业绩的重要尺度之一。回头客对现代餐饮企业有着重要的意义:

(1)回头客是经济效益的主要来源;

(2)回头客决定着餐饮企业的规模;

(3)为回头客提供服务的成本是节省的;

(4)回头客容易接受创新;

(5)回头客是最好的义务宣传员。

现在许多餐饮企业营销方面存在的一个最大问题是:不分回头客与新顾客,不分"忠实顾客"和"非忠实顾客",在营销中没有制定对回头客或忠实顾客的倾斜政策,因而不易形成回头客或忠实顾客的队伍,造成营销资源的浪费。因此,餐饮企业在营销中需要向回头客或忠实顾客进行政策倾斜,如向回头客"分红",即可以按照一位顾客惠顾本店的次数和消费金额,向这位顾客发放相应比例的奖金,以鼓励其增加惠顾次数和消费金额;还可以用某种形式将分散的顾客组织起来并向这个组织整体提供优惠政策,如推行俱乐部制、会员制、贵宾卡和优惠卡制等,这可以使餐饮企业与顾客的关系更加正式化和稳固化,这对一家餐饮企业来说具有长远的战略意义;而且,既然回头客是餐饮企业的一种资源,除了将他们组织起来外,还需要对他们进行管理,包括顾客调研、顾客关系的协调和顾客档案的管理。

4. 合作营销

关系营销也是合作营销,是指餐饮企业与其他行业之间通过渠道合作来接近顾客。例如,餐饮与商厦、大卖场为伴——餐桌与商柜并存,饮食与购物同行。其管理主要是根据合作营销的协议,协调双方关系,使合作营销所涉及的"共同市场"受益和达到双赢的目标。

5. 内部营销

内部营销是指餐饮企业对内部员工的营销,就是向内部人员提供良好的服务,满足内部人员的需要,改善与内部人员的关系,以便一致对外地对顾客开展外部营销。内部营销是关系营销在企业内部的延伸,其作用在于:企业要改善与顾客的关系,首先要改善与员工的关系,因为员工是连接企业与顾客的中介。餐饮企业内部营销的运作,包括员工招聘、培训、沟通、内部支持、激励、团队建设、考核和稳定队伍等一些主要环节。

(三)差异化营销策略

服务的易变性对餐饮业的营销又存在有利的一面。烹饪和餐饮服务作为人的活动是易变的,这就使得餐饮业比食品制造业更有一种"以变应变"的能力,而"应变"能力是指适应市场环境和顾客需求变化的能力。服务的变化,就是服务的差异。为了利用服务易变性有利的一面,餐饮营销应尽量差异化。餐饮业营销的差异化主要有特色化和个性化两个层次。特色化体现同一种餐饮业不同企业或品牌之间的差异,而个性化体现同一家餐饮企业对不同顾客的服务之间的差异。

1. 特色营销

餐饮企业的特色是指餐饮企业在理念、产品、服务和环境上独特的,与其他同类企业相区别的方面。

例如,在伦敦有一家"尼日尔餐馆"具有如下特色:

(1)理念特色——"一家非洲菜馆";

(2)产品特色——食品原料直接从尼日尔购买并严格遵循非洲的烹调配方和手艺;为了保持非洲传统,所有的食物都是现做并向顾客推荐用"辣椒汤"开胃;

(3)服务特色——为女招待设计了典型的非洲裙子;顾客大多是在伦敦的尼日尔人;

(4)环境特色——餐馆开在有大量非洲后裔聚居的地方,把餐馆装饰成典型的非洲式样,并且一些餐具也是非洲原产的。

餐饮企业不同的业态也可以形成特色。餐饮业的业态是指餐饮企业经营或营销的形态,主要有大众式餐厅、主食餐厅、自助式餐厅、超市餐厅、自制式餐厅、快餐厅、休闲式餐厅、风味餐厅、娱乐性餐厅和俱乐部式餐厅等。

2. 个性化营销

餐饮企业的个性化营销是指餐饮企业重视顾客之间的个性化差异,针对个性化差异提供个性化服务。局部的个性化必须表现为整体的多样化,餐饮企业对每一类或每一位顾客的个性化服务,就是对所有顾客的多样化服务。在餐饮企业的营销中,个性化服务有利于餐饮企业发现和开发新市场,有利于创新构想的获得,有利于提高技巧,有利于发展顾客关系和实行服务差价。

(四)效率化营销策略

服务的不可储存性可以推动餐饮企业提高服务效率,也使得餐饮企业珍惜时间,重视服务效率,用提高服务效率来吸引顾客,现代快餐营销的产生和发展就是典型的效率化营销。效率化营销实际上是提高对时间和空间的效率化。

习题

1. 餐饮服务有哪些特点?
2. 简述餐饮业市场营销的基本方法。
3. 分析餐饮业市场营销的成功要素。
4. 营销行业的个性服务体现在哪些细节上?
5. 在餐饮业服务营销的策略体系中,"克服服务基本特性对服务营销不利一面"的营销策略和"利用服务基本特性对服务营销有利一面"的营销策略分别包括哪些内容?

案例学习及讨论

案例1 餐饮业:蒙派餐饮特色经营,文化先行

生意红火的蒙餐馆,它们一个共同的特征就是,颇具浓郁的文化特征。比如,当你进入腾格里塔拉一楼大厅时,你会看到至少有二层楼高的大车轮,这个车轮不是汽车的轮子,而是蒙古草原上的"勒勒车"轮子;当你进入达尔汗的时候,你会看到到处都有蒙古包"哈纳"的装饰,带你走进一个地道的"蒙古人家";同样,当你走进巴音浩日娲时,餐厅的装修、服务员的服装、餐具的形状以及走廊里摆放的工艺品,等等,都有着浓郁的蒙古文化气息。如果

你继续观察,就会发现,在这些蒙餐馆就餐的客人里,绝大多数都不是蒙古人,是其他民族同胞。那么,这些客人为什么花这么多钱来消费呢?他们图的是什么?是你的手把肉?还是你的奶茶?或是你的奶酒?这些都不是,而是蒙古文化。他们奔你来的目的就是想体验蒙古文化,体验一种跟其他民族文化不同的东西。

一、饮食文化

上千年的游牧文化成就了蒙古族独特的饮食文化。他们把食品分为“察干伊德根”和“乌兰伊德根”,“察干伊德根”像是开胃菜,而“乌兰伊德根”更像是正餐,各有特色却高度互补。有人说,吃“蒙餐”的手把肉,是否会太油腻了?不用着急,酸奶(蒙语里的“艾丽嘎”)恰恰是解除油腻的,奶茶也有着去除油脂的功效:天然、纯正、健康。

二、环境文化

环境文化可以分为两大类:大环境(地域文化)和小环境(住所文化)。对“蒙餐”而言,这两大“环境”都可以锦上添花。从大环境的角度看,蒙古族几乎和“草原”二字结下了不解之缘,一提到“蒙古族”,人们第一想到的就是“草原”,反过来也一样。当你进入腾格里塔拉,你会在那里看到,大厅和走廊的地毯全部是绿色的,让人们看到一片绿色,很容易联想到草原。呼和浩特的蒙古村也作了大胆尝试,一楼大厅,通过镜子的反射效果来把草原的“辽阔”传达给顾客。

三、礼仪文化

蒙古族的礼仪文化,也是源远流长,而且独具特色。她看上去虽然不是很花哨,但处处能够见真情。在行为礼仪里,蒙古族最著名的礼节可能莫过于敬酒。敬酒不仅有独特的行为规范,而且专门有敬酒歌。蒙古族的敬酒礼节,少不了两样东西,即银碗和哈达。我们在很多蒙餐馆也经常看到这两样东西。哈达是蒙古族礼仪文化里最具神圣的“礼巾”,给客人献哈达是对客人莫大的尊重以及表达真情的巅峰。在语言礼仪里,问候语和迎宾曲尤为重要。蒙古族也有非常容易发音的一些语句,比如“Sainuu”(您好)、“Bayartai”(再见)、“Bayarlaa”(谢谢)等。

四、娱乐文化

似乎全世界的人都能认同,蒙古族是能歌善舞的民族。这就充分证明,蒙古族的娱乐文化也是颇具特色的。如今,蒙古族的长调(中国申报)、呼麦(中国申报)、马头琴(蒙古国申报)已经被列为联合国非物质文化遗产,成为世界经典;蒙古四胡、乌力格尔、鲁日格勒舞等也成为国家级的非物质文化遗产。

“蒙餐”的文艺演出应该突出具有浓郁蒙古文化特色的文艺节目,比如:蒙古民歌翻唱、马头琴演奏、蒙古族舞蹈表演,等等。不过,根据不同性质的餐厅风格,背景音乐的选择也应该有所不同。不是所有的蒙古歌曲都适合所有的餐厅。如果餐厅是面向学生以及年轻人的,那么要播放的音乐应该是纯蒙古风格的、用蒙古语演唱的流行歌曲,如蒙古国的“呼日得”“哈仍嘎”“ICE-TOP”“ITERNAL”等乐队演唱的歌曲都比较适合。这种歌曲虽然同属流行歌曲,但它与腾格尔、凤凰传奇等歌手的歌曲有着本质的区别,即完全是用蒙古语演唱的,既有地道的蒙古特色,也有时尚的欧美音乐风格。更重要的是,腾格尔、凤凰传奇等歌手的歌曲,可能人们到处都能听得到,甚至手机铃声都是他们的,所以没有什么新鲜感,而蒙古国的这些流行歌曲,在中国任何一个地方(尤其除了内蒙古),没有多少人听过,它会给客人带来一定的新鲜感。

资料来源:

汪家新,《餐饮业:蒙派餐饮特色经营,文化先行》,摘自第一营销网,2009-6-11,http://www.cmmo.cn/

讨论题:

1. 为什么说文化是蒙餐最大的卖点?
2. 结合案例,谈谈特色餐厅文化可以从哪些方面演绎?

案例2 真功夫:用创意为促销加分

促销有许多种,尤其是在现在的经济形势下,更需要作出技巧。尽管快餐行业受到的冲击不大,消费者却在心理上已经谨慎对待每一笔花销,那么,商家除了简单地降价之外,还有没有更好的办法,既能吸引更多的消费者,又能不损害自己的利益呢?

中式快餐连锁品牌真功夫给出了一个令人叫好的答案,在2008年3月18日到4月28日期间,举办了"套餐拼拼乐"活动,为了能吸引更多的消费者,达到更好的传播效果,还给这次活动起了很好玩的"名号"——"爱拼才会赢""我跟你拼了"。大概没有多少人在看到这样富有吸引力的口号之后能不为之一动、深入了解一下吧,原来真功夫推出一系列拼拼乐券,不仅推出优惠套餐,而且如果两位以上顾客同时使用各自的活动券,还能进一步享受优惠,真功夫将赠送不同的小食配菜,拼饭的人越多,得到的实惠越大。

"拼"的概念估计时下的年轻人都已经不陌生了,"节约、时尚、快乐、共赢",已经成了这些"拼客"共同的追求,很多地方甚至出现了"拼饭网",精明理财之外,还能顺便交友,广受年轻白领的欢迎,所以,这次"我跟你拼了"的活动,吸引了很多消费者,尤其是真功夫的目标群体——年轻白领,拼券的回收率比一般的推广活动高出许多,获得了更多消费者的认同和好感。而那些没有拼饭习惯的顾客,凭优惠券依然可以享受折扣,消费心理得到很大的满足。因而,活动最终收到了比预期还要好的效果。

真功夫作为一个快餐品牌,优势在于中式餐饮的"营养美味",虽然同样是快餐,却为追求时尚健康的消费者所认可,在推出诸如桂圆乳鸽汤等新品时,在突出价格优惠的情况下,还着重传达营养美味的特征。在推广方式上,为了广泛派发优惠券,真功夫主要通过夹报的形式来实现,除了选择白领频繁的接触点,如地铁站、公交车站广告牌等媒体发布信息,还有地铁车身、地铁报、网站等媒体广告。

资料来源:

于娜,《真功夫:用创意为促销加分》,摘自《广告主:市场观察》,2009年第5期。

讨论题:

1. 真功夫作为中式快餐其促销策略与洋快餐区别是什么?
2. 真功夫举办的"套餐拼拼乐"活动为什么能够取得成功?
3. 结合真功夫的案例,谈谈餐饮企业如何用创意为促销加分?

案例3 网络营销成餐饮业市场"新高地"

日前,知名快餐连锁企业麦当劳正式在中国开通网络订餐服务,消费者只需通过包括PC、平板电脑、手机等设备上的浏览器输入网址"麦乐送.中国"即可在线订餐,成为继肯德基、必胜客后又一利用网络进行市场营销的全球知名餐饮企业。

包括麦乐送、肯德基、必胜宅急送、海底捞等中外知名餐饮外卖品牌均开通了以".中国"域名为网址的网络订餐服务。品牌专家表示,网络订餐服务是餐饮企业降低运营成本提升"上座率"的新途径,而以".中国"域名作为企业网址,在切合我国网民语言应用习惯、方便网民记忆的同时,还可以加深网民对企业品牌的认知,是餐饮企业进行网络营销的捷径。

肯德基、必胜客、麦当劳、百事可乐等数家知名外资餐饮企业均开通了“.中国”域名,网民只需在浏览器地址栏中输入“肯德基.中国”“必胜宅急送.中国”“麦乐送.中国”“百事可乐.中国”等域名,即可迅速进入企业官方网站。外资餐饮企业先后开通网络订餐业务,并利用“.中国”作为网站域名,不仅满足了都市群体通过网络进行自助订餐的需求,而且用精准的中文域名实现了企业品牌在互联网上的有效传播,大大推动了国际企业的本土化进程。

在我国,随着互联网的广泛应用和推广,多数中餐企业开始重视网络营销。快餐企业的外卖发展势头迅猛,部分餐饮企业外卖已经占其营业收入的6成以上。部分知名或中华老字号餐饮企业,如海底捞、金鼎轩、老正兴、功德林、广州酒家等,已率先启用了与其品牌相一致的“.中国”域名,极大地满足了消费者在线订购菜品的需求,降低了企业营销成本。

资料来源:

李永翔,《网络营销成餐饮业市场新高地》,摘自《新商报》,第23版/商讯,2011年11月7日。

讨论题:

1.餐饮业网络营销与其他行业有什么区别?

2.“.中国”域名有什么特点?

第九章　零售业市场营销

本章学习要点：

- 基本概念
- 零售业态的分类及基本特征
- 零售业市场营销的主要特点
- 零售业市场营销的基本策略
- 零售业市场营销的成功要素分析
- 零售业市场营销策划

第一节　基 本 概 念

一、零售

零售是指商品经营者或生产者把商品卖给个人消费者或社会团体消费者的交易活动。每笔商品交易的数量比较少，交易次数频繁；出卖的商品是消费资料，个人或社会团体购买后用于生活消费；交易结束后商品即离开流通领域，进入消费领域。

二、零售商

零售商是指将商品直接销售给最终消费者的中间商，是相对于生产者和批发商而言的，处于商品流通的最终阶段。零售商的基本任务是直接为最终消费者服务，它的职能包括购、销、调、存、加工、拆零、分包、传递信息、提供销售服务等。在地点、时间与服务方面，方便消费者购买，它又是联系生产企业、批发商与消费者的桥梁，在分销途径中具有重要作用。零售商是分销渠道的最终环节，直接面对个人消费者市场，是分销渠道系统的终端，直接联结消费者，完成产品最终实现价值的任务。零售商业对整个国民经济发展起着重大的作用。零售商业种类繁多、经营方式变化快，构成了多样的、动态的零售分销系统。

三、零售业态

零售企业为满足不同的消费需求形成了不同的经营形态。针对特定消费者的特定需求，按照一定的战略目标，有选择地运用商品经营结构、店铺位置、店铺规模、店铺形态、价格政策、销售方式、销售服务等经营手段，提供销售和服务的类型化服务形态。

第二节　零售业态的分类及基本特征

一、有店铺零售

有店铺零售(Store-based Retailing)是指有固定的进行商品陈列和销售所需要的场所和

空间,并且消费者的购买行为主要在这一场所内完成的零售业态。主要包括:

(1)食杂店(Traditional Grocery Store)是以香烟、酒、饮料、休闲食品为主,独立、传统的无明显品牌形象的零售业态。

(2)便利店(Convenience Store)是以满足顾客便利性需求为主要目的的零售业态。

(3)折扣店(Discount Store)是指店铺装修简单,提供有限服务,商品价格低廉的一种小型超市业态。拥有不到两千个品种,经营一定数量的自有品牌商品。

(4)超市(Supermarket)是开价售货,集中收款,满足社区消费者日常生活需要的零售业态。根据商品结构的不同,可以分为食品超市和综合超市。

(5)大型超市(Hypermarket)是指实际营业面积6千平方米以上,品种齐全,满足顾客一次性购齐的零售业态。根据商品结构,可以分为以经营食品为主的大型超市和以经营日用品为主的大型超市。

(6)仓储会员店(Warehouse Club)以会员制为基础,实行储销一体、批零兼营,以提供有限服务和低价格商品为主要特征的零售业态。

(7)百货店(Department Store)在一个建筑内,经营若干大类商品,实行统一管理,分区销售,满足顾客对时尚商品多样化选择需求的零售业态。

(8)专业店(Specialty Store)以专门经营某一大类商品为主的零售业态。例如办公用品专业店(Office Supply)、玩具专业店(Toy Stores)、家电专业店(Home Appliance)、药品专业店(Drug Store)、服饰店(Apparel Shop)等。

(9)专卖店(Exclusive Shop)以专门经营或被授权经营某一主要品牌商品为主的零售业态。

(10)家居建材商店(Home Center)以专门销售建材、装饰、家居用品为主的零售业态。

(11)购物中心(Shopping Center/Shopping Mall)是多种零售店铺、服务设施集中在由企业有计划地开发、管理、运营的一个建筑物内或一个区域内,向消费者提供综合性服务的商业集合体。

(12)社区购物中心(Community Shopping Center)是在城市的区域商业中心建立的,面积在5万平方米以内的购物中心。

(13)市区购物中心(Regional Shopping Center)是在城市的商业中心建立的,面积在10万平方米以内的购物中心。

(14)城郊购物中心(Super-regional Shopping Center)是在城市的郊区建立的,面积在10万平方米以上的购物中心。

(15)厂家直销中心(Factory Outlets Center)是由生产商直接设立或委托独立经营者设立,专门经营本企业品牌商品,并且多个企业品牌的营业场所集中在一个区域的零售业态。

二、无店铺零售

无店铺零售(Non-store Selling)不通过店铺销售,由厂家或商家直接将商品递送给消费者的零售业态。主要包括:

(1)电视购物(Television Shopping)以电视作为向消费者进行商品推介展示的渠道,并取得订单的零售业态。

(2)邮购(Mail Order)以邮购商品目录为主向消费者进行商品推介展示的渠道,并通过邮寄的方式将商品送达给消费者的零售业态。

(3)网上商店(Shop on Network)通过互联网进行买卖活动的零售业态。

(4)自动售货亭(Vending Machine)是通过售货机进行商品售卖活动的零售业态。

(5)直销(Direct Selling)采用销售人员直接与消费者接触,进行推介,以达到销售其产品或服务目的的零售业态。

(6)电话购物(Tele-shopping)主要通过电话完成销售或购买活动的一种零售业态。

三、零售新业态

1. 连锁商业

指众多的、分散的、经营同类商品或服务的零售企业,在核心企业(连锁总部)的领导下,以经济利益为连接纽带,统一领导,实行集中采购和分散销售,通过规范化经营管理,实现规模经济效益的现代流通组织形式。

2. 连锁超市

连锁超市是连锁商业形式和超级市场业态两者的有机结合。它是我国现代零售业主流,在发展中进一步细分和完善。如大型综合连锁超市(GMS),主要经营大众商品,其中70%是百货,30%是食品。又如仓储式会员店连锁超市,以零售方式运作批发,采用会员制。

3. 特许经营

特许经营是一种根据合同进行的商业活动,体现互利合作关系。一般是由特许授予人(简称特许人)按照合同要求,约束条件给予被授予人(简称受许人,亦称加盟者)的一种权利,允许受许人使用特许人已开发出的企业象征(如商标、商号)和经营技术、诀窍及其他工业产权。特许经营分为:

(1)商品商标型特许经营;

(2)经营模式特许经营;

(3)转换特许经营。

4. 商业街

由经营同类的或异类商品的多家独立零售商店集合在一个地区,形成的零售商店集中区,也有集购物、休闲、娱乐综合功能于一体的商业街。

5. 购物中心

由零售商店及其相应设施组成的商店群体,作为一个整体进行开发和管理,通常包括一个或多个大的核心商店,并有许多小的商店环绕其中,有庞大的停车场设施,顾客购物来去方便。购物中心占地面积大,一般在十几万平方米。其主要特征是容纳了众多各种类型的商店、快餐店、餐饮店及美容、娱乐、健身、休闲场所,功能齐全,是一种超巨型的商业零售模式。

四、零售业的基本特征

1. 终端服务

零售商面对的终端顾客每次购买数量小,要求商品档次、花色品种齐全,并需提供购买与消费的方便服务。零售经营者为此通常要多品种小批量进货,以加快销售过程,提高资金的周转率。这就形成了零售商少量多次进货、低库存和重视现场促销服务的经营特点。

2. 业态多元

为解决顾客需求多样、快速变化与零售经营规模效益之间的矛盾,适应不同消费者群体需要,零售业的经营方式(即零售业态)呈现多元化特点。如商店就有百货商店、超级市场、专业商店、连锁商店、折扣商店、便利店和杂货店等各具特色的多种业态,而且还在不断创新。

3. 销售地域范围小

与批发销售不同,零售商的顾客主要是营业点附近的居民和流动人口。因此,零售经营地点的选择(零售选点)就成为决定经营成败的一个关键。

4. 竞争激烈

与其他行业相比,零售业者之间的竞争显得更为直接、剧烈,手法也更加多样。如为了适应顾客的随意性购买及零售市场竞争,零售商千方百计整饰销售现场及周边环境,加强商店整体设计和形象宣传;为了吸引并留住顾客,零售商不断强化特色定位,纷纷对商店位置、营业时间、商品结构、服务项目、广告宣传、促销手段等各种因素,进行综合战略策划,实施差异化营销。

第三节　零售业市场营销的主要特点

一、信息化

零售企业利用互联网企业可以建立自己的形象、品牌、经营特色,其中的问题主要是加强和加快信息系统建设,把企业内部的信息流整合起来,以内部信息化的基础应对电子商务;还要通过加大资金投入,改善企业信息基础设施条件;建立起连通企业内外的计算机网络,实现对企业各种资源的科学化管理,同时加强对外联系。此外,建立商业信息系统(MS)、商品供货系统(GOS)和决策支持系统(RDSS),使企业在经营活动中能及时整理分析各类信息,并根据准确的商业信息对市场进行超前预测和预警预报,避免经营活动的盲目性,保证商品质量,降低经营成本,提升零售企业科学管理的水平。

二、品牌化

品牌化即形成零售企业的品牌效应,利用自己卓越的品牌资产带来竞争优势。主要是零售企业要在商品质量和组合、服务内容和标准等方面,形成统一的企业品牌形象,特别是在服务标准化方面实现高层次化。零售业在培育服务品牌资产时应该考虑以下四个战略观点:

(1)差异化。具有良好服务品牌的现代零售企业应注重创新,即创建与其他竞争者相区别的服务品牌关系,从而加深顾客心目中的服务品牌印象。

(2)提升现代零售企业声誉。为顾客开发重要并具有价值的服务。

(3)建立情感联系。企业应试图超越服务的逻辑和经济层面,因为顾客的核心价值往往是超越常规逻辑的。

(4)将服务品牌内部化。在服务品牌创建过程中,员工占据非常重要的地位,搞好内部营销是实现服务品牌内部化的关键。

三、集团化

由于零售业是规模经济效应最为明显的行业之一,零售渠道价值的巩固和增强对规模有着强烈的依赖性。研究表明,零售商规模经济效应的存在使得零售商业绩与规模之间呈现“S”型曲线函数关系,表现为当零售商的门店规模达到一临界点时其经营业绩可以实现快速上升。这种利润增长特征在沃尔玛、家乐福等零售商的发展过程中得到过有效验证。商业企业集团是指以资本为主要联结纽带的母子公司为主体,以集团章程为共同行为规范组建的企业联合体。实施零售集团化不仅可以提高资本总量,消除业务重叠和较高经营成本,而且还可以在经营管理、技术开发、信息共享、资源配置等诸多方面产生规模经济效益和协同效应,迅速发挥整体优势。目前,全球零售企业的规模已经由传统的单店经营转向连锁经营,竞争方式也转向集约化,从而以规模化、连锁经营方式、实施低价策略占领我国消费市场,形成绝对成本优势。

四、国际化

全球最大的零售商沃尔玛集团,在加拿大、墨西哥、中国和印度尼西亚等国已经开设了1 600多家分店。该集团2004年全球销售额就突破了2 852亿美元。沃尔玛至2005年已连续5年排在世界500强的首位。日本在国外的零售企业,已经占到日本在国外开设企业总数的41%左右,国际化倾向明显。法国、荷兰、中国台湾等国家和地区的零售企业也纷纷实施国际化战略,并收效显著。现代传播促进了世界各国的经济、文化的流动和融合,消费信息流行、传播极快,人们的消费观念、生活方式、购买方式和习惯等正在逐步趋同,使得人们的消费需求可以通过国际化的零售业态、销售方式得到满足。

第四节　零售业市场营销的基本策略

一、价格策略

零售业的价格策略主要是商品定价,商品定价是零售营销中一项很重要的内容,商品定价直接影响到商品的销售,价格是商品与消费者连接的媒介,一旦价格不适宜,消费者的满意度就会大打折扣。具体商品定价应考虑以下因素:产品的品牌影响力,有影响的品牌推出的产品,价格就可以定得稍高点,否则就要考虑将价格定得稍低于竞争对手的价格。由于经销的都是居民常用商品,所以必须时刻关注竞争对手的价格;消费者心理价位,一般而言,每类产品都会有一定的价格范围,超出这个范围便会让人难以接受,并且不同消费者的心理价位是不同的。

二、渠道策略

渠道策略的内容包括:为使目标顾客能接近和得到其产品而进行各种活动的策略,提出了必须有效地利用各种中间商和营销服务设施,以便更有效地将产品和服务提供给目标市场。厂家必须了解各种类型的零售商、批发商和从事实体分销的公司以及他们是如何进行决策的。具体店铺位置的分析,要选择一个最佳的店铺位置,必须对可供选择开设地点的各种条件和影响因素进行全面的分析,这些因素有:第一,交通条件分析,这是一个重要因素,它既决定商店的货流是否畅通,也决定商店的客流是否畅通,从而制约商店的经营效率;第二,客流分析,这是一个关键因素,商店应尽量选择在潜在客流最多、最集中的地点,以使更多人就近购买商品;第三,竞争店铺分析,店铺周围的竞争情况对商店的经营也有很大的影响;第四,效益分析,最后一道工序是对店铺的未来效益进行评估,要详细测算成本费用情况,以此为据,最后决定是否开店。店铺选址对零售经营具有重要意义,选址就是店铺位置的选择确定。对于店铺零售商来说,店铺选址是非常重要的,因为,顾客选择商店进行购物时,店铺的位置是所考虑的最重要因素,同时,店铺的空间位置也是形成差别化甚至垄断经营的重要条件。零售经营者可以随时改变他们的价格、商品组合、服务内容与促销手段等营销组合要素,而店铺的位置一旦决定就很难改变了,因此,占据优越的店铺位置是获得其他竞争者不易模仿的竞争优势的重要途径。

三、促销策略

促销策略是指企业如何通过人员推销、广告、公共关系和营业推广等各种促销方式,向消费者或用户传递产品信息,引起他们的注意和兴趣,激发他们的购买欲望和购买行为,以达到扩大销售的目的。零售促销(Retail Promotion),一般被定义为:零售商为告知、劝说或提醒目标市场关注有关企业任何方面的信息而进行的一切沟通活动。吸引目标顾客,应注意以下几个方面:

(1)促销时机。很多消费者在购物时往往是冲动的,零售店可在特定时间或时段,配合不同的季节和节日气候、温度等安排促销活动,来刺激顾客需求,改变顾客购买习惯,如夏季里以雨伞、太阳伞为促销重点。

(2)促销预算。为了在价格上保持竞争优势,零售店应对各项费用的开支均有很强的计划性,严格控制促销费用。一般来说,确定促销预算总的原则是:因促销增加的销售额应当大于促销费用的支出。

(3)促销商品。顾客的基本需求是能买到价格合适的商品,所以促销商品中的品种价格是否具有吸引力,是促销活动成败的关键。一般说来,有以下四类商品可供选择:节令性商品,例如元旦春节选择香烟、糖果、清洁品等;敏感性商品,一般属必需品,市场价格变化大,且顾客极易感受价格的变化,如油盐酱醋;众知性商品,一般指品牌知名度高、市面上随处可见、容易取代的商品;特殊性商品,主要是指商店独家代理市场上尚无竞争对手的商品。无论选择何种商品作为促销品,都应牢记两个基本要点:一是选择顾客真正需要的商品,二是能给顾客增添实际利益的促销方式。促销方式多种多样,常见的有以下几种:库存大清仓、节庆大优惠、每日特价品、有奖销售、打折优惠、免费赠送。

四、自有品牌策略

自有品牌实质上是零售企业的贴牌产品,即作为终端的零售商不进行生产,而寻找有加工能力和信誉的生产厂家进行生产,最终的产品使用零售企业品牌。自有品牌具有风格独特、价格低廉、统一设计、统一货源、统一价格等诸多优势。零售业在形成规模效应后,自有品牌的发展便成为其发挥自有品牌效应的必由之路,由于自有品牌能够给零售商带来更多的利润,赢得顾客的忠诚,因而受到越来越多零售商的青睐。一般来说,具有以下属性的商品比较适合采用自有品牌:

(1)科技含量不高的大众消费品。这类商品不需要特别的专业知识,消费者容易识别真假好坏,如食品、饮料、文具等。

(2)购买频率较高的商品。因为购买频率高,超市就能大批量地下订单,开发生产成本也随之降低,保证自有品牌商品低价格的实现。

(3)价格较低的商品。因为对于单价较高的商品,消费者在进行购买选择时是比较慎重的;而对于单价较低的商品,消费者可在购买后通过使用来决定是否再次购买。

(4)品牌意识不强的商品。对品牌敏感度较高的商品,不一定是贵重商品,但是消费者对其有一定的品牌忠诚度,偏向于购买指定商品。

(5)售后服务程度高的商品。零售企业可以近距离及时地提供必要的售后服务。

第五节 零售业市场营销的成功要素分析

一、科学定位,特色经营

在开放的市场经济条件下,竞争将市场推向了定位时代,零售企业应善于利用 STP 策略(即市场细分 Segmentation、目标市场 Targeting 和定位 Positioning),走特色经营之路。任何商家都有自己的商圈,都有自己相对稳定的顾客群,正确的定位能形成自己的经营特色,吸引目标顾客。沃尔玛针对不同的目标消费者采取不同的零售经营模式,分别占领了高低档市场,有效避免了与西尔斯和凯玛特的正面冲突;针对中下层的消费者,沃尔玛选择了平价购物广场;为获得忠实顾客,沃尔玛开办了山姆会员店;为满足上层消费者的需要,沃尔玛又推出了综合性百货商店等。在日趋激烈的商业竞争中,只有特色经营,才能减轻竞争压力,争取和稳定顾客,寻求企业健康的发展。世界上任何一家成功的零售企业,无不是依靠准确的市场定位得以发展的。同样,我国的零售业要想在竞争中寻求生存和发展,也必须具有准确的市场定位。

二、发展连锁经营,增强企业规模效益

连锁经营是一种商业组织形式和经营制度,是在同一经营字号的总部统一领导下的若干店铺或分支构成的联合体所进行的商业经营活动。其主要特征是总部负责采购、配送,店铺负责销售,并通过标准化的企业形象、专业化的经营活动、规范化的管理方式及现代化的管理手段,使复杂的商业活动在职能分工的基础上,实现相对简单化,从而实现规模效益。连锁经营借用大规模生产原理,把分散性的零售店结合起来,形成大规模销售体制的经营方法。它以资本、技术、产权为纽带,将分散的、单个性的店铺组织起来,形成整体,以实现经营的规模化和集约化。2002 年连锁企业的 30 强排名中,上海华联集团有限公司(连锁部分)以销售 214.73 亿元、1 541 个店铺名列首位;联华截至 2002 年年底在全国已经拥有 1 900 多家店铺,仅 2002 年一年就增加了 600 多家店铺。国外巨型零售企业,无不依靠连锁才达到如此巨大的规模。加入 WTO 后,在国外零售企业的竞争压力下,连锁经营是尽快提高我国零售企业市场竞争力的最有效措施之一。

三、发展物流配送，降低经营成本

零售业对配送服务的选择有两种模式：一种是自建配送中心，即企业经营的所有商品全部由自己的配送中心配送，如沃尔玛的自建物流系统。它拥有世界上最好、效率最高的物流配送系统，沃尔玛利用配送系统把商品送到门店的成本只占商品零售额的2.5%左右，而其竞争对手做同样的事情，一般付出5%，这样沃尔玛自然能作低价。另一种模式是内外配送服务并用，有些企业虽然建立了自己的配送中心，但是也使用第三方的配送服务，一般事关企业秘密的运输由自己做，但是需要专业的配送时，就委托第三方来做这件事，因为第三方物流既专业又节约成本。随着零售业向连锁方向发展，物流配送中心显得越来越重要，配送中心是企业降低经营成本的重要源泉之一。商业零售业加强竞争力的一个主要方面就是成本的控制，发展零售业应走规模经济的道路，必须依靠先进的管理手段。西方零售业采用各种新技术对企业进行科学管理，如通过建立现代化的物流配送中心，加快资金库存周转；运用计算机对商品购销进行管理，加快信息沟通速度；建立网上销售平台，扩大产品销售等。科学化管理使物流、商流、信息流通过配送中心实现统一，大幅度提高效率，降低企业成本。

四、注重管理和效益，科学配置业态资源

1. 准确定位，加快实现从单一业态向多业态发展

零售商的定位对于经营的成败非常重要。目前，我国的零售业态呈百花齐放之势，但每一种业态都有其不同的特点和优缺点，都有自己的目标顾客和经营管理方式。因此，企业在进行业态定位时不仅要考虑自己的愿望，更要考虑所处的环境、不同业态的要求以及自己的能力。要认真研究零售业态发展变化的规律性，在业态的调整过程中，必须要有明确的市场定位，既要在区域上进行合理布局和总量控制，避免重复建设和盲目发展带来的同业态模式的恶性竞争，又要用业态的多样化满足消费需求的多层次和差异化。零售业的发展是以必要的经济水平为基础的，零售商应结合自身实力，以效益为中心务实经营，发展适当的组织形式。譬如，中国很大的一部分消费市场在农村，而中国沿海农村经济相对发达，人口密度大，有消费的经济基础，交通方便，连锁、超市就应走向农村发展的道路，而不应都集中在城市。而内陆农村经济落后、人口密度不大、交通不便、只能走先在城市发展的道路，产品定位只能走以必需品为主的道路。

2. 调整零售业态结构，探索零售新兴业态

调整零售业态结构有两种方式：一是通过市场竞争，进行优胜劣汰的选择，逐步形成较为合理的市场结构。在上海，如联华、华联、农工商、正章洗涤、华氏药房等品牌连锁企业都进入了社区，甚至联华OK网、富尔网络、梅林正广和等也把电话订购、网上购物的终端延伸到了社区。另外，主题超市从专与精的角度锁定目标消费群，进行零售业态的再细分。如以消费对象为主题的老年人超市、女性超市、儿童超市、学生超市，以商品内容为主题的食品超市、旅游超市、体育超市、家电超市、家居超市等。

3. 加强零售业态混合经营的管理，将零售业态结构调整引向深入

多业态混合经营开始成为大型零售企业的一种成长方式。目前，我国大型零售企业的资源并不十分充足，在实行组合业态经营时，尤其要注重设法使所组合的各业态的目标顾客尽量相近，以使各业态相互呼应并充分展示出商场整体的目标顾客定位。否则，业态组

合很容易华而不实,同时牵强的业态拼接无法发挥“合力效应”,因此,也无法具备超出资源相对集中使用的单一业态经营者的竞争力。

4. 取长补短,实现业态间优势互补

我们正处在一个学习时代,不学习就会被无情的竞争所抛弃。由于每一种业态都有自己的优点,因此,零售商应该善于向其他零售商学习,善于向竞争对手学习。由于零售环境正经历着前所未有的巨大变化,要满足消费者的渴望和需求,零售商就要不断创新。只有创新才能保持企业的竞争优势,对于处于衰退期的百货业来说则更是如此。对于我国几十年来一直居于统治地位的百货业来说,不进行创新,不改“千店一面”的面貌,就很难再现往日的辉煌。

第六节 零售业市场营销策划

一、让顾客全过程参与管理

加强顾客与零售企业的互动,产品质量的高低取决于满足顾客实体需要的程度,服务质量的高低取决于顾客的感知,其最终评价者是顾客而不是企业,所以企业应鼓励顾客积极参与到企业的管理当中来,对企业高体验价值的产品、服务、购物环境、活动内容等方面提出建议,企业要尽可能多地组织一些顾客可以参加的互动活动,与顾客进行多方位的接触,作大量的调查研究。企业要建立现代化的服务中心系统,负责收集顾客信息,及时反馈,对合理性的建议,企业要适时作出调整、改革,一切以顾客为中心,这样才能时刻抓住顾客的心。只有真正了解到顾客的体验需求,然后按照顾客的意愿去管理零售业的方方面面,才能从产品、服务,到购物环境、营销活动等方面最大程度地迎合顾客,提高顾客满意度。

二、创造能够产生美好体验的消费环境

体验经济时代,消费者把消费过程当作一种体验过程,在“体验”中获得某种情感的满足。企业要以某种象征性事物为产品赋予某种气氛、情感、思想等,以此来打动消费者。其应注意以下几个方面:

(1)加强产品和服务的感性化。消费者的决策很少涉及深思熟虑的思考,要使产品更具有体验价值,最直接的办法在于通过视觉、听觉、嗅觉、味觉和触觉等方面细致的分析,给产品增加某些感官要素,突出产品的感官特征,使产品容易被感知,进而增加顾客与产品相互交流的感觉,给消费者创造良好的情感体验。

(2)产品和服务应具有个性。企业应作好充分的市场调查,依据消费者的文化背景、年龄、阶层、性格等作好市场细分,掌握不同消费者的不同心理和情感需求,进而选择自己的目标市场,在此基础上设计出分门别类、别具一格的特色化、个性化产品,满足不同顾客的消费需求。

(3)突出产品和服务的文化底蕴。在产品中注入文化元素,可以提升产品的品位与格调,使消费者的情感体验更富有内涵,以满足消费者高层次的需求。总之,企业各个方面都要为顾客着想,一切让顾客满意。

三、采用情感宣传方式

以情感打动顾客,情感宣传应将重点放在情感广告和情感公关这两种促销工具上。情感广告首先要有感人肺腑、扣人心弦的广告语。通过广告传播体验,让品牌凝聚体验。广告在产品的营销过程中发挥着重要的作用,在广告语以及广告画面的运用上,一定要融入体验成分,而品牌在表面上是产品或服务的标志,在深层次上却是对人们心理和精神层面诉求的表达。其次,情感广告适宜宣传企业的经营理念或表达对消费者的关切之情,以树立良好的企业形象,获得消费者的认可和偏爱。在体验经济背景下,情感营销表达了企业对人性的关爱、尊重,能激荡顾客内心之爱,并以此作为企业与顾客的沟通方式,在企业与顾客之间建立起一种长期合作的关系,一种相互理解、相互依赖的关系。我国零售企业一定要做好情感营销,它是企业与顾客之间建立情感、维系情感、发展情感的理想桥梁,是体验经济时代企业营销的利器。

四、以优质服务增加附加体验

在如今产品高度同质化的时代,消费者的选择余地大大增加,用优质服务增加附加体验已经成为现代营销中明显的激励性因素。在服务过程中,企业除了完成基本的服务外,还应该有意识地向顾客传递他们所看重的体验。这可以体现在商品的售前、售中、售后等各个阶段。如现代商场不仅环境舒适,设施现代,而且功能大大扩展,集购物、娱乐、休息为一体,使消费者在购物过程中感受到去商店购物是一件美好的事情,自然有利于延长消费者在商店内的滞留时间,创造更多的销售机会。

习题

1. 简单介绍零售业态的分类。
2. 谈谈零售业的基本特征。
3. 分析零售业市场营销的主要特点。
4. 谈谈零售业市场营销的基本策略。
5. 分析零售业市场营销的成功要素。
6. 如何进行零售业市场营销策划?

案例学习及讨论

案例1　沃尔玛的经营策略

沃尔玛是全美投资回报率最高的企业之一,其投资回报率为46%,即使在1991年不景气时期也达32%。虽然其历史并没有美国零售业百年老店“西尔斯”(Sears)那么久远,但在短短的时间里,它就发展壮大成为全美乃至全世界最大的零售企业。1991年,沃尔玛年销售额突破400亿美元,成为全球大型零售企业之一。据1994年5月美国《财富》杂志公布的全美服务行业分类排行榜,沃尔玛1993年销售额高达673.4亿美元,比上一年增长118亿多,超过了1992年排名第一位的西尔斯(Sears),雄踞全美零售业榜首。1995年沃尔玛销售额持续增长,并创造了零售业的一项世界纪录,实现年销售额936亿美元,位居《财富》杂志1995年全美最大企业排行榜第四。2001年,沃尔玛年销售额相当于全美所有百货公司的总和,一跃而成为《财富》500强排名的第二名。

一、顾客第一导向

“顾客第一”是沃尔玛经营的信条。在沃尔玛的商场内醒目地写着：“第一条：顾客永远是对的；第二条：如有疑问，请参照第一条。”山姆·沃尔顿曾说：“我们的老板只有一个，那就是我们的顾客。是他付给我们每月的薪水，只有他有权解雇上至董事长的每一个人。道理很简单，只要他改变一下购物习惯，换到别家商店买东西就是了。”为了在企业经营的全过程贯彻顾客第一的经营利念，沃尔玛制定了详尽的服务规范。

1. 三米微笑。沃尔玛规定，员工要对三米以内的顾客微笑，这既是出于服务的目的，也能起到防损的作用。员工必须认真回答顾客的提问，永远不要说“不知道”。而且原则上即使再忙，都要放下手中的工作，亲自带领顾客来到他们要找的商品前面，而不是指个大致方向就了事。沃尔玛内部有条不成文的规定，唯一允许迟到的理由就是“服务顾客”。

2. 日落原则。在太阳下山即下班前把当天的问题解决，不要拖到第二天。

3. 200%满意。如果鲜食部门的自制食品出现任何质量问题，沃尔玛都保证退货并免费赠送一份。在沃尔玛，如果顾客发现前台扫描的价格比货架标签的价格高，原则上商店必须按较低价格售出商品。

4. 收银七步曲。收银时要符合七个要求，包括说“您好”“谢谢”等。

5. 设立迎宾员。此沃尔玛所独创。在沃尔玛，每时每刻都有员工站在入口处向顾客微笑致意。

6. 设立委屈奖。面对顾客，员工要打不还手骂不还口，否则可能立刻被辞退或者受到处分。为此，公司特设立了“委屈奖”，奖励那些承受委屈的员工。

7. 顾客也有姓名。沃尔玛倡导对顾客直呼其名。

8. 顾客总是对的。顾客就是 No. 1，顾客就是老板。

沃尔玛在商店内力图营造顾客的主人感——“这是我们的商店”，确保顾客的所有需要都能得到满足。沃尔玛还为顾客提供了除购物外的其他服务，如免费停车、免费咨询、商务中心、送货服务。

二、天天平价

1. 天天平价、让利顾客。沃尔玛特别重视价格竞争，长期奉行薄利多销的经营方针。沃尔玛提出：“销售的商品总是最低的价格”。为实现这一承诺，沃尔玛想尽一切办法从进货渠道、分销方式、营销费用、行政开支等一切方面节省资金，把利润让给顾客。这是沃尔玛与凯马特等竞争对手所不同的，竞争对手通常制作一周特价宣传页来吸引顾客，大部分顾客也来商店寻找特价商品。这种特价的促销往往带来问题：顾客怀疑商店内其他商品的价格不真实；特价商品在店堂内难以发现，或已经售完。实际上，要保证所有商品的价格都比竞争对手低是不可能的，但沃尔玛始终在寻找一种较低的商品价格来满足顾客的需求，并通过各种可行的方式降低商品的价格，提供最合理的价格。

2. 争取低廉进价。在进货中，沃尔玛避开一切中间环节，直接从工厂进货，其雄厚的经济实力使之具有强大的议价能力。早在20世纪80年代，沃尔玛就采取了一项政策，要求从交易中排除制造商的销售代理，直接向制造商订货，同时将采购价降低2% ~6%，大约相当于销售代理的佣金数额。更重要的是，沃尔玛并不因自身规模大、实力强而肆意损害供应商来增加自身利润，而是重视与供应商建立友好融洽的协作关系，保护供应商的利益。沃尔玛给予供应商的优惠远远超过同行。美国第三大零售商凯马特对供应的商品平均45天付款，而沃尔玛仅为平均29天付款，大大激发了供应商与沃尔玛建立业务的积极性，从而保证了沃尔玛商品的最优进价。

3. 控制营销成本。为降低产品价格,沃尔玛对营销成本的控制非常严格。沃尔玛的广告开支只相当于西尔斯(美国第二大连锁店)的1/3,每平方英尺销售额比凯马特(美国第三大连锁店)高一倍。沃尔玛的营销成本仅占销售额的1.5%,商品损耗率仅为1.1%,而一般美国零售商店这两项指标的平均值分别高达5%和2%。营销成本的降低拓宽了沃尔玛的利润空间。沃尔玛的经营宗旨是用贩卖便宜商品来吸引顾客,高效的管理带来低廉的管理成本。2001年第三季度,凯玛特的管理及总务费用在销售费用中的比例是22.7%,而沃尔玛只有17.3%。沃尔玛在1981年开始最早尝试使用POS扫描收款机,提高了公司的效率和顾客付款的速度,改进了公司的库存管理。

三、全球采购与完善的物流管理系统

1. 全球采购。为了保证顾客获得最低价格的产品,沃尔玛实施全球采购战略,通过完善的采购渠道,每天从世界各地采购价廉物美的商品,并通过便捷的物流体系及时地送到世界各地的沃尔玛商店。20世纪80年代末,沃尔玛开始利用电子交换系统EDI与供应商建立了自动订货系统。该系统又称为无纸贸易系统,通过网络系统,向供应商提供商业文件、发出采购指令、获取收据和装运清单等,同时也让供应商及时准确地把握其产品的销售情况。沃尔玛还利用更先进的快速反映系统代替采购指令,真正实现了自动订货。该系统利用条码扫描和卫星通信,与供应商每日交换商品销售、运输和订货信息。凭借先进的电子信息手段,沃尔玛做到了商店的销售与配送保持同步,配送中心与供应商运转一致,提高了工作效率,降低了成本。

2. 完善的物流管理系统。沃尔玛前任总裁大卫·格拉斯曾说:“配送设施是沃尔玛成功的关键之一,如果说我们有什么比别人干得好的话,那就是配送中心。”沃尔玛被称为零售配送革命的领袖,独特的配送体系,大大降低了成本,加速了存货周转,成为“天天平价”的根本保证。沃尔玛补充存货的方法被称为“交叉装卸法”。这套“不停留送货”的供货系统共包括以下部分:

(1)高效率的配送中心。沃尔玛的供应商根据各分店的订单将货品送至沃尔玛的配送中心,配送中心则负责完成对商品的筛选、包装和分检工作。沃尔玛的配送中心具有高度现代化的机械设施,送至此处的商品85%都采用机械处理,大大减少了人工处理商品的费用。同时,由于购进商品数量庞大,使自动化机械设备得以充分利用,规模优势充分显示。

(2)迅速的运输系统。1996年,沃尔玛已拥有30个配送中心,2 000多辆运货卡车,保证进货从仓库到任何一家商店的时间不超过48小时。沃尔玛的机动运输车队是其供货系统畅通的优势保证,快速的送货,使沃尔玛各分店即使只维持极少存货也能保持正常销售,大大节省了存贮空间和费用。由于这套快捷运输系统的有效运作,沃尔玛85%的商品通过自己的配送中心运输,而凯马特只有5%,沃尔玛的销售成本也因此比同行业平均销售成本低2%~3%。

(3)先进的卫星通信网络。沃尔玛投资4亿美元由美国休斯公司发射了一颗商用卫星,实现了全球联网,在全球的4 000多家商店通过全球网络可在1小时之内对每种商品的库存、上架、销售量全部盘点一遍,并通知货车司机最新的路况信息,调整车辆送货的最佳线路。沃尔玛的卫星通信网络系统使其供货系统更趋完美,配送中心、供应商及每一分店的每一销售点都能形成连线作业,大大提高了营业的高效性和准确性。

(4)盘点公司。在美国,有一家专门为沃尔玛做盘点的公司,每年365天不停地为分布在世界各地的四千多家沃尔玛连锁店进行盘点。盘点公司一般只派两三个人负责一家店的盘点工作,他们带来专用的盘点机,盘点机和沃尔玛的整个系统相连,自动进行信息传输和计算。对于一个营业面积上万平米的大型超市来说,整个盘点过程一般只需要一个晚上左右的时间就可以完成,顶多影响半天的销售。

沃尔玛希望在今后五年内能节约20%的采购成本,将全球直接采购的商品的毛利率提高9个百分点,这是一个惊人的数字。全球外包使沃尔玛具有了向法国的家乐福、荷兰的RoyalAhold、德国的Makro发动价格战的能力。

四、激励员工

在沃尔玛,员工不是被称为“雇员”,而是被称为“合作者”或“同事”。山姆·沃尔顿提出“关心自己的同事,他们就会关心你”,培养职工“爱公司如爱家”的精神。公司对员工利益的关心并不只是停留在口头上或是几条标语式的企业文化理论上,而是有一套详细而具体的实施方案。

1. 利润分享计划。公司保证每一个在公司工作了一年以上,以及每年至少工作1 000小时以上的员工都有资格分享利润。运用一个与利润增长相关的公式,沃尔玛把每个够格的员工的工资按百分比归入这个计划,员工们离开公司时可以通过现金或股票方式取走这个份额。

2. 雇员购股计划。员工可以通过工资扣除方式,以低于市值15%的价格购买股票。

3. 损耗奖励计划。如果某店将损耗控制在公司的目标之内,该店每个员工都可获得奖金,最多可达200美元。结果,沃尔玛的损耗只是行业平均水平的一半。

4. 例会制度。沃尔顿说,星期六晨会是沃尔玛文化的核心。它的基本目的是交流信息,减轻每个人的思想负担,团结队伍。公司经常在星期六晨会后举行联谊活动,喊口号、鼓劲、联欢,减轻每一个员工的负担,使员工身心得到愉悦,同时也增强了凝聚力、团结了队伍。在会议上可以提建议,表扬先进,发现问题并讨论解决办法。这样,发现的问题马上在周末就可以及时解决,而不必等到下星期。员工们很容易把星期六联欢所产生的欢娱气氛带到工作中去,这正是沃尔玛所追求的“让商店保持轻松愉快的气氛”。

5. SWAS店中店管理。在部门管理方面,沃尔玛提倡每个人所负责的区域就是一个店,每个人就是自己店的总经理。这极大地调动起员工的积极性和创造性,提高了工作效率。

6. 草根会议和基层调查。每隔一段时间,店里都会举行“草根会议”,随意抽取各部门员工了解情况。每年,沃尔玛总部都会在全球范围内开展“基层调查”,以无记名形式了解整个店的经营管理情况,密封后寄至美国,由专门的调查公司进行统计分析。

五、沃尔玛成功的十大规则

1. 敬业。要比任何人更相信这一点。

2. 与所有同事分享你的利润,把他们视为合伙人。作为回报,他们也将把你当作一位合伙人,最终他们将创造出超乎想象的业绩。

3. 激励你的合伙人。每天经常想一些新的、较有趣的办法来激励你的合伙人。

4. 交流沟通。他们知道得越多,理解得越深,对事物也就越关心。

5. 感激你的同事为公司所做的每一件事。

6. 成功要大肆庆祝,当不幸或失败发生时,穿一套戏装,唱一段傻呵呵的歌曲,其他人也会跟着你一起演唱。

7. 倾听公司中每一位员工的意见。

8. 要做得比顾客所期望的更好。如果你这样做了，他们将会成为你的回头客。

9. 比对手更好地控制费用。

10. 逆流而上，另辟蹊径，藐视传统的观念。

资料来源：

1. 卢泰宏，邱斌，《零售之王沃尔玛》，摘自《中国经营报》，2002年2月19日。

2. Vijay Govindarajan，Anil K Gupta，《沃尔玛的全球化道路》，摘自《经理人文摘》，2002年12月1日。

讨论题：

1. 沃尔玛"不停留送货"的供货系统共包括哪些部分？

2. 谈谈沃尔玛成功的十大规则给你的启示。

3. 举例说明沃尔玛培养职工"爱公司如爱家"的实施方案。

4. 传统国有商业企业与外资商业相比差距主要在哪些方面？国有商业企业应该如何转型？

5. 中国商业无论从业态还是从管理上，均大大落后于国外先进企业，随着中国加入WTO，外资将蜂涌而至，国内商业企业困难重重，他们应如何应对沃尔玛等"洋零售业"的进攻？

案例2 苏果超市成功揭秘

苏果超市自1996年7月成立以来，实现了高速度、超常规的发展，销售额、利税连年猛增。1997年销售额4.5亿元，实现利税802万元；2001年销售额52.8亿元，实现利税1.07亿元。苏果超市网点总数已达670家，遍及苏、皖、鲁、豫四省，紧随上海"联华""华联""农工商"三大劲旅之后，进入全国连锁超市强势企业之列。苏果以经营业态多样化、连锁网络城乡化、物流配送现代化、企业管理科学化和服务内容系列化为核心，坚持不断优化和持久创新，走出了一条具有中国特色连锁经营新模式的快速发展之路。

一、"拿来"但不"主义"

超市，是从国外引进的一种零售商业的经营模式。苏果把它"拿来"后，并没有照搬照抄，也没有亦步亦趋，而是取其精华，大胆创新超市业态。苏果是从1 000平方米左右的标准超市起步的，在发展中，根据消费者的需求，又创出两种不同的超市业态。1998年，苏果在江苏省商业连锁企业中率先开设"便利店"。南京市区的100多家"便利店"24小时营业，提供20多种免费服务，深受消费者欢迎。2000年，苏果开设了具有中国特色的"大卖场"。1万平方米左右的"大卖场"，提供3万多种商品，食品、百货、洗化、家电、生鲜等应有尽有，充分满足消费者"一站式"购买的需要。

消费者说，标准超市，是每天必去的地方；"便利店"，是生活有急需随时能去的地方；"大卖场"是每周去一到两趟的地方。三种不同业态各具特色，经营时间和服务功能互补，形成了全方位、立体型的连锁经营网络，让消费者充分享受到"苏果就在你身边"的便利服务，成就了苏果强有力的竞争优势。

1. 服务领域创新。创业初期，苏果在商品结构上，并没有盲目求多求全，而是把70%的精力放在食品经营上，适应了当时多数家庭支出中"吃"占主导的消费需求。随着群众生活水平的不断提高，苏果果断地调整商品组合，分阶段把居民日常生活必需的数万种食品、百货、洗化、服装乃至电器等引入店堂。1999 年 10 月,苏果又不失时机地在南京 60 多家连锁店增加了生鲜加工、熟食面点、净菜配菜服务,把居民家庭的"厨房"搬进了超市,进一步营造吸引顾客的新亮点。

2. 物流配送创新。物流配送是连锁经营的核心。借助现代化手段提升竞争力,是苏果真正实现连锁经营的重要一环。苏果建设了占地 6 万多平方米的大型现代化的配送中心,从进货、出库到结算的全部过程均实现计算机管理,并与各连锁店联网。计算机可根据超市门店网上传递的信息,发出配货品种、数量和时间指令,然后将货物准时送达有关连锁网点。据中国连锁协会 1998 年统计,全国销售额超亿元的近百家重点连锁企业中,拥有配送中心的不到四分之一。

3. 企业管理创新。在近年来不少超市关门歇业或苦苦支撑的情况下,苏果连锁店之所以能够开一家成功一家,就在于它抓住了超市管理的灵魂,严格实行了"七统一",即统一进货、统一配送、统一结算、统一价格、统一布点、统一管理、统一企业形象。苏果对直营店和加盟店一视同仁,在向 440 余家加盟店输出"金字招牌"的同时,也毫无保留地输出管理制度、技术规范甚至管理人才,使外地加盟店保持特色不走样,盈利面高达 98%。

二、向农村进军

一个时期以来,农村一直存在着"两难":农民"卖"难,"买"也难。苏果看到这"两难"蕴藏的商机和潜力,把经营的触角大胆伸向了农村。用苏果超市股份有限公司董事长苗敬柱的话说:"不在城市争高低,乐在农村显身手"。短短几年时间,苏果在江苏、安徽、山东、河南四省迅速发展了 450 家加盟店,其中,县乡两级门店 300 多家,占总数的 70% 以上。2001 年,这些加盟店的销售额首次超过了城市的直营店。

特许经营是苏果实现低成本、快扩张的一条成功之路。特许经营中的特许方和被特许方是相互合作、相互依存的关系,没有主次、高低之分,必须本着互利互惠、相互信任、相互支持的原则,才能达到共同发展的目的。苏果在开展特许经营时,坚持严格考查加盟企业的场地、资金、人才、组织结构、所有制形式、市场竞争意识等方面的实际状况,防止空壳加盟现象的发生。在收取加盟保证金及管理费用上,与全国同类型的连锁企业相比,苏果是比较优惠的。然而,特许经营也是一把双刃剑,弄不好就会伤及自身。由于加盟店急功近利、违规经营,致使特许方苦心经营的品牌毁于一旦的事例已不鲜见。因此,尽管各地业主排着队要求加盟,但苏果依然固守着"有选择地发展"这一标准。同时加强对加盟店日常的督导巡访,发现问题及时帮助整改,对屡教不改者坚决淘汰出局。苏果负责加盟店工作的经理崔百强说,只有及时擦去招牌上的灰尘,才能保证苏果的信誉,才能保证所有加盟店的利益。正因为如此,苏果不仅创造了加盟店开一家火一家的奇迹,而且加盟店的商品、服务受到了当地百姓的称道,成为当地商界的服务样板,实现了苏果、加盟方和消费者的三赢局面。

苏果超市用加盟连锁的形式开拓农村市场,不单是信誉、品牌的输出,更是对传统农村商业流通体系的改造和重组。在企业制度上,苏果要求加盟方一要做到产权明晰,或改为股份合作制、有限责任公司,或由供销社职工买断产权,使经营者真正关心企业的发展;二是在劳动用工上,改革固定工制度,采取招聘制,破除大锅饭,提高员工素质。

苏果向加盟店输出了一整套管理制度、管理技术和操作规范,一大批县乡级的加盟店建立了 POS 系统。加盟店开业前,店长和业务骨干全部要到南京总部培训。开业后,苏果总部的督导员定期上门回访,帮助解决经营管理中的各类问题。

为确保农村加盟店“连”起来，“锁”得住，苏果对加盟店40%以上的商品实行直接配送，对其他商品则要求从总部认可或指定的厂家进货，并进行严格的抽查，确保质优价廉。苏果还和厂家合作，定牌生产适合农村市场的酱菜、被褥等商品，化妆、洗涤用品等也根据农村特点，定位在中档。这些举措赢得了农民的信任，较好地解决了农民“买”难的问题。

苏果还以连锁超市这个平台，发挥了农业产业化龙头的作用。过去一些不起眼的传统农副产品，通过苏果销往城市，从而身价倍增。苏果提升了一大批农副产品的品牌竞争力，如金湖的大米、邳县的狗肉、常州的萝卜干、宿迁的黄花菜等，过去多是在农贸市场以散装、裸露的方式销售，而今这些产品按照标准化要求生产，并改进了包装，产品档次明显提高，从一乡一县的特产变为畅销区域市场的名牌产品。苏果超市农副产品的大规模销售，还带动了“天环”“苏食”等900多家食品类生产加工企业的发展。据统计，苏果目前经销的粮油、果蔬、肉禽蛋等商品门类达40多个大类、近万种农副产品，2001年，其食品类销售额高达30亿元。为解决农民“卖”难的问题，苏果作出了巨大的贡献。

三、“吆喝”的艺术

苏果的发展也离不开其巧妙的广告创意。苏果初创时，也曾走过一段弯路。当时一心抢占市场份额，拼命铺摊子，忽略了服务质量的管理，结果与顾客产生矛盾的事情被媒体曝光。1998年年中，苏果一方面狠抓服务质量，一方面借连锁店突破30家的契机，设计了《过去不到之处，请多多包涵》这则广告。抱拳一揖的画面，不事雕琢的口语，给人以真诚、朴实、耳目一新之感。这则广告还辅之以向顾客赠送晴雨伞、手提包、玩具、饮料，公布热线电话等实惠举措，着实让百姓忘却了从前的纠葛，萌生了对苏果的好感。难怪不少广告人调侃道：这一“拳”，让多少不快烟消云散！当苏果连锁店、加盟店总数突破百家时，正赶上初夏时节，古城金陵初显“四大火炉”的风范。百店庆典，广告创意人员没有选择常用的手法，而是选中了能给老百姓带来凉爽的“大西瓜”，创造了《瓜熟蒂落，我们邀您共尝这甜蜜之果》，一种愿与消费者共成长、同分享的情感跃然纸上。

苏果认为，一个企业、一个品牌，只能选择最适合自己的宣传方式。苏果品牌之所以成为江苏超市之翘楚，得益于始终坚持民族的、平民的、生活的、亲情的广告创意思路。苏果的广告投放，主要依赖于平面媒体，并没有进行地毯式的电视广告轰炸，而是以最少的投入谋取最好的效果。苏果广告的每一次“亮相”，总能使人眼睛一亮。从俗套中走出来，正是苏果广告宣传追求的目标。

苏果人有一股永不言难的苦干劲头，有一颗永不言止的进取之心，还有一种永不言败的拼搏精神。因此，我们相信，苏果一定有一个更加辉煌的未来。

资料来源：

许忠荣，《苏果超市成功揭秘》，摘自《中外企业文化》，2003年第3期，有改动。

讨论题：

1. 苏果的成功秘诀是什么？
2. 苏果的系列广告创意有什么特点？

案例3 家乐福在中国的采购

一、家乐福集团简介

成立于1959年的法国家乐福集团是大型超级市场(Hyper-market)概念的创始者。集团以三种主要经营业态引领市场：大型超市（Hypermarket），超市（Supermarket）以及折扣店（Hard Discount Store）。另外，家乐福还在一些国家发展了便利店和会员制量贩店。除在欧洲外，家乐福还在拉丁美洲和亚洲地区占有战略性的地位。

家乐福商场的经营理念是以低廉的价格、卓越的顾客服务和舒适的购物环境为广大消费者提供日常生活所需的各类消费品。家乐福发展和服务的根本是更好地满足和顺应消费者的购物需求，让利消费者，并将其先进的营业设备和全新的零售经营理念引入世界各地，刺激消费需求，促进和推动当地经济的发展。

二、家乐福的采购流程

法国零售巨商家乐福正加速争夺全球市场，力图成为全球零售业领头羊。随着中国经济地位的不断提升，尤其是中国在轻工业、纺织业上取得的成绩与巨大潜力，中国产品的全球竞争力不断提升。家乐福集团越来越清晰地认识到，在中国的采购，对巩固家乐福全球竞争优势具有战略重要性。家乐福希望凭借在全球零售业的领先优势，不断扩大在中国的采购，把中国产品提供给全球的消费者。

家乐福全球采购的业务流程大致分为 4 个步骤，即“寻找货源”“资格认证”“组织谈判”与“跟踪生产过程”。在寻找货源阶段，活跃在中国的家乐福产品专家们，会根据每个产品的具体技术标准与要求，寻找拥有足够技术力量与生产能力的供应商。所有供应商必须经过家乐福专业人员对工厂考察与资格认证后，才能参与竞标。在价格谈判中，家乐福不仅根据投标价格的高低来挑选供应商，还会进行“使用情况测试”，以挑选出“性能价格比”最好的产品。当供应商进入生产阶段，家乐福的产品专家将跟踪生产的各个环节，对质量进行测试和监督，以保证大批量生产的产品质量。

三、家乐福的供应商及产品选择

家乐福集团在上海设立了家乐福全球采购中国总部，专门采购中国产品，然后全部销往国外的家乐福商场，主要出口到欧洲、南美洲和亚洲其他地区。中国家乐福超市内销售的产品，是由家乐福（中国）专门负责内贸商品的部门进行采购。中国是家乐福全球采购的重要基地，2003 年，全球家乐福在中国的综合采购总额大幅提升，总额 21.5 亿美元，增幅达 34%。可以预见，未来家乐福在中国的采购数额将越来越大。家乐福集团在华采购出口的产品种类主要包括家用百货、纺织、家电、食品四大类。其中，玩具、工具、园艺用品、休闲家具、体育用品、旅游用品、箱包、节日用品、家庭用品、服装、家用纺织品、家庭视听器材、空调、微波炉、照相机、吸尘器、小家电等，都是需求量较大的产品。对于希望进入跨国采购系统的中国供应商，生产企业及其产品首先必须符合家乐福全球采购的一些基本要求，如供应商有丰富的外贸经验，是有出口权的直接生产厂商或出口公司；对于纺织品供应商，必须有欧盟纺织品配额，产品在价格上有竞争优势，有良好的质量，有大批量生产的能力与准时交货的信誉，熟悉欧洲市场对产品的最新规格要求等。

家乐福全球采购中国总部还对中国供应商提出了更高的要求，包括企业必须具有进取精神，有提高对欧洲市场认知度的强烈愿望；拥有对国际市场的快速反应能力，有能力开发符合国际市场需要的新产品，在产品的款式、质量、包装等方面下工夫，达到国际化水准；企业在生产管理方面全面达到 ISO 认证体系的标准；企业拥有可持续性发展的意识，能与家乐福一起推进可持续性发展项目，等等。这些都是家乐福全球采购对供应商考核的重要方面。

四、家乐福采购细节管理

1. 收货验货。供货商大都会要求家乐福约定固定的商品交货期,如商品交货期为两天等。家乐福收货组在收货时,要求供货商提交一份订单,用于查实同一订单号码对应的订单在系统中为有效订单。家乐福收货组确认商品名称、条形码、数量等于或小于订单后,提供一份签名盖章的收货单给供应商。然后家乐福收货组员工使用店内配备的扫码枪进行商品清点,该扫码信息与店内的系统同步,这样可保证收货准确而快速。如果员工没有按规定程序收货,家乐福规定由店长受理供货商投诉员工违规操作。

2. 关于退货。根据不同厂家而有所不同,例如:A 公司可能与家乐福总部合同中约定,不接受未售出商品的退货,在年底按净进货金额(不含税)一定百分比给予门店补偿,对于过期或公司决定不再销售的产品,可换货。B 公司对于终止单品可退货,对于破损产品可退货,促销结束后,剩余促销捆绑产品可退货。

3. 进价调整。各公司一般都会在第一次与家乐福签订合同的同时约定,产品的进货价格是固定的,如有改动,新的供货价格必须提前书面通知。当商品的进货价格需要调整时,通常的流程是:供货商与家乐福商品部沟通,提交商品价格调整通知,在双方商定的时间内家乐福总部在系统中更新进货价格、建议零售价、生效日期等,而供货商须及时与家乐福门店的部门课长或助理跟进,确认零售价同步调整,避免家乐福门店毛利损失及市场价格影响。

4. 价格维护。家乐福设定的经营原则之一是"每日低价"。家乐福一般会按门店覆盖商圈内最低零售价销售商品。但是,家乐福一般不会低于该商品的进货价格销售,如遇到跌破进货价的情况,门店会知会总部解决。家乐福的商品根据零售价格控制权限,分为绿色单品和红色单品。绿色单品的零售价是固定的,仅总部有权修改;而红色单品在门店系统即有权修改。比如某某饮料,在上市 3 月内,被家乐福总部定为绿色产品,全国统一零售价为人民币 2.6 元,任何门店都无权修改;但是在北京,由于某仓储超市该商品的零售价为人民币 2.1 元,在北京各家乐福的销售受到很大影响的情况下,总部特别设定该单品在北京某某店为红色产品,即该门店有权对其价格进行调整。

5. 回款管理。家乐福与供货商在合同中约定结款方式,如现款结算或月结 30 天、60 天等。供货商须在增值税发票开具给家乐福门店的当月内,与家乐福相关的部门会计对账,确认家乐福应付款与发票一致。家乐福门店财务部在每月下旬结账日前,提交确认的应付款申请到总部付款中心。家乐福总部付款中心在下月 5 日前,通知对应银行签发付款,并将付款明细表特快专递到相应分销商联络地址。

6. 发票处理。供货商与家乐福总部在合同中约定具体商品发票交付期,比如 7 天等。供货商在送货后核对家乐福收货单,确认商品数量、供货价格无误,并减除退换商品金额后,开具增值税发票给家乐福门店财务部,增值税发票由相关人员(部门课长、助理或财务部相关人员)签收备查。

7. 费用扣除。如果没有约定,家乐福在回款的时候,可能会直接把相关市场费用扣除,而供货商或分销商直到收到货款才知道。这样将使供货商、分销商和家乐福之间财务账目处理复杂化。所以供货商要尽量做到:与家乐福总部约定,所有合同或协议中涉及的费用不得在应付货款中扣除。如有私扣费用,需要将相关资料传真给公司相关销售人员。凡由公司支付的费用,经家乐福总部确认后,公司将支付到家乐福各门店并收取发票,同时相应扣款须由家乐福门店在下月付款时退还给分销商。

8. 信息跟进。供货商要及时提供新产品、促销品信息给家乐福商品部,包括:产品电子图片、产品资料、供货价格、建议零售价格、陈列形式等。家乐福总部在上市、促销开始前一周将相关信息录入系统。各门店在收到相关信息后,由部门课长或助理打印产品价格标签并转发给营业员,同时开始订货。门店课长或助理会与当地销售经理、主管或分销商人员及时确认。如供货商不能在该店处理,须知会区域销售经理或重点客户经理在家乐福总部查询,当地销售经理、主管或分销商人员确保货架陈列及时更新调整。

9. 促销决定。供货商为了能够带动家乐福各个门店,共同成功地完成促销活动,经常会和部门课长或杂货处处长沟通,了解他们的需求,开展双赢的促销活动。家乐福在考虑是否参加促销时,会从如下几个方面考虑:

(1)销售增幅:促销可以为家乐福门店带来的销量增长;

(2)额外利润:计算额外利润的创造,缓解家乐福门店的压力;

(3)店面形象:能否发挥品牌影响力,提升家乐福门店的形象;

(4)促销计划:包括促销场地布置、工具的运用、促销人员、促销主题、费用控制等。

10. 其他因素。家乐福对于6个月内没有货物来源的单品及平均销量极低的单品,将停止销售;同时家乐福也会根据各门店的销售状况,考评商品的表现,对于3个月内无销售进货的单品,会锁定为终止单品,这个时候,终止单品记录仍然保留在家乐福的电脑中,其采购或相关人员会通知厂家作相应处理。如果经过促销活动的推动,该单品的销量仍然无法达到要求,供货商决定终止该单品,销售人员应提前一段时间,如提前3个月知会家乐福总部及门店停止该单品销售,门店不再订货,厂家清货,处理库存,分销商提前1个月内换货。为了防止该类事件发生,供货商应根据市场部的计划,以及商品供货、销售情况,至少每3个月回顾一次各个单品的销售情况,合理安排陈列,及时更新产品清单和货架陈列图,帮助销量差的产品尽快调整。

资料来源:

欧阳严明,《市场营销系列:与家乐福打交道细节如金》,摘自企管资源网,http://www.cxoedu.com/xjgl/

讨论题:

1. 家乐福是怎样选择供应商的?

2. 作为家乐福的供应商应加强哪些环节工作才会保证家乐福的直接重购?

3. 通过学习家乐福的采购细节管理,你得到了什么启发?

第十章　航空业市场营销

本章学习要点:

- 制定航空业市场营销战略
- 航空业服务营销策略
- 航空业渠道营销策略
- 航空业客户营销策略
- 航空业价格营销策略

第一节　制定航空业市场营销战略

一、航空业市场营销战略的定义

在航空运输市场上,顾客面对众多的航空公司、航班、时刻、机型、票价、服务等,选择的自由度越来越大。因而,确立自身的市场营销战略十分重要。航空业市场营销战略指航空运输企业为了实现其经营目标,在一定时期内对其营销活动所作出的全局性、长远性的谋划与对策。航空业市场营销战略的制定有助于航空运输企业在今后相当长一段时期内,明确"我们应该干什么""我们能干什么""我们应该怎么干",并以此形成市场营销的理性思路,它是航空运输企业发展战略的重要组成部分,也是市场营销活动过程中最重要的环节。

二、航空服务业市场营销战略转型的方向

民航实行体制改革后,形成了国内航空业相互竞争的态势。特别是一批地方航空公司以全新的机制、全新的观念、全新的管理参与营运和竞争,使国内航空市场竞争出现了更加激烈的局面。其次,中国航空运输企业受到来自世界各国航空公司的竞争压力。外国航空公司实力强,经营历史长及管理经验丰富,而我国航空公司由于航班正点率不高,机上服务还没有完全与国际先进水平接轨,航班客座率和经营业绩普遍不如外国先进航空公司。加之在国内运输市场上,铁路提速、公路的快速发展,对民航运输市场都形成了强大的竞争压力。航空市场的严峻形势,要求整个航空运输要彻底转变观念,从"以运输生产为中心"向"以市场营销为中心"转变,建立"以需求定生产"的经营理念,树立创新进取的竞争观念,有重点、有计划地制定和实施航空业市场营销战略和策略,促进航空运输企业持续、快速、健康地发展。

1. 建设营销网络

建设稳定高效的企业营销网络,是航空运输企业得以长期生存、持续发展的必要条件。近年来,各航空公司为了争取更多的市场份额,带来了不少问题。航空运输企业在营销网络建设上要注意以下几点:一是运用现代科学技术降低市场营销成本。为了避免航空公司在营销上受制于代理人,根本出路是运用现代科学技术,大力推行电子机票的使用以减少流通环节,降低市场营销成本。二是在航空市场相对发达的省份建立直销机构,这样既可

避免在营销上受制于代理人,又可有效实施自己的市场营销战略。三是在航空市场欠发达的地区建立间接销售机构。航空公司应与当地旅游部门、民航有关销售代理企业等单位通过多种方式建立销售渠道,以求扩大市场,降低成本。

2. 调整产品策略

在新环境下,民航运输企业应注意满足旅客、货主的个性消费需求。从市场营销角度来讲,要从创品牌、扩大服务功能、重塑形象等方面调整航空产品策略。

(1)注重创立品牌。在民航供大于求的市场中,旅客、货主选择航班、航线主要是选品牌,重视服务甚至大于重视功能。近年来,国内航空公司也开始注意创自己的航线名牌、服务名牌。要学习国外先进经验,着眼于不断开发出反映产品全面过程的、适合市场需求的新产品。如在价格上优质优价,适合不同消费者;在服务上丰富多样,满足旅客旅行需要。通过创立和推行品牌提高竞争力,才能保证市场优势。

(2)扩大航空运输服务功能。服务功能的扩大,是把旅客有价值的额外服务功能与所提供的运输功能结合起来,以此区别于竞争对手,增强自身的竞争力。注重有特色的延伸是欧洲航空公司的销售策略。1994 年,汉莎航空公司首次向市场推出全新的、为旅游设计的"快乐星期",为短程游客设计的"快乐一日",为各季节设计的"特别季节游",所有这些项目都将租车、宾馆住宅、延伸服务、联运和转运捆为一体,实施一条龙服务。这些举措既能有效服务于现实目标旅客,又能给航空公司创造一定的效益。

(3)注重广告宣传策略。广告是提高市场占有率、开拓新市场的重要媒介,但目前国内航空企业还缺乏系统全面的广告宣传,缺乏个性。因此,国内航空企业在提高生产运营水平和服务质量的同时,在广告宣传上应有一个长期规划与安排,选择不同时机,向外推出内容上相对有联系的广告,最大限度地发挥出广告宣传在塑造企业形象上的作用。可以根据企业的不同情况及时地采用不同的广告形式,分别进行不同方面的广告宣传。如针对国内人员乘坐飞机的机会不是很多,社会公众对于航空公司的业务内容不很了解的现实,适当在大众媒体上加强公司业务内容的广告宣传,如树立广告牌、定期航班信息发布、散发资料手册等。一些驻地有风景名胜的航空公司,不妨打出地区形象广告,既可扩大客座率,又能提高公司的形象与知名度。

(4)改进营销手段。航空业市场营销的实质就是要通过传播与沟通信息,向目标市场的旅客宣传,同时利用互联网推介航空产品、网上售票等营销手段,使民航运输企业的营销渠道及时、安全、经济与合理。一是推出组合式营销方式,高效快捷地将航空产品或服务信息传递到目标市场。二是充分利用互联网,进行网上销售信息传播。主要是利用计算机软件技术,对企业形象、航班、航线进行包装设计,如用文字、声音、图像等,在网上广为宣传,同时对消费者开展咨询服务。在网上可以展示所提供的服务目录和有关知识,连接资料库提供有关信息和知识查询。

第二节　航空业服务营销策略

一、提供特色的机上服务

法航上海至巴黎的空中客车是直航,中途不停站,可是乘客在飞机上坐 15 个小时并不觉烦闷,因为座位上配有耳机并可选择七八个频道的音乐节目,座椅旁拉出超薄型电视,可选择15个频道的节目(附带中文字幕);德国汉莎航空公司在头等舱和商务舱推出了机上卧床、自选菜单、不停播放影视节目等服务项目,乘客愿意为这些服务多付费,且满意度大增。国外航空公司的这些做法值得我国航空公司借鉴,如推出专为60岁以上的老年乘客提供的温情服务——提供专座、老花眼镜、热饮软食、御寒的毛毯以及引领如厕、专人护送等敬老服务;推出专为小乘客提供的游戏服务,让孩子开心;对无人陪伴的小乘客提供特殊的全程服务,让家长放心;为当天生日或蜜月旅行的新婚夫妇乘客,送上最诚挚的祝福和精美的纪念品;提供有营养、且有当地特色的空中套餐,还要考虑不同种族、不同信仰乘客的饮食习惯,为他们特别提供专门的服务。

二、提供服务承诺

服务承诺是对服务过程的各个环节、各个方面实行全面的承诺,从而引起乘客好感和兴趣的一项措施。由于航空服务的非实体性和质量易变性,乘客通常需要承担较大的消费风险,而服务承诺可以起到一种保险作用。例如,航空公司承诺保证航班准点,承诺当航班因非不可抗拒因素的延误、延期、取消、提前时保证补偿乘客的损失,这样便可降低乘客的心理压力,增强对航空服务可靠感、安全感的信心。实际上,敢于推出服务承诺制度就已经体现了一种气魄、一种信心、一种精神,有利于改善航空企业自身的形象。

三、扩大服务功能

把为乘客提供运输服务的功能与其他有价值的额外服务功能结合起来,建立以航空运输为依托,以酒店为支柱,涉足旅游、广告、宾馆、餐饮、商业、外贸和房地产等一体化经营的"大航空""大旅游"服务体系,通过内部资源的共享、整合,推出多层次、多品种的服务产品,既可以扩大航空公司的经营范围,增强抵御客运市场风险的能力,还可以从新的业务中获取更多的利润。

第三节　航空业渠道营销策略

一、在航空市场欠发达的地区建立代销网络

通过当地旅游部门、民航等单位建立机票代理销售渠道,可在一定程度上使航空公司摆脱销售网络的制约,以求扩大市场、降低成本。航空公司可通过建立奖惩制度,促进代理人更好地销售航空公司的产品。

二、在航空市场相对发达的地区建立直销网络

在航空市场相对发达的城市的机场、繁华地段、高级宾馆、银行等开办机票直销处,以减少中间环节,降低营销成本。例如,借助信贷银行在城市星罗密布的营业点,建立由航空公司和银行联手开办的机票直销处,由银行投入营业柜台、航空公司投入售票终端等设备及人力。建立机票直销处,虽然一时投资较大,但从长远发展的战略眼光来看,增强了航空公司自主营销的能力,减少了销售代理费的长期支付,能降低成本,增加收益;直销处使用

航空公司的品牌，市场形象好，航空公司员工良好的业务素质及忠诚度，保证了较高的销售质量；直销还使航空公司直接面对乘客，可在销售服务中得到乘客的第一手资料，便于及时了解乘客需求的变化，促使航空公司以市场为导向不断改进航空客运产品。

三、大力发展网上售票、自动售票、电话直销

无论何时何地，只要你有一台可上网的电脑，你就能够轻松订购到美国轻松航（Easy Jet）的机票——轻松航 90% 的座位是通过互联网销售出去的，相对于其他传统分销渠道而言，互联网是最经济的分销渠道，它不需进行直销点建设，乘客可以通过信用卡来支付票款，航空公司通过邮递系统、传真或专门派员等手段将机票送与乘客。此外，航空公司可广泛地在机场、银行、高级宾馆等地方使用自动售票机，还可以通过问询电话和常旅客计划进行电话直销，由于避开了层层环节，无疑也是成本较低的直销方式。

四、其他分销渠道

我国航空公司还可以通过积极地与国外航空公司进行长期合作来扩大海外市场。例如，东方航空公司在美国的合作伙伴就有美国西北航空公司、联合航空公司等，并在美国本土设立了办事处，为业务的发展提供了便利。最后，作为长期的发展方向，全球分销系统（Global Distribution System，GDS）及预订分销系统将是我国航空公司的必进领域，为此，航空公司要积极研究改进中国的定座系统，建立自己的 GDS，这需要所有航空公司以及民航总局等相关单位的通力协作。

第四节　航空业客户营销策略

一、常旅客计划

美国航空公司（American Airlines）在 20 世纪 80 年代就开始了常旅客计划，它是客户关系管理最主要和最核心的部分。他们通过研究旅客的构成发现，一部分为数不多的公务、商务旅客经常乘坐航班，在航空公司整个旅客运输收入中，始终占有较高的比例，这部分旅客就是常旅客。旅客加入航空公司的常旅客俱乐部，通过乘坐公司的航班累积里程，达到相应的里程后，可获得公司提供免票或升舱等奖励。我国的航空公司在 20 世纪 90 年代末几乎都引入了常旅客计划，无论是国际航空公司、东方航空公司、南方航空公司三大航空巨头，还是深圳航空公司、厦门航空公司等中小型航空公司，在近 10 年的发展中，均已累计建立了数十个常旅客计划，如国航的知音卡、东航的东方万里行卡、深航的金鹏知音卡等。

二、俱乐部会员管理

许多航空公司对客户实行会员制管理，会员分为 A，B，C 三级，会员制管理内容丰富。他们通过调查发现有七成以上的公司 A 级会员愿意以电子化方式进行交易，会员们非常在意能否自由地安排旅行计划，甚至希望能够随时取消原订的行程与班机。于是，一些航空公司增设一些新的可以与会员达到互动的服务，比如 A 级会员可以在网上购买电子客票以及更改和取消订票，而不需要到订票中心进行换开。此外，航空公司利用数据库中的会员

资料识别出客户的身份，还可以为会员提供更为周到的服务，比如针对饮食习惯提供个性化的午餐等。航空公司通过这种方式成功保留住了大批老旅客，还吸引了大量新乘客加入会员行列。

三、大客户计划

大客户市场开发计划是针对高端客户而实施的一项战略工程。其实，大客户计划是归属于常旅客计划的，但它与常旅客累积里程并不冲突，具有双重积分的功能，两者之间有很多不同之处。一般航空公司有五种大客户市场开发模式。一是两方协议模式，由航空公司与大客户直接签订协议，并提供管理和服务的大客户协议形式。两方协议应当是主导模式。二是三方协议模式，由航空公司的销售部门、大客户、服务提供商三方达成的购票服务协议。三方协议适用于对服务要求较高、整体票价水平也比较高、年购票量较大的跨国公司、外资企业，或者有其他情况的大客户。三是服务合作模式，是在公务、商务较集中的局部市场，通过能够提供较高水准的服务商向航空公司指定的高票价客户提供服务，由航空公司支付服务费用的协议模式。四是特定产品模式，是对特殊客户采用的模式。如果客户使用航线产品较为集中，存在较为稳定的消费规律，可以特别设计航线销售政策，以满足客户的特定需求。五是公司卡模式，是对管理比较松散的大客户采用的模式。

第五节　航空业价格营销策略

机票价格还会因为其他一些原因而不同，如分销渠道（不同旅行社会收取不同的价格）、购买方式（网上购买通常会有一点折扣）、支付方式（信用卡公司也许有特价）以及顾客所属机构（比如旅游协会或是公民组织的成员可以享受一点折扣）。

机票也会以批量折扣的方式销售（福利组织、旅行社经常用这种方式为一群旅游者购买到旅游热点地区的机票），另外，还包括各种各样的改革方式如投标和拍卖等。此外，批发代理商也会填补空位，还有乘客自制的价格，也就是说一些大公司的乘客会得到特别的折扣。航空公司还会给他们的常客提供特别的价格和服务，比如当某个乘客积累了一定的航行里程之后，航空公司会偶尔提高他所乘坐的机舱级别（就是事实上的折扣），或是为他提供免费的航行里程。一个航线的不同收费标准的数目也许会让人难以置信。当我们作了所有的分析后，一家典型的航空公司会为每一个单独的航线收取上千种费用。

航空公司应顺应大众旅游发展的趋势，对旅行社的团体票打较低的折扣，在淡季时对散客采取较低的折扣价格策略，以尽量提高上座率和设施利用率。如特惠机票作为一种促销手段，可在淡季或者特殊时期吸引顾客。为了争夺更多客源市场，航空公司将推出更多捆绑旅行社和酒店的打包产品。如每年春节的痕迹还未退尽，航空公司的机票促销已接踵而至。一向矜持的外国航空公司也不甘寂寞，开卖特惠票价。美联航最先推出“加州探索之旅”活动，双人购票每人只需 6 000 元就可完成北京—旧金山往返和两晚四星级酒店住宿，以及免费半天城市游的套餐服务。即使全价购买头等舱或商务舱机票也可得到一张北京、上海往返美国的免费经济舱机票。同样是欧系航空公司的荷兰皇家航空公司则表示，只要 5 040 元就可以从北京往返法兰克福、慕尼黑、斯德哥尔摩、维也纳以及其他欧洲国家。伴随中国航线增多，外国航空公司在中国市场的争夺将更加激烈，价格战将伴随全过程。

习题：

1. 谈谈航空业的客户营销策略。
2. 谈谈航空业分销渠道的特点。
3. 简单介绍一下航空业市场营销的基本方法。
4. 航空业的价格计划等同于价格战吗，为什么？
5. 在新环境下，民航运输企业应该如何调整产品策略？

案例学习及讨论

案例1　新加坡航空的服务

乘客想要一份素食，但飞机上没有专门的素食配餐，这时候该怎么办？直接告诉乘客说不供应素餐吗？新加坡航空公司的要求是，员工要灵活应对，想出解决方案，比如把各种水果和蔬菜放在一个盘子里，让乘客尝试一下，而不能只知道按照服务手册照本宣科。新航的这种做法，实际上是服务界流行的管理理念——“关键时刻（MOT，Moment of Truth）”的体现。“关键时刻”指的是顾客接触第一线员工的十五秒钟。这短短的十五秒钟，就决定了整个公司在顾客心中的形象。

MOT的概念也是起源于航空业，最开始是在斯堪的那维亚航空公司（现北欧航空公司）得到运用。正是借助它，斯堪的那维亚航空公司取得连续20年盈利的佳绩。在有效实施MOT的理念之后，新加坡航空公司取得了卓著的成就，民航业权威杂志《世界航空运输》授予其“20年国际民航卓越服务大奖”。不久前的一项调查也显示，新加坡航空公司的品牌价值为3.32亿新加坡元，在所有新加坡公司中位居第7位。而且，新航也是航空界为数不多的几家具有很强正面品牌效应的航空公司之一。

来自新加坡国立大学商学院的三位教授，对新加坡航空公司的案例进行了深入的研究，总结该公司的成功经验，写成了《展翅高飞——新加坡航空公司的经营之道》一书。他们发现，新航之所以能够取得成功，正是因为深刻理解并贯彻了MOT的理念。作者认为，新航的核心竞争力是“低成本高效益的卓越服务”，新航多年来孜孜以求创新服务，力争为乘客提供最好的服务。新航不仅有硬性的、制度化的集中创新模式，还有软性的、自发的、分布式的创新模式。

像其他许多制造型公司一样，新航也有一个产品创新部，不过这个部门设计的产品是服务。硬性的创新主要由产品创新部领导。产品创新部利用各种信息来源获取新的创意。比如，调查人们生活方式的潮流，对竞争对手进行分析，上网冲浪，召开会议等。软性的创新则由各个职能部门执行，不受框架的限制，是一个自发性的过程。这种创新模式可以确保所有的职能部门都着眼于自身，不断改进服务。参与项目的大多是接触实际操作的员工，他们更了解什么样的服务方式更有效。

正面的MOT才能对乘客产生正面的影响。让员工参与到创新中来，也是为了创造正面的MOT。如果一线员工必须透过传统的指挥链向上级请示，才能处理个别乘客的疑难杂症，那么不仅会影响处理时效，更会陆续丧失忠诚的乘客。斯堪的那维亚航空公司当时的处理办法是：“赋予第一线员工指挥权，让他们有权处理个别顾客的需要与问题。”

新航做得更进一步，不仅赋予员工权力，而且对员工进行培训。新航让各级员工参与服务创新，以培养他们的创造性与灵活性。因为员工在掌握了所有的基本程序后，他们就有能力随机进行个性化服务,揣测乘客的需要。

在很多行业,尤其是在服务行业,谁能做到低成本高效益的卓越服务,谁就能赢得市场。新航的成功之道,也许可以激励企业家和经理人,不断追求卓越,并启发他们怎样去追求卓越。

资料来源:

Cindy Bin,《新加坡航空:创新服务成就“关键时刻”》,摘自世界经理人网站,http://www.ceconline.com/sales_marketing/

讨论题:

1. 与其他航空公司相比,新加坡航空的服务特色是什么?
2. MOT 代表什么? 为什么说新航的 MOT 实际上是服务界流行的管理理念的体现?
3. 使用管理学原理中的“适当授权”分析“赋予第一线员工指挥权”的意义。

案例 2　CRM 的成功实践:浅析美航电商案例

在电子商务时代,企业为了降低成本,提高效率,增强竞争力,纷纷对业务流程进行了重新设计,同时开始将客户关系管理(CRM)作为新的利润增长点。如何提高客户忠诚度,保留老客户,吸引新客户,是 CRM 关注的重点。成功的 CRM 可以为企业带来滚滚财源,美国航空公司的案例可以称得上是成功实施 CRM 的典范。

1994 年之前,美国航空公司的订票服务主要通过免费电话进行。但在电话订票发挥巨大作用的同时,该公司负责监督电脑订票系统业务的通路规划主任 John Samuel 无意中注意到公司的网站上只有公司年报一项内容,显然,公司的网站远远没有发挥应有的作用。

John Samuel 设想如果可以吸引这些订票者通过网络来查询航班、票价以及进行行程规划的话,将可以为公司省下一大笔费用;而如果公司拿出一小部分资金用于网络系统的建设,让乘客得以在网上预订行程,那么实际的回收将远超开支。他还进一步想到,如果可与经常搭机的老主顾建立更加紧密的关系,在航空业越来越激烈的竞争中,公司才可以站稳自己的脚跟。

这一设想在 1995 年初开始变为现实。美国航空公司的调查发现,近九成的乘客会在办公室里使用电脑,近七成的乘客家中有电脑,这直接导致了以 John Samuel 为首的 6 人网络小组的成立。这个小组主要掌管公司的电子交易业务,他们首先改造了公司的网站,将其定位改为“以传播资讯为主”。经营到 1995 年 10 月时,美国航空公司已经成为第一家在网上提供航班资讯、飞机起降、航班行程变更、登机门等诸多资讯的航空公司,甚至连可不可以带狗上机这样的问题,也可以上网查到。他们提供的资讯准确、快捷,有些更是每隔 30 秒更新一次,极大地方便了乘客。

这一切还都是对于网络的简单应用,美国航空公司对于自己的老主顾,则加入了电子商务的内容。通过对常客进行调查,美国航空公司发现,有七成以上的公司 A 级会员愿意以电子化方式进行交易,他们非常在意能否自由地安排旅行计划,甚至希望视需要随时取消原定的行程与班机。于是,作为第一步,美国航空公司在 1996 年推出了一项新的服务:每周三定期发电子邮件给愿意接收的会员订户,提供“本周特惠”促销活动服务。这一服务推出一个月内,就发展到两万名订户,一年内,订户就突破了 77 万人。虽然后来其他航空公司也群起仿效,但美国航空公司始终都是领先者。同年,美国航空公司为 A 级会员特别开设了网络订票系统,使他们可以直接上网查询特价班次与订机位,这再次带动了A级会员人数的激增。后来,美国航空公司又开设了新的互动服务,使A级会员可以直接上网订票并更改,然后公司就将机票寄给订户。到了秋天,订户已经可以在飞机起飞前临时更改订位,无需到换票中心换票。

不过,公司不久即发现,通过网络订票的乘客远比通过传统方式订票并拿到机票的乘客需要更多的保障,因为大多数乘客对于最后能否拿到机票仍不放心。因此,每当乘客订位或更动订位时,美国航空公司就会主动寄发一封确认电子邮件,以让乘客安心。通过这一系列手段,美国航空公司1997年网上订票的收入比年度计划高出98%。

到了1998年6月,美国航空公司又发布了新网站,新网站改善了浏览界面,功能更加强大,乘客甚至可以提出"从我住处所在机场到有海滩的地方票价低于500美元的班次有哪些"这样的查询条件。新网站最大的改善是依靠会员资料库中会员的个人资料,向A级会员提供更加个人化的服务,如果乘客将自己对于座位位置的偏好和餐饮习惯等列入了个人基本资料,就可享受到公司提供的各种体贴入微的服务。美国航空公司甚至还记录下乘客的各张信用卡,乘客下次使用信用卡时,将不用再麻烦地输入卡号。

之后,美国航空公司推出了电子机票的服务,真正实现了无纸化操作。开始整合各种渠道的订票业务,使乘客通过网站、电话和旅行社都可以实现订票。对于乘客的电子邮件开始进行个人化的回复,优先处理A级用户的邮件,同时正在建设更加全面的个性化的自动化回信系统,以处理大量的电子邮件。让乘客自行设立兑换里程的条件,获得自己想要得到的奖励。更为周到的是,美国航空公司正拟发行A级会员智能卡,使乘客订票、预订客房和租车等都可以用一张卡支付,免却乘客记各种卡号与密码之苦。美国航空公司在短短的四五年时间里,牢牢占据着航空业界电子商务领先者的位置,成功的客户关系管理可谓劳苦功高。

美国航空公司的成功,得益于其敏锐地利用了高速发展的网络与计算机技术这一工具。在客户关系管理上,该公司注意掌握乘客的背景资料,为他们提供量身订作的服务,特别是该公司对于3 200万公司A级会员提供的诸多方便,不但保留住了大批常客,还吸引了大量的新乘客加入会员行列。可以认为,美国航空公司成功的关键在于锁定了正确的目标乘客群,让乘客拥有愉快的消费经验与感受;敢于让乘客自助,同时协助乘客完成他们的各种交易操作。从这一成功案例中,我们可以得到以下启示:

第一,客户关系管理是电子商务成功的关键环节。现在的客户,包括个人和团体客户,都要求企业更多地尊重他们,在服务的及时性、质量等方面都提出了高要求。企业在电子商务环境下的竞争优势,很大程度上将取决于对其客户的了解程度以及对客户需求的反应能力,企业应通过与客户间的互动,改变管理方式和业务流程,减少销售环节,降低销售成本,争保客户,提高客户价值,实现最终效益的提高。

第二,在客户关系管理中,要充分发挥网络的作用。企业有许多同客户沟通的方法,如面对面的接触、电话、电子邮件、互联网、通过合作伙伴进行的间接联系等,而现在,发挥着最重要的作用是网络。网络不仅改进了信息的提交方式、加快了信息的提交速度,而且还简化了企业的客户服务过程,使企业向客户提交与处理客户服务的过程变得更加方便快捷。基于网络的CRM系统可使企业逐步实现由传统的企业模式到以电子商务为核心的转变过程。

第三,通过客户关系管理提供个性化服务尤其重要。个性化的CRM不仅可使企业更好地挽留现存的客户，而且还可使企业寻找回已经失去的客户，凭借 CRM 的智能客户管理，为客户提供想要的个性化的服务，从而提高客户满意度和忠诚度，给企业带来忠实和稳定的客户群。

资料来源：

《CRM 的成功实践：浅析美航电商案例》，摘自致信网，2000 - 11 - 2，http://www.mie168.com/CRM/

讨论题：

1. CRM 关注的重点是什么？

2. 你认为企业如何才能达到美国航空公司在管理客户关系方面的先进程度？企业最为实用的捷径是什么？请给出一些建议。

3. 谈谈美国航空公司的客户管理案例给我们的启示。

第十一章　传媒业市场营销

本章学习要点：

- 传媒业市场营销的特点
- 传媒业市场营销的基本方法
- 传媒业市场营销的成功要素分析
- 传媒业市场营销创新

第一节　传媒业市场营销的特点

媒体营销所要出售的是精神产品，是以扩大受众覆盖面、取得长期的品牌影响力为营销宗旨的。因此，媒体组织的营销推广与一般企业既有相同的地方，又有着独特之处。

一、双重的商品销售

媒体组织和其他各类企业一样，生产出来的产品要通过采访、编辑、校对、定稿、印刷、发行等各类环节才能与受众见面。从商品的价值属性层面上来看，媒体提供的产品或者信息服务凝结着其从一线工作人员到后台合成人员的辛勤劳动，是媒体从业人员的劳动成果，它因此具备价值；从商品的使用价值层面上来看，媒体提供的产品或者信息服务以节目或者信息咨询等其他形式存在，具有传播信息和娱乐生活的作用，能够满足人们精神文化生活的需要。因此，无论是报纸、广播、电视，还是网络等新媒体都是具有使用价值的。如报纸杂志通过读者订阅然后发行到达读者受众手中，读者花钱买了报纸这个媒体产品，获得了新闻信息的回报；虽然从表面上看广播电视节目的收费频道是需要受众付出金钱购买收看权利，而一般的广播电视节目是不需要付费的，但是实际上受众也为一般的广播电视节目付出了经济成本，只不过这部分费用转移到了其他的环节，如购买电视广播终端播放设备，购买数字机顶盒等。媒体组织生产的商品最大的特点就是其销售是双重性质的。首先媒体通过组织新闻信息服务将产品卖给广大的受众，并因此获得数量巨大的受众群，然后再把这些受众的注意力卖给广告主，让广告主在自己的媒体上刊登广告，传达广告主想要表达的信息，从广告主那获得巨额的广告费用。如报业的营销模式就是：廉价销售—扩大发行—吸引广告客户—从广告中赢取可观收入—用于报纸的再生产—刺激发行量进一步上升。

从这个模式中我们可以看到，报业通过低于生产成本的价格来销售产品以扩大自己的发行量，用发行量的数字来吸引广告主投放广告获取经济利益，从而维持报纸的日常运行并有盈利。如果发行量一旦下降，就意味着受众的流失从而导致广告量的跌落，报纸的日常运行开支也将受到影响，发行量如果继续下降就将导致报纸举步维艰，难以维持。

二、双重的考核标准

媒体营销行为是一种目标性很强的市场行为，其目标是追求利益的最大化，一般企业在考核营销执行到位与否都是从经济利益角度出发的。从表面来看，我国的媒体组织也是通过市场营销行为来获得受众的青睐以出售自己的产品和信息服务，并获得相应的利益回报。但是，媒体组织的营销考核标准与普通企业的考核标准是不尽相同的。在很长一段时间，我国的媒体组织都是作为一种特殊的信息组织存在。在计划经济时代，它是党和政府的喉舌，日常运转所需经费由财政全额拨款，根本不需要考虑经营问题。到了市场经济时代，虽然文化体制改革已经放开，但还是具有很强的社会属性。从社会责任方面来说，媒体组织要肩负起为大众服务的公共责任，做社会公正公平的监督者、人民群众的代言人；从其自身方面来说，媒体组织也需要生存和发展。在文化体制改革日益深入的今天，媒体组织也要通过生产产品在市场上销售来获得经济效益，维持日常开支。它的生存靠的是出售精神产品给受众，也就是说，它不是免费的公益事业，它要有产品的成本观念，它要靠回收投资来养活自己，从这个意义上讲，它又兼有谋生者的角色。因此，媒体组织的营销考核标准与一般企业的市场营销考核标准是不同的。

也就是说，我国媒体组织的营销考核标准应该包括两部分。一部分是其社会性的考核，即要求媒体组织肩负起社会责任，切实履行好党和政府的喉舌功能，把政策传达到位，并奉持不违反国家基本政策法规，以社会公众的利益作为其经营活动的基本出发点，争取社会利益的最大化；另一部分则是其商业属性的考核，其作为面向市场的产业组织，追求经济利益最大化是其根本属性。在市场经济活动中，没有经济利益的不断积累，媒体组织的发展壮大就无法进行。因此，媒体组织在市场活动中，遵循双重营销考核标准，首先确保履行好党和政府喉舌的职责，然后在不违背公共利益和社会福利的基础上，追求自身利益的最大化。

三、注意力产业

传媒经济是一种“注意力经济”，传媒产业是典型的“注意力产业”。传媒产业与其他产业的一个重大区别点是，传媒的经济运行并不依赖出售自身产品获得全部回报。传媒所获得的最大经济回报来自于“第二次售卖”——将凝聚在自己版面或时段上的受众“出售”给广告商或一切对于这些受众感兴趣的宣传者等。也就是说，媒介所吸引的受众的注意力资源才是传媒经济的真正价值所在。作为一种“注意力产业”，传媒产业的市场价值与它是否能够有效吸引受众的眼球密切相关，其实质是强调“受众本位”。传媒产业的市场价值与以下三个因素息息相关：一是受众的关注程度。广告的名人效应关键是他们身上能集聚几亿双眼睛。二是受众注意力的保持。可靠的忠诚度是传媒产业价值的有力保证。传媒在获得了受众的注意力后，还需要保持住注意力，从而将注意力资源转化为经济效益。三是有效人群的选择。有战略目光的传媒都在市场调研的基础上，根据媒体特点和所传播的信息内容，进行了市场细分，有针对性地确定了重点消费对象。

四、社会效益和经济效益兼顾

物质产品的生产和销售，应当以市场需求为导向，而传媒产品既不能不顾市场需求的导向作用，又不能完全为市场需求的导向作用所左右，传媒产品所包含的是对某种价值观的倡导、对不良社会倾向的否定、对理想境界的追求等思想内涵，而这些内容是物质产品所不具备的。一个强大的传媒系统在维护国家统一、传播民族文化和民族精神,尤其是在传递国家意志、反映国家主张、影响国际舆论等方面发挥着重大作用,这是传媒的社会属性,其社会属性在价值层面上的反映,就是传媒的社会价值。传媒产业若完全为市场左右,就会片面追求"卖点",一味搜异猎奇,就会迷失正确的方向。那种认为追求经济效益就可不顾传媒道德而忽视社会效益的做法是极端错误的。即便是在西方国家,大多数记者和编辑也认为"社会效益才是报纸的根本目的"。

五、独特的使用价值

1. 共享性

单件的传媒产品可重复使用,让许多人共享,因此消费者对新闻传媒一般只会单件购买和保有,不会像买日用品那样,重复购置很多件。

2. 一次性

一个传媒产品对一个消费者来说,只有一次性的消费价值。如果多次反复接触同一则传媒信息,只是对第一次消费的进一步完整和深化。以一则新闻为例,读完之后,了解了有关信息内容,再次阅读时已经没有新闻价值了。

3. 短暂性

传媒产业的信息服务功能是其最基本的功能,而当今时代,信息爆炸,知识更新很快,受众接受信息的渠道又很多,很多传媒产品很快就成为已知和过时的东西,不具保存性。

第二节　传媒业市场营销的基本方法

一、分众

这个词已经被分众传媒公司实践,这个公司名字来自托夫勒的第三次浪潮。大家看到"分众"这个词已经成为生活的状态,1992 年以前中国不需要"分众"这个词,大家彼此之间没有太多的区别,只有职业或岗位不同的区分。1992 年以后,整个社会发生了巨大的改变,社会各种各样的人群和商品出现细分化的趋势,这必然导致了传播领域的细分化。所以客户一直要求用更精准的手段打中和打动他所想要的目标受众,避免广告费的浪费。于是我们看到手机、房产、汽车越来越有受众分层的象征,这个社会细分化的趋势值得大家重视,未来的媒体一定是由大众向分众转变。未来的手机媒体、搜索引擎都慢慢预示着一对一媒体的到来,这是传媒业市场营销的第一个关键词。

二、植入

大家很清晰地看到各种植入式的力量。对于电视节目片中插播的广告恐怕没有多少人能够记得,一到广告时间转台率就直线上升。消费者只要消费内容不看广告,这时候只有让广告成为内容的组成部分才能不被忽视。当广告所含的东西(包括主持人、背景等)被综合调用起来的时候,观众就很难回避,因为它植入在内容当中,成为了内容的组成部分。很多营销活动采用的公关力量,如博客、BBS 等,通过更加倾向于自我体验的模式创造品牌的信赖度,也成为目前植入式广告追求的目标。

三、娱乐

在未来世界的行销当中大家需要考虑如何把广告植入到娱乐当中，有几个方向可以看到：第一是在音乐行销方面，比如说最明显的案例，F4 唱的百事可乐的歌——ASK FOR MORE，当它在电台被反复播放的时候百事可乐的形象就得到了传播。这些广告和音乐娱乐的东西完全整合在一起，很难忽视它的存在，只要你热爱这个歌星影星就会被卷入其中。第二是体育营销，三星、联想等在体育行销中的表现和收获大家有目共睹，现在我们可以看到欧洲足球付费频道的存在，像华谊兄弟这种电视公司不断把广告植入其中。第三，国外 INGAME 的广告，在赛车当中有一块路牌是 Intel 的广告，在植入式游戏当中的体验更加被认可，所以这是一个未来大家可以看得到的方向。

四、垂直

现在门户网站的市场在持续上升当中，以新浪为代表的每年广告收入依旧呈现高速度的增长。同时也看到垂直网站的崛起，类似东方财富网，作为中国最大的财经门户网站，从流量角度来说，一篇博客可能有九万人阅读，专业人员的这种杀伤力会越来越强。这种垂直的网站不单是网站，它可以做得更加深入和深刻，把上下产业链打通。所以像这种垂直性的网站可以直接打通它所在的社群和专业领域，收入渠道是多元化的，以后会有超越前一代网站的机会。

五、社区

社区网站在市场中具有造星运动的能力，如何运用社区的力量传播品牌，已经成为不可忽视的一种主流力量，而且是民意性的，代表公正的民意性的力量的出现，这种影响力是独特的，而不仅仅是公关形式。

六、定制

很多搜索引擎在不断走向智能化，不断了解搜索者本身的需求。当搜索引擎对搜索者的情况有了进一步了解，对搜索者兴趣和爱好的判断不断加强的时候，它形成的数据库最终将能够每天先帮搜索者在整个网络搜索一遍，把搜索者想要的内容拉到桌面，这样形成搜索者个人桌面的主页，这种趋势也是非常强有力的发展方向。

七、收费

向消费者直接收费的模式会成为未来的主导模式，跟电话账单一样，到月底结账。对于 Pay TV 的想象空间，比今天中国的广告大得多。内容收费未来的前途远远超过广告市场的前途。

第三节　传媒业市场营销的成功要素分析

一、以良好的传媒形象应对新形势的挑战

入世后特别是进入 21 世纪后给我国传媒业带来了良好的发展机遇，它的表现之一是传

媒业的物质材料成本将大幅度下降，如我国将大幅降低造纸业的关税，高级打印机、高级广播、电视设备、互联网设备关税也在大幅下降，这种变化显然对传媒业的经营成本产生重大影响。同时，入世也有利于我们开阔视野，以全球化、现代化的高度，以比较宽广的眼界审视我国传媒业的发展。

中国传媒整合先后展开，整合信息频频传来，集约强度不断提升，传媒规模迅速扩展。通过借壳下蛋、暗渡陈仓等办法，异地办报已成事实，多媒体经营渐趋风潮，其也导致媒体整合和集约规模与力度有所提升，我国传媒市场"内变外进"的格局日趋明显。对于我国入世后传媒格局的改变，复旦大学新闻学院的童兵教授概括为四个方面：中资传媒整合紧锣密鼓，外资传媒进入得陇望蜀，建章改制呼声与日俱增，新闻竞争浪潮风起云涌。我国传媒业正在经历着一场空前激烈的重组、兼并、改革，全方位进入争夺传媒市场的战国时代。传媒业是党和人民群众的喉舌，承担着繁重的宣传任务，向社会提供的是特殊的精神产品，其产品的信誉要建立在真实可信和为公众喜闻乐见的基础之上，产品的质量要经过全社会的共同检验，为此，其工作重点应从以下几点进行突破。

1. 传媒业要建立自己特殊的形象，并被公众所熟悉和认同

我国绝大多数传媒业都属于非营利组织，但他们都要通过某些带有营利性色彩的活动筹集资金，以改善自身发展的条件。如通过刊登广告增加收入，弥补开支。一个传媒组织只有其"主产品"生动、活泼，受到社会欢迎，在读者、听众或观众中有市场，客户才愿意找其刊登广告。因此，传媒业就像是一个企业，必须要有自己的特色，并在其特色之上建立起有别于其他传媒的形象。

2. 通过广泛的社会交往，加强与公众的双向沟通

传媒机构可以在报纸杂志的栏目版面和广播电视的节目中增加公众的反馈信息，如办好读者来信专栏、听众或观众之友节目等，以改善新闻媒介单向传播的格局。另外，传媒机构可借助公共关系工作，增进与公众之间的双向交流，如举办读者咨询活动，编辑人员与读者直接见面，相互交换看法、征求意见，介绍各自的特点、今后的打算等；还可以召开各类公众代表座谈会，邀请社会各界人士参加，听取他们的批评建议等。

3. 传媒业要依靠广大公众和社会组织，保证广泛的信息来源

一般来说，大多数社会组织和公众都希望成为新闻媒介注意的对象，愿意通过报刊、电视和广播，使自己的一切为社会所知晓，事业和成就得到应有的重视和承认。因此，传媒业应该积极、主动地同社会各方面联系，建立各种关系网络，更好地开展工作。

4. 不遗余力地保证精神产品的质量

通过公共关系工作，作好双向沟通，及时了解广大公众对"产品"质量的评价，为决策提供必要的依据。同时开展公众评选活动，让公众评出好新闻、优秀专栏节目，这样既可以吸引公众对传媒业的关心、支持，又可以提高新闻机构的社会声誉。

二、传媒业塑造美好形象是提升综合竞争力的主要策略

中国是全球传媒业受众最多的国家，占世界受众20%，电视观众超过9亿人，预计每年还会以1 000万人的速度增加。中国国际影响力的日益提高和广大的国内腹地市场，都是华语传媒国际化发展的优势。华语传媒要参与到世界范围内的竞争，必须要改变目前小而散的状况，走强强联合、优势互补的发展道路。大陆媒体可以借鉴海外媒体带来的新形式和新内容，加快自己的创新步伐，与"海外军团"形成良性互动。在市场竞争中要做大做强，

新闻传媒业必须加强战略分析、确立发展目标、改进新闻传播的方式、提高新闻传播的速度、强化市场意识、提高传媒影响力、完善管理体制、提高整体竞争力和综合实力。

1. 跨媒体经营,做大做强传媒业

中国传媒要积极进行结构调整,打破区域封锁、行业限制和市场壁垒,实现跨越式发展,推动大型集团跨地区经营,真正把传媒做大、做强。当今美国最大的25家传媒集团,无一是单一媒介。因为大型的传媒集团能够与各个层次的竞争对手争夺市场份额,并且具有独特的资源、规模优势,可依赖综合实力,最终把对手纷纷淘汰出局。因此,中国传媒产业发展战略的必然选择是通过跨媒体、跨地区、跨行业的经营,及时调整政策,优化结构,整合资源,做大做强中国媒体集团。

2. 坚持内容的原创性,并不断更新与发展

传媒的核心竞争力是内容,坚持内容的原创性是关键。内容要以公信力为支撑,以影响力为标志。传媒的竞争力水平至关重要,是在竞争中取胜的根本。内容是竞争力的根本,结构是竞争力的基础,要确立竞争优势的战略,并以完善的机制加以保持和制度化。媒体要塑造在读者心中的公信力和对舆论的影响力,关键是抓内容。未来媒体之间的竞争并不只是传播技术和信息包装的较量,也不只是新闻媒体与传统媒体之间新闻表现形式和传播方式的较量,从根本上看是"原创信息"多寡的较量。随着经济全球化的趋势,财经媒体的产值增速有望超过大众媒体,因为受众的信息消费方式在变化。在信息消费轻松化的同时,人们会更注重传媒的见识、传媒提供信息和分析的效力。信息对读者是否有用,是衡量其价值的关键。人们阅读报纸、收看电视,除了满足对未知事件、对重大新闻信息的基本需求之外,还希望能够从这些传媒产品中得到有助于他们参与经营、制定决策、提高生活质量的信息。

3. 拓展收入模式,实施创新营销

目前我国传媒业发展的一个突出问题是收入模式单一,创收来源狭窄。尤其是报纸,单纯以广告为收入来源,媒体经营的风险相对较大。因此,需要丰富结构,加强营销,积极拓展各种形式的收入模式。结合媒体自身的特点,可采取品牌经营、广告经营、发行经营以及多元化经营等策略。关于传媒的品牌经营,有个例子值得思考:2002年国庆期间,报业集团和《南方都市报》联合举办了汽车展,展览从构思、布置到开展,前后用了一个月的时间,仅门票收入就高达200万元,其成功的根本在于:品牌的价值发挥了作用。品牌就是信誉,就是人才,就是财富,其凝聚力将体现在传媒强势上,因此,要打造以品牌为核心的战略,同时处理好打造品牌的高投入与收益的关系。媒体广告经营已经进入营销时代,创新是广告经营的不竭动力。由于广告经营由卖方市场逐步向买方市场转变,传媒的广告部要"以市场为中心、以客户为中心"进行广告营销。加强广告与消费者的互动,采取"走出去、走出去、再走出去"的方式,不断根据市场变化调整广告策略,广告营销尤其要因人而异,给大客户重点提供增值服务,对小客户可以量身定制和设计产品。传媒营销还可以涉足到一些新领域,如动漫画产业、音乐与戏剧产业、现代文化的中介产业、旅游产业和教育产业等。

4. 应用数字技术,让网络媒体渐入佳境

数字技术的应用以及新媒体的发展目前普遍受到传媒业的关注,传媒制度创新应放在技术创新的背景下考虑,虽然目前中国出版集团与发达国家存在很大差距,但只要把握数字化时代文化产业的发展方向,发挥"后发优势",通过引进技术,在数字融合基础上进行内容、业务创新,努力改造业务结构和市场结构,完全有可能在短时间内迅速赶超国际大型出

版集团的数字化步伐。数字技术具有“高质量、高性能、多频道”的特色,是改变人类传播模式的先进生产力。网络是非常重要的第四媒体,但又仅非第四媒体,网络具有媒体与非媒体结合的特征,其特点可概括为“互动、海量、延时、个性、沟通、包容、识记、创新”。网络媒体正逐步走出低谷,收入模式多元化,网络广告、电子商务和短信息等为网络媒体的盈利和发展打下坚实基础。网络媒体的发展优势有:逐渐丰富的商业模式,互动及精确定位的网络广告以及强大的融合能力。

5. 发挥财经类传媒的作用,指导我国的经济生活

近两年来,财经类传媒尤其是财经报纸的发展势头非常强劲。财经媒体的主要读者群是财经知识的传播者,是经济活动的最活跃分子。经济全球化趋势给经济类报纸创造了发展机会,参与和关注经济活动的人增多为经济类报纸提供了坚实的读者队伍,社会生活的经济化趋势为经济类报纸提供了丰富的报道内容。为此财经新闻要特别重视时效性,还要重视舆论领袖的意见,更要重视报纸的言论和立场,加强自身的权威性和影响力,并处理好发行与广告的关系、投资方与媒体人的关系,更加重视社会责任感,用规范、量化的标准来保证“产品”的质量。

6. 挖掘杂志业的市场潜力,跨地区发行

杂志在当今中国具有较好的发展前景,目前,在世界广告投放比例中,杂志占13%,而我国杂志广告只占总广告额4%不到,可见,杂志的市场空间和广告潜力巨大。另外,杂志不像报纸那样受本地新闻的地域限制很难异地发行,它可以换一种文字在其他地区发行,可在更广阔的广告天地驰骋。杂志业未来五年内的增长速度将加快,前景甚至可能超过报纸,同时,杂志也面临着资产重组、兼并的趋势。此外,发行量最大的“主流”杂志可能会获得极大的竞争优势。美国期刊发展的三个特点,即“市场细分越来越细、规模越做越大、经营体系越来越完善”将会在我国出现。相信随着媒体产业的发展,各地传媒的竞争格局将会更加开放、激烈。

第四节　传媒业市场营销创新

在传媒行业蓬勃发展的十几年里,曾经盛极一时的四大媒体——电视、报纸、广播和杂志在2005年遇到了发展的瓶颈,部分媒体甚至出现了负增长。这主要是因为市场需求的变化和不断的新进入者参与到媒体市场的竞争。20世纪60年代以来,尤其是到了20世纪90年代,营销环境与传播环境已发生巨大改变。市场更为广大、复杂、多变,传媒与信息量剧增,受众和广告主的需求日益多样化,因此,单纯依赖任何一种营销方式来成功赢得市场的时代已经过去。

科技的进步,催生出各类新兴媒体,如网络媒体、楼宇媒体、手机短信、户外平面视频,等等。近年来,我国越来越多的网民,促使网络媒体逐渐走出低谷,走向兴旺。其瓜分了原本属于传统媒体的市场份额,对传统媒体形成强大的冲击。在未来,随着技术的发展还将会有更多的新兴媒体加入竞争,例如:IPTV、3G手机等。在欧美地区,新兴媒体与传统媒体的市场份额比例接近于1:1,而在我国目前新兴媒体仅占有20%左右。因而我国的传统媒体必须转型,而能否实现成功转型,则是关系到传统传媒产业发展后劲的关键。新兴媒体则必须不断创新、不断进步才能获取更大的市场份额。

一、实现“双转”世态下的媒体融合

20 世纪 90 年代，我国媒体主要变革是由集团化浪潮引发的结构调整和整合。进入 21 世纪以来，媒体的一大变化则是在数字技术的推进下，随着网络、手机、移动电视等新媒体的普及，由传统单一媒体走向多媒体融合、立体传播。今天，虽然人们还习惯将传统的报纸、广播、电视和新兴的网站统称为新闻媒体，但多数媒体已借助网络和手机实现了初步的多媒体融合传播。

综合性的新闻网站集纳了报纸和广播电视的文字、视频、音频等各类内容，是最先实现多媒体传播的平台，随后跟进的则是传统媒体，它们从对互联网的轻视、恐惧、对抗、竞争转向主动融合。报刊从简单的网络版复制走向数字报纸、数字期刊直到创办相对独立的报业网、出版手机报；广播电视业也从最初只是用网络传播自制节目，到逐步探索建立独立的多媒体合一的网站、开通手机电视。同时，互联网络等新兴媒体也在更全面地介入传统媒体的领域，不但是新浪、搜狐等门户网站，即使像优酷这样的专业视频网站，也已经“开始跨界行动，涉足资讯、影视剧、娱乐综艺”“无论从哪个角度看，优酷正在变得和电视台越来越接近。唯一的区别是，它具有更强的互动性。”新老媒体，你中有我，我中有你，媒体融合势不可挡。

随着 3G 牌照陆续发放，国内三大电信运营商都拥有了全业务运营牌照。这会出现一个新的局面，就是所谓三屏融合，三屏是指“电脑屏、电视屏和手机屏”，以用户为核心，在三屏之间形成很好的视频资讯传递互补和服务统一。三屏融合特别是手机作为最个人化、便携化、普及率极高的媒体终端日渐成熟，它和互联网络的融通互动，是传统媒体和新媒体走向大融合的最新、最强的舞台。电脑和手机融通构成的强大的多媒体平台，已经并将继续从传统媒体那里夺走大批受众，尤其是 18 岁到 35 岁的黄金受众，这两大终端必将成为新一代的强势媒体。而传统媒体则必须借助“3G”的推动摆脱劣势，主动融合。

二、实现传媒创新

1. 始终坚持传媒内容创新

所有的传媒技术都是为内容服务的，内容为王是传媒业永远的主题。在新的传播格局中，内容提供商将占据产业链的上游，高质量的内容将成为传媒业的动力之源。这就要求传媒企业不断挖掘内容产品的文化内涵，并创新其表现形式，不断增强媒体在内容产品上的主导权和在传媒市场中的竞争力。

2. 牢牢把握传媒技术创新

新技术给传媒带来巨大挑战的同时，也给媒体改变自我提供了机遇。面对飞速发展的传播技术、显示技术和介质技术，传统媒体完全可以利用新技术进行产业升级，开辟新的盈利模式，获得更大市场空间。传媒企业必须采取果断的措施，合理利用新兴技术，塑造未来传媒业的载体形态、发展方向和运营模式。

3. 不断推进传媒体制机制创新

经过多年的改革和发展之后，体制机制创新已经成为传媒业发展的根本性问题。无论从宏观管理层面还是微观操作层面，都要求积极稳妥地推进制度创新和机制再造，只有在重塑市场主体、完善市场体系、改善宏观管理、加快政府职能转变等关键环节上取得突破，才能从根本上消除束缚传媒业发展的制度障碍，为观念创新、内容创新、技术创新和经营管理创新奠定坚实的基础。

三、提升中国传媒业的国际竞争力

随着我国加入WTO,经济的全球化以及信息传播的国际化给我国的传媒业带来了前所未有的挑战,海外传媒巨头纷纷登陆我国,抢滩中国市场。与西方发达国家的传媒业相比,中国的传媒业存在明显的差距。中国传媒产品在国际市场上的占有份额、出口竞争力、产业的利润率和劳动生产率较低,国际竞争力较弱。因此,迫切需要中国传媒业增强国际竞争意识,采取有效措施不断提高自身的规模实力和经营管理水平,在国际传播中建立自己的话语权。

习题

1. 如何实现传媒业市场营销创新?
2. 谈谈传媒业市场营销的基本方法以及传媒业市场营销的特点。
3. 分析传媒业市场营销的成功要素。
4. 以你熟悉的某种新兴传媒,谈谈新兴传媒应该如何创新营销方式?

案例学习及讨论

案例1 分众传媒的成功营销技巧

一、目标市场锁定

企业要想顺利地进入市场,除了考虑行业环境,首先就是要对产品所投入的目标市场进行细分,确定目标市场,最后进行市场定位。分众传媒对目标市场的细分采用STP战略。其核心在于“定位”,市场细分(Segmentation)考虑细分的因素勾勒细分市场轮廓;确定目标市场(Targeting)实质上是分析评估细分市场的吸引力;而市场定位(Positioning)是为每个细分市场确定可能的定位,并选择进一步的发展和沟通。分众传媒有效锁定企业主、经理人和白领受众,充分覆盖25~50岁之间的都市高学历、高收入、高消费族群。他们是社会财富的主要创造者和社会最活跃的消费阶层,引领中高档时尚商品的购买者和意见领袖。这个群体总是试图将自己的生活打造成一种超凡脱俗的、脱离了低级趣味的及崇尚文化品味和小资情调的生活环境和氛围,但因其工作的繁忙与传统大众媒体日趋疏离。所以就需要针对性的传播媒介来满足他们的非凡需要,分众传媒则正好填补了传统媒体无暇顾及或鞭长莫及的市场盲点,且又符合上述“三高”人群的非凡要求。

分众传媒选择这种目标市场的行销技巧,即用典型的集中性市场策略,运用定制化的广告传播方案满足特定群体的需要。其策略的优势就在于节省费用,可以集中精力创名牌和保名牌。

二、竞争性市场延伸

竞争是市场经济的基本特性。市场竞争所形成的优胜劣汰,是推动市场经济运行的强制力量,它迫使企业不断研究市场、开发新产品,改进生产技术、更新设备、降低经营成本、提高经营效率和治理水平、获得最佳效益。企业要制定正确的竞争战略就要了解竞争者,明确谁是竞争者、其战略和目标是什么、优势和劣势是什么、反应模式是什么?分众最直接的竞争对手是处于同行业的其他传媒集团,其中以聚众传媒最为突出。于是江南春(分众传媒的董事局主席和首席执行管)、虞锋(聚众传媒创始人、CEO)代表各自企业运用一系列战略向对方发起攻击。

2002年年末两家企业相继诞生，为了各自的市场需求总量江南春将他的楼宇液晶电视铺设在了上海的各大写字楼中，而虞锋则从北京的京广大厦入手开拓楼宇视频广告市场，即业界所称的“圈楼运动”。这种模式主要采取速度制胜的战略方针，即企业应当以比竞争对手更快的速度抢占市场。除了在上海、北京铺网设点以外，分众和聚众的足迹踏遍了全国的各大城市，如广州、深圳、杭州、沈阳、武汉等地。2005年10月根据AC尼尔森的调查数据，在国内12个主要城市的楼宇电视广告市场上，分众和聚众的占有率分别为49.8%和46.7%。所以双方从具体业绩上来讲，真所谓是旗鼓相当。

三、品牌运作及其扩张

一个品牌走向市场参与竞争，首先，要明确目标消费对象，将品牌名称与这一目标对象具象化，并将其形象内涵转化为一种形象价值，从而将品牌名称清楚地告诉市场；其次，该产品的目标消费者是谁；再次，由品牌名称所转化出来的形象价值应具备一种非凡的营销力。

第一部曲：分众的前身是永怡传播有限公司，2003年初江南春决定向楼宇视频广告市场迈进时，在获得软银投资后，才将永怡改名为分众传媒。“分众就是区分受众，分众传媒就是要面对一个特定的受众族群，而这个族群能够被清楚地描述和定义，这个族群恰好是某些商品或品牌的领先消费群或重度消费群”，江南春就是以这种方式阐释了分众传媒的核心理念。

第二部曲：分众传媒自始至终坚持以中高端写字楼为主的方向，到2004年则以写字楼为核心，沿着中高端人群的生活轨迹，将液晶电视植入到商场、宾馆、机场及娱乐休闲场所中。通过分众传媒，广告主能让广告最精准有效地击中目标受众，并由此来达成媒体预算浪费度最低的原则和支持实际的销售成长。

第三部曲：在2005年10月分众传媒收购了框架媒介(Framedia)90%的份额，进入社区平面领域。而2006年1月分众传媒收购了其最大的竞争对手聚众传媒。由此，分众传媒整合之后将拥有Focus Media、Target Media和Framedia三个品牌，从而能够为客户提供更好的广告投放模式。

至此，分众传媒在广大受众面前的品牌形象日趋清楚，基本完成了在中国传媒市场上的大手笔品牌运作，为其进一步向国际市场扩张奠定了坚实的基础。

资料来源：

彭小东，《分众传媒的成功行销技巧》，摘自经理人网，2011－2－24，http://www.brand-cn.com，略有改动。

讨论题：

1. 简单说说分众传媒的品牌运作及其扩张三部曲。
2. 为什么说“竞争是市场经济的基本特性”？
3. 谈谈分众传媒如何锁定目标市场？

案例2　凤凰卫视的创意之路

一、准确的市场定位

“定位”一词源于20世纪60年代美国产业行销。定位理论的核心是，在一个激烈竞争的市场中，通过调查分析和策划活动提炼，凸显品牌形象，并将此形象根植于顾客心中，在市场上为产品占得一席之地。对电视媒体来讲,频道、栏目定位的实质是取得目标市场的竞争优势,确定电视节目内容在受众心目中的适当位置并且留下深刻的印象,以便吸引更多的受众群体。

凤凰卫视根据自己的“产品异质化策略”,目标受众“立足香港,沟通两岸三地,连接东南亚及全世界华人”,其主要受众是文化程度较高的青年人群,并努力于开拓世界华人市场。根据Ac尼尔森调查报告显示,43%的凤凰观众教育水平在大专以上,42%的凤凰观众是经理、专业人士、政府官员,这些“社会精英”“舆论领袖”们不仅直接参与消费,而且对别的群体有示范作用,这也正是广告商愿意投放的广告对象。在节目内容定位方面,凤凰的定位是以新闻和娱乐为主打的综合频道,从最初的娱乐资讯化到新闻资讯化的定位转变,是凤凰在“内容为王”时代的品牌经营理念成熟的一个重要表现。

二、独特的频道识别系统

塑造媒介品牌,首要任务是要建立一套频道识别系统。频道识别系统(CIS)是一项树立频道独有形象、展示频道魅力的系统工程,它包括:台标、标准色、声音识别系统、标准字、话筒标志、片尾字幕定版、频道形象片花、频道形象宣传片、开始和结束曲。实际上,CIS进入中国电视业已有好几年了,凤凰卫视也是国内较早具备完整包装识别系统的频道,自启播之始,它的频道形象设计就十分抢眼,具有很高的识别度。

在标志的设计上选用具有中国特色的传统吉祥图案——凤凰。凤为阳、凰为阴,由阴阳盘踞的两只鸟所组成的台标中,所有的口都是开放而非封闭的,标志与宣传语“开创新视野,创造新文化”相呼应,很直接有效地体现了它的文化内涵。

在色彩上,运用了中国传统的金黄色,这个在中国有几千年文化传承的王者之色,在某种程度上对整个世界就代表了中华民族的话语。在标志的运用系统中,凤凰保持了色彩的整体性,从而建立起视觉上统一的金色形象。虽然凤凰节目众多,画面五彩斑斓,但在主要的新闻时事节目上,基本使用标准色为主要色彩,金色大量地用于节目片头、片尾和滚动插播的节目预告和片头中,如《凤凰大视野》《时事直通车》《凤凰快报》等节目,都包裹着炫目的金色。

凤凰卫视的频道识别系统还不放过任何容易被遗漏的细节,如在一些大型户外活动和时事直播报道中,强调工作人员着装的同一性来突出频道形象的整体感。随凤凰卫视的远征部队开拔“千禧之旅”和“欧洲之旅”的吉普车队,因其车身描绘有金凤凰图案而成为凤凰卫视的户外流动广告;在纪念郑和下西洋周年报道活动中,则索性以“凤凰号”为船只命名,突出凤凰卫视强烈的品牌意识。

三、前卫的人员包装路线

在企业形象识别理论中,吉祥物或代言人是以一个有生命力的形体来诠释品牌的个性、使观众或消费者能直接感受到品牌的重要特点。主持人、记者和评论员既是电视产品的制造者,又是电视产品的传播者,是品牌形象的主要体现者。凤凰卫视率先认识到了人在频道品牌树立中的重要性,早早地就实行了“以人为本”的经营理念。首开包装主持人之风,并将主持人的形象包装工程提升到频道包装的高度,使之出现一提到凤凰卫视,就自然而然地想到它的代言人——明星主持人的结果。如今吴小莉、陈鲁豫、曾子墨、许戈辉等,在我国可说是家喻户晓。

凤凰卫视提出的“三名战略”,其内涵是要打造“名主持人、名评论员、名记者”,而实质就是重视人才的引进与培养。他们专门设置了一个与节目制作中心平行的创作中心,来自

STARTV 的外国专业人员按照成熟的市场化操作方法来协调节目和主持人,并选择不同的明星包装路线。这些拥有西方电视包装经验的人物,熟练地运用他们认为适合的方式,包装着每个踏进凤凰卫视的主持人、记者和评论员。如《时事开讲》的评论员几乎都有被重新“制造”的过程,他们上节目前会有专门的形象顾问帮他们化妆。阮次山先生就被包装成了一个“蛮帅的列宁”,何亮亮则以持重示人,曹景行最让人难忘的是他的一头华发,而书生言责的杨锦麟最著名的就是他的那几套唐装。

凤凰卫视在制造明星的同时,也借助各界名人来打造自己的品牌。比如邀请知名学者李敖、葛建雄等做专题讲座;请媒介名人杨澜加盟主持《百年叱咤风云录》和《杨斓工作室》;邀请名记者唐师曾主持《打开历史之门》;邀请文化界名流余秋雨主持《千禧之旅》和《欧洲之旅》《秋雨时间》;邀请著名学者王鲁湘主持《文化大观园》等。经过几年的实践,凤凰已摸索出一条由培养明星主持,以明星主持带动名牌栏目,最终实现由名牌栏目拉升频道品牌效应的发展路径。

四、丰富多彩的大型活动

大型活动是凤凰品牌塑造和营销战略的又一特色。1999 年 8 月 17 日,借迎接新千年之际,凤凰卫视首个跨世纪的重大传媒行为“千禧之旅”在香港启程,历经人类古文明的源头,穿越 10 个国家。千禧之旅是人类考察史也是人类电视史上一次前无古人的壮举,是一次对文明、文化的关注。此后,凤凰卫视每年都会举办“大手笔”的活动项目:2000 年 8 月的“欧洲之旅”;2001 年 12 月的“极地跨越两极之旅”;2002 年 6 月的“唐人街”大型采访报道活动;2003 年 2 月的“走进非洲”大型报道活动;2004 年的“‘凤凰号’下西洋”报道活动;2005 年印度洋海啸之后的“凤凰有约——情系印尼送爱心”亲善探访团;2008 年 5 月对汶川地震的报道,8 月对奥运会的报道等。

凤凰卫视举办的这些大型活动都声势浩大,活动自始至终伴以密集的宣传攻势,大大提高了凤凰卫视的知名度和收视率。活动开播之前,就推出一系列可视性强的宣传片,高密度地举办并播出为活动壮行的文艺演出,并举办各种各样的媒体见面会、观众见面会等,提升凤凰卫视在内地的品牌形象,以至于大部分内地观众在收看不到凤凰卫视的情况下,依然熟悉这个频道。

五、凤凰成功因素解读

(一)求“新”用“巧”的传播策略

凤凰的每个栏目都有其不同的个性特征,注重传播效果,在体现凤凰总体风格的前提下创造独特的传播方式。其节目特色与主持人的个性浑然一体。从娱乐到直播再到解读,凤凰的不断创新使它在很多时候都走在了同行的前面。从《凤凰早班车》《锵锵三人行》到《有报天天读》《时事辩论会》《军情观察室》等,不断创新节目类型。当凤凰进入内地时,内地的娱乐节目还很不发达,凤凰借助港台娱乐业的技术优势和资源优势,为内地观众带来了全新意义上的娱乐节目。而当内地娱乐节目渐渐发展起来,凤凰就适时地将节目重点向新闻资讯方面转移。在新闻报道方面,针对内地电视台缺少直播报道的弱点,凤凰将直播作为一种重要的报道方式和节目形态加以充分利用。在内地尤其是中央电视台逐渐开始重视和进行大型直播报道之后,凤凰卫视又充分利用拥有一大批出色时事评论员的优势,在直播基础上加重了解读、评论成分,同时充分利用话语空间,发挥自己多渠道信息的资源优势。

2005 年,《鲁豫有约》全新改版,新版的《鲁豫有约》,更瞄准于生活中的人物,使其风格愈发平民化,关注的热点愈发社会化;窦文涛再以亲民视野隆重推出《文涛拍案》,追踪世界每一个角落发生的最新刑事案件和昔日街知巷闻的经典名案;梁文道的《网罗天下》,充分借助网络资源,就网络重大问题展开剖析;台湾才女陈文茜,也在凤凰开辟节目《译码陈文茜》,将她睿智、幽默、犀利、雄辩的风格展现在全球华人观众面前;此外,胡一虎的《凤凰全球联线》全面展示凤凰记者队伍的风采与实力。

窦文涛主持的《锵锵三人行》可称之为"真实的聊天",主持人和嘉宾都是即兴发挥,真实同步再现聊天的过程。节目以侃谈为主,言语风格轻松随意,常常把一些严肃的话题、论点、论据、论证和结论,化作大众经验与兴趣范畴之内的生活化表象,贴近人们生活,能极大满足观众的心理需求。窦文涛将原本属于私人空间的聊天搬上荧屏,将娱乐元素注人时事节目,开辟出另类漫谈节目空间。

2003 年开播的《有报天天读》,虽然只是一档帮助观众梳理报纸刊载的新闻评述节目,但杨锦麟独特的读报方式、亦庄亦谐的语言,甚至情绪激昂时拍案而起表现出来的真性情都让观众耳目一新,充分享受到读报的乐趣。每天中午,他都圈圈点点、亦庄亦谐、有述有评地穿针引线,一一将全球重要报刊的头条、焦点讲给观众听。如果从严格的电视从业标准看杨先生的"读报",会发现他的普通话不仅不够字正腔圆,而且还带有浓重的闽南味,有时候甚至会说错话、读错字。但是,观众就是喜欢他的另类话语风格。不管是清新自然的陈鲁豫、还是随意侃谈的窦文涛、书生言责的杨锦麟,他们的节目都带有鲜明的个人印记,节目与个人风格融为一体。

(二)凸显"差异"的竞争意识

品牌个性是品牌的灵魂。要让一个品牌成为有精神、有情感、有灵魂的形象,成为消费者有血有肉、活生生的朋友,最关键的一点,就是赋予它个性。没有鲜明的品牌个性就谈不上打造强势品牌。凤凰卫视在分析市场现状、研究竞争对手和自身特点的前提下,找准差异点,发现优势和劣势,突出特色,扬长避短,让自己的品牌能够在激烈的市场竞争中脱颖而出。弹丸之地的香港传媒竞争非常激烈,有 40 多年历史的亚视和无线各有两个频道,从而占据了绝对优势,九仓有线网有 20 多个频道,卫星电视有 STARTV 的 9 个频道和华娱的 2 个频道,在这种局面下,凤凰卫视选择了内地作为突破口。针对成立之初内地电视媒介娱乐空白、信息单一、直播缺席、千台一面的现实状况,凤凰在 1996 年成立之初就提出"开拓新视野,创造新文化"的独特定位,借助自身特殊的位置给予充分的报道,为内地观众提供了一个观察世界的新的视角和渠道。如"911 事件"报道、"莫斯科人质事件"报道和日常对台湾事务的报道,等等。这些重量级的直播报道,在为内地观众提供了一个新的信息渠道的同时,也让凤凰品牌更加深入人心。

10 年来,凤凰卫视节目制作者运用"另类选择"的策略,利用两岸三地资讯和娱乐的优势,办出了与内地电视台内容、风格完全不同的"另类"节目,获得极大的成功。

(三)灵活迅速的反应机制

凤凰的成功,还表现在它灵活的快速反应机制。在全球的每一个角落发生异常情况,都能刺激凤凰人的"新闻欲"。凤凰的策划班子集创意性与及时性为一体,既敏感又举重若轻的刘长乐和热情又不乏理智头脑的王纪言组成的超级创意组合,还有许多资深的极具敏感的评论员、制作人都能够对新闻价值作出判断,对新闻产生的社会反映作出预测,对事态的变化走向作出分析,继而形成独创的新闻和评论。这种与事件发生同时同步的时效性追求,以及将有关专家请进节目中分析、评论,更增强了节目的权威性和公信力。

资料来源：

金岩，《打造电视频道的品牌魔方，凤凰卫视的创意之路》，摘自《科技智囊》，2010年第2期，有改动。

讨论题：

1. 谈谈凤凰卫视灵活迅速的反应机制。

2. 谈谈凤凰卫视如何凸显差异化竞争意识。

3. 你认为凤凰卫视成功的关键是什么？

第十二章　农产品市场营销

本章学习要点：

- 基本概念
- 农产品品牌打造策略
- 农产品市场营销策划
- 农产品网络营销

第一节　基本概念

一、定义

农产品营销是农产品生产者与经营者个人或群体在农产品从农户到消费者的流通过程中，实现个人和社会需求目标的各种产品创造和产品交易的一系列活动。农产品市场营销的主体是从事农产品生产、经营的个人和群体。农产品营销活动贯穿于农产品生产、流通和交易的全过程。农产品市场营销概念体现了一定的社会价值或社会属性，其最终目标是满足社会和人们对农产品的需求和欲望。

二、农产品市场营销的特点

1. 品质的独特性

农产品多以入口的食品形式出现，而农产品的同质性也比较突出，所以，农产品的品牌运作首先要在农产品的"特"字上做文章，通过农产品的差异化凸现与众不同。天然的识别外表结合农产品自身的食用价值必然会吸引消费者的眼球，为农产品走入市场开启绿灯，成为助推农产品品牌运营的"加速器"。品质独特主要指农产品因地理生长条件不同所形成的品质差异，表现为农产品色泽、风味、香气、外观和口感上的差异。这些都直接影响消费者的需求偏好。

2. 质量的稳定性

质量是农产品的生命线，是农产品创品牌的根本。在实施农产品品牌战略过程中，按标准组织生产管理，是提高农产品质量，保证农产品安全最有效的措施和手段，是打造品牌的基石。由于很多农产品企业采用的是"公司＋农户"的运营模式，虽然扩大了农产品的生产规模，但管理的不力致使农产品的质量并不稳定，造成数量与质量之间的矛盾。因此，农产品企业要坚持做到质量有标准，生产有规程，产品有标志，市场有监测。把质量管理贯穿始终，严格按照生产操作规程，认真做好农业环境质量监测、产品质量监测，规范产前、产中、产后的配套生产技术标准，制定严格的产品质量标准，稳定农产品的内在品质。

3. 消费的区域性

一方水土养一方人。因地理位置、气候、土质和水质的差异性等，造成农产品本身品质、口感等方面的差异，加之传统社会物流运输条件的有限性，使农产品的销售和消费具有明显的区域性。并且，传统社会农产品品牌的传播方法多以口碑相传，其传播范围自然很有限。作为食用物品，如果没有亲身的体验，很难产生消费欲望。消费者的消费体验是产品品牌传播的依据，也是消费习惯养成的基础。所以，农产品品牌的传播除具有口碑性、区域性之外，还具有明显的由近及远的传播特点。现代社会，虽然大众传媒和因特网可以使品牌传播的范围更广、速度更快，但要改变消费者的习惯却非朝夕之功。

4. 包装的层次性

包装在众多因素的作用下已成为一项重要的产品营销工具。越来越激烈的竞争，以及在零售店货架上的相互搡挤，都意味着包装必须执行多项销售任务，包括吸引消费者注意新出的产品，直到促成一次销售为止。农产品营销更是如此，好的包装能够引起消费者对企业或其品牌的立即确认，许多企业已认识到了包装的这一重大作用。但由于农产品企业就业人员整体素质有限，人才比较匮乏，致使很多农产品的包装设计和管理还处于较低的水平，很多农产品的包装还不能成为品牌增值的有效手段，甚至经常出现“一流品质三流包装”的尴尬局面，直接影响了品牌的推广。因此，农产品企业一方面应通过吸纳人才，另一方面要善于同高水准的专业包装设计机构合作，促进企业包装管理水平的整体提升。

5. 技术的创新性

质量是品牌的生命，是竞争力的源泉，但是只有依靠科技进步提高农产品加工中的科技含量和附加值，才能从总体上改变农产品竞争力低下的状况。实施农产品品牌战略，必须走“科技兴农”道路。加强农产品产后技术的研究与开发，加强农产品产后相关技术，特别是农产品的采收、包装、储藏、运输和加工技术的研究与开发，通过农产品的精加工，提高农产品的科技含量和附加值，从而增加农业生产的品牌收益，提高农业综合效益和市场竞争力，做精品农业。

6. 政策的敏感性

国家相关农业政策的制定具有较强的方向性和专业性，为了促进农业企业的科技创新，促进农业产业优化，国家对很多农业企业尤其是地方龙头企业实施项目资金扶持政策。项目申报工作的目标资金来源主要包括国家、省、市、区等各级农业、科技对口专项资金。因此，农业企业要善于立项，作好与之相匹配的基础性工作，通过承担项目促进企业科研的创新，同时以科研成果的转化推广提升企业的品牌实力。因此，农业企业对国家农业政策要有敏感性，尽量把国家政策用足，这对提升企业品牌内涵和外延具有非常意义。

7. 认证的必要性

无公害食品是保障国民食品安全的基准线，绿色食品是有中国特色的安全、环保食品，有机食品是国际上公认的安全、环保、健康食品。随着消费者健康消费观念的增强，三者都以鲜明的形象和品质越来越受到消费者欢迎。而目前我国已经形成无公害农产品、绿色农产品、有机农产品三个层次相互拉动、相互支持、并在一定条件下相互转化的条件。开展无公害农产品、绿色食品和有机农产品认证，是农业品牌化工作的重要内容。经过认证的农产品可以让消费者感到物有所值，可以有效地固定消费群，增强优质绿色产品的市场竞争力。因此，积极推进认证产品市场准入制度是提升农产品品牌形象，完善农产品生产、加工、标志与销售和管理体系，提高农产品品牌竞争力的关键。

8. 渠道的借力性

由于农业投资回报率低、投资回报周期长，农产品自身附加值低，致使大量资本不愿或很少投入农业运营。加上很多农业企业规模普遍不大,主要靠滚动发展,销售造血功能有限,流动资金不足,这种情况下,要想做好农产品的品牌运营工作,借势建网扩大销售就显得尤为重要。在这一过程中,企业要善于借助中间商的力量和资源向终端渗透,通过与中间商的合作熟知农产品终端推广运营的每一环节。

9. 流通的实效性

农产品不同于一般工业品,其储存、保鲜问题一直是很多农企在流通环节必须认真考虑的问题。许多农产品销售的季节性很强,出产季节卖不完,往往贱卖甚至烂掉,而过了这一季又不出产了。受此限制,使得农产品市场流通的均衡性较差。这一问题解决不好,其一方面将直接影响农产品的上市质量,另一方面将大大增加流通损耗和管理成本,给企业的品牌发展带来较大的风险。同时,国内消费者的消费意识逐步提高,对于新鲜农产品的需求日益增加。如鸡蛋的最佳消费时间在发达国家一般为 7 天左右。因此,要想有效解决好这一问题,企业必须在订单管理、农产品储藏、保鲜、运输等各个环节上进行技术和流程创新。

10. 传播的整合性

增加对品牌产品的宣传投入,塑造品牌形象,打响知名品牌是农产品品牌运营的关键一环。因此,农业企业要善于利用媒体广告以及博览会、招商会、网络营销、专题报道、展销会和公共关系等多种促销手段,进行品牌的整合传播,提高公众对品牌形象的认知度和美誉度,做强做大农业品牌。同时,要使传统农业的单一生产功能向综合功能发展,展示生态、旅游农业之路,实现经济效益与社会效益的统一。要重视现代物流新业态,广泛运用现代配送体系、电子商务等方式,开展网上展示和网上洽谈,增强信息沟通,搞好产需对接,以品牌的有效运作不断提升品牌价值,扩大知名度。

第二节　农产品品牌打造策略

一、打造农产品品牌的意义

打造农产品品牌的过程就是实现农产品增值的过程,是促进传统农业向现代农业转变的重要手段、是优化农业结构的有效途径、是提高农产品质量安全水平和竞争力的迫切要求和实现农业增效农民增收的重要举措。农产品的品牌化运营必然将中国农业推上一个快速、高效、持续发展的国际舞台。随着市场经济飞速发展,农产品市场规模逐渐扩大,商品化程度日益提高,市场竞争也愈演愈烈。在各地市场农产品交换日益频繁和扩大之后,以各地自然条件特色而闻名的土特产开始出现。在这种情况下,市场上形成了有品牌农产品正逐步排斥无品牌农产品的状况,农产品的竞争越来越表现为品牌的竞争。当某一个农产品行业竞争充分开展之时,产业的发展也进入成熟阶段,已经形成了品牌从无到有再到品牌激烈竞争的格局。因此,农产品竞争不能仅仅停留在产品质量和价格这个层次上了,要在更高层次与对手开展竞争。由此看来,农产品生产者必须把建立品牌、开展品牌经营,进而创立名牌作为自己的战略目标之一。

二、打造农产品品牌的基本策略

1. 产品特色化策略

产品特色化策略,即通过特殊的手段或借助某种工具使产品的外观、含量、性能、味道等方面产生显著的改变,形成与众不同的特色,再赋予一个贴切的品牌而塑造出的高端品牌形象策略。如灵宝的富士苹果,在苹果生长期内贴上品牌名称,经过光合作用成熟后便在苹果身上留下了品牌名称;再如方形西瓜、彩色红薯、彩色棉花等便是成功案例。实施这一策略的关键在于"特"字。只有独特,人无我有,才能产生品牌效应,才能快速地在消费者心目中留下深刻的印象,从而赚取早期的高额利润。而当对手仿效之时,自己已经在研究新的特点,从而确保自己的潮流领先地位。

2. 产品概念化策略

产品概念化策略,即根据产品某一方面的特点或者与竞争对手比较后而提出某一概念,使之在消费者心目中产生该概念为该产品独有或者最突出的印象,从而产生强烈的购买欲望的品牌塑造策略。如小番茄改称圣女果,经过太空旅行的辣椒称为航椒,SOD 蜜苹果,生产过程没有受过污染或使用有机肥料种植的农作物称为有机产品(如有机茶、有机大米等),使用有机饲料喂养的猪称为有机猪,使用特殊饲料喂养的鸡下的蛋称为绿壳蛋等。实施这一策略,切忌无中生有,必须以一定的事实为依据,可以适度放大,但不宜无限放大。否则,极易引发消费者的逆反心理。

3. 产地独特化策略

产地独特化策略,即有些地区因为独特的气候、植被、水土等原因造成当地一些农作物独有的味道、营养成分或者其他特色,把这种独特的东西包装后便成为其核心的卖点。如南阳的黄牛,泌阳的驴,山西的陈醋,清远的鸡,信阳的毛尖,新疆的大枣,云南的普洱茶,东北的人参、貂皮、乌拉草等。中国作为农业大国,农产品资源丰富,有很多独特作物品种。如果将这种先天条件发扬光大,推行严格的标准化生产,并注意打造品牌,就会形成很多地方优势产业,打造出中国农产品高端品牌。

4. 条件改变策略

条件改变策略是打造农产品高端品牌常用的策略之一,即通过增加、减少、改变农产品生长元素或者改变农产品生长环境、生长过程的方法增加产品的技术含量、营养成分、味道或者形成其他特色,成为独有的卖点,达到品牌增值的目的所采取的策略。如用牛奶喂出的猪肉,吃葵花子长大的葵花鸡,原始森林的动物,高山放养的鸡,听着音乐长大的牛和猪等。农作物生存环境和生长条件的改变,无疑会给农产品带来一些变化,抓住这些变化的某一特点,巧妙地加以放大和利用,就会为原来的品牌增加新的卖点,再辅之以适当的包装和定价策略,也可以通过改变销售渠道来提升品牌形象。值得注意的是改变环境和条件也不是无限制的想怎么变就怎么变,而是与产品高度相关的要素才能行得通,同时也要考虑成本。

5. 高新科技策略

高新科技策略,即将高新科学技术运用到农产品的生产过程当中,使产品的许多性能、成分、外观、工艺等发生显著变化,从而提升品牌价值的策略。如研制新型的种子、肥料、生长素、添加剂等;也可以改变作物生长的光照、水分、土壤等环境;不同植物的嫁接技术、国外先进技术的引进和使用、生产工艺的改变等都可以使产品与众不同。在当今知识经济时代，消费者渐趋成熟、理性，对那些没有科技支撑的卖点虽然会有一时的冲动，但不可能长久，而对那些科技含量高的产品往往情有独钟，表现出较高的品牌满意度和忠诚度。

6. 文化渊源策略

文化渊源策略，即将历史上与产品相关的人和事赋予到产品中，增加产品的独特内涵和文化价值，使消费者在消费该产品时产生特殊的好感或者积极的联想，并乐于传播该产品特点的策略。如东坡肉、张良姜、楚霸王鸭颈、贵妃荔枝、武大郎烧饼、朝阳沟大豆、奥运指定使用产品等。实施这一策略的关键在于必须找准文化现象或者历史名人与该产品确有关联，必须能引发正面的，积极的联想。四川有一家生产豆瓣酱的公司，竟然以“刘文彩豆瓣酱”为品牌名，大地主刘文彩给人的印象总是负面的，所以该产品很难获得消费者的认可。

7. 包装改变策略

包装改变策略，即通过精选产品并改变传统包装的规格、尺寸、原材料、造型、色彩、宣传形式和内容等方法进行品牌塑造和传播的策略。如特仑苏牛奶论箱卖，苹果论个买，纸箱变柳编、竹编、草编等，篓变盒、箱、桶，箱变袋、盒、篮，大变小、小变大，多变少、少变多，粗变细、细变粗，简变繁、繁变简，黑变白、蓝变红等都可以形成新的卖点，运用之妙存乎一心。实施这一策略的关键在于对消费心理的把握，对整体市场的包装要有深入的比较研究，要能以新奇、别致、有趣、绿色制胜。

8. 综合创新策略

多种手段并用，赋予产品更多的特色，给消费者一个物超所值的感觉。蒙牛奶业的“特仑苏”品牌就是这一策略的典型代表。一方面，“蒙牛·特仑苏”采用典雅、高贵的包装外观，同时采用整箱不拆零的终端销售方式，令人耳目一新。另一方面，特仑苏在蒙古语中是“金牌牛奶之意”。这句品牌注解，首先让人联想到“特仑苏”在蒙古的历史源远流长，不仅历史悠久，而且还是奶中极品，仅用十来个字就刻画出了“特仑苏”迷人的身世。值得一提的是，完整的品牌注解应该是“特仑苏”，英文 DELUXE。在蒙古语中的发音，DELUXE 有豪华、顶级之意，寓意特仑苏是“金牌牛奶”。再一方面，“特仑苏”这一品牌成功地挖掘了产品的物质利益点，即产品独特卖点：奶蛋白含量超过 3.3 g，超出国家标准 13.8%，突出自己在营养成分上优于普通产品。随后蒙牛又推出 OMP“造骨蛋白”概念，以高科技突出品牌的技术优势，从而烘托出品牌价值。第四方面，“特仑苏”突出了产品的产地优势。它强调产地为乳都核心区——和林格尔。内蒙古呼和浩特被誉为中国的“乳都”，和林格尔作为呼和浩特的高科技乳业基地，被誉为“乳都核心区”。北纬 40°左右优质奶源带，1 100 米海拔、年日照近 3 000 小时、昼夜温差大等地缘优势，蒙牛在此精心培育精挑牧草，造就出富含天然优质乳蛋白的“特仑苏”原奶。如此优越的地理位置和环境，在消费者看来能够养出好牛、挤出好奶那是顺理成章的事了。最后，“特仑苏”的诞生成功阻击了竞争对手。这一系列手段的运用，不仅为蒙牛带来了巨大的经济利润和品牌效益，更使“特仑苏”成了高贵典雅、豪华、顶级的金牌牛奶形象。

第三节　农产品市场营销策划

一、农产品营销创新

1. 农产品市场经营观念的创新

农产品营销创新的先导是为了实现诸如利润、销售增长率等目标,农产品经营者必须进行市场调研、产品开发与农产品储运、销售等一系列与市场有关的经营活动。在从事这些活动时,应当以什么样的理念为指南,应当如何处理企业、顾客、社会之间的利益关系,就成为任何企业或生产经营者首先必须回答的问题。对于这一问题的回答,就构成一个企业的市场经营观念,也称营销治理观或市场营销观。它是决定企业生产经营活动方向的指南,也是经营者在组织和谋划企业的市场营销时的指导思想和行为准则,概括了企业的经营态度和思维方式,贯彻于企业市场营销活动的全过程之中。

2. 农产品营销战略与策略的创新

在传统的农产品营销观念指导下,农产品生产经营主要依靠农产品的储存与运输、推销与促销等手段来实现扩大销售。农产品市场营销观念则通过协调市场营销即围绕目标市场需求的变化,综合地运用各种营销战略与策略,并加以优化组合,不断创新,通过比竞争对手更加有效地满足目标市场的需求来实现企业增长和利润的实现。

(1)应该充分重视战略性营销,用好"市场探查""市场分割""市场优先""市场定位"等战略性四组合。农业产业化经营必须源于对农产品消费需求的深入探查和仔细研究,通过市场研究,寻找潜在需求,捕捉市场机会。根据一些细分变量来分割市场,进行比较、评价,选择其中一部分作为自己为之服务的目标市场,针对其需求特点开发适宜的产品,制订合适的价格、渠道、促销策略,实现产品的既定目标。

(2)充分利用好"产品策略""价格策略""渠道策略""促销策略"等战术性四组合。由于四大策略各自包含若干个具体策略,形成各自的亚组合。如产品策略中就包括诸如产品组合策略、新产品开发策略、包装策略、品牌策略以及产品生命周期策略等。因此,高绩效的市场营销活动不仅在于这四大策略的灵活运用和不断创新,而且在于灵活运用和有效组合每一个亚策略,形成动态优化组合,协调一致为顾客需求服务。

(3)要积极应用"政治权利"和"公共关系"。由于农业是弱质产业,比较利益低下,资金紧张,农业产业化经营系统一般难以进行广泛的宣传和促销,往往要充分依靠"政治权利"和"公共关系"这两个策略。一方面,积极利用政府力量,获得宣传支持,引导百姓消费,扩大有效需求。另一方面,农业产业化经营系统应积极参与社会活动,改善与社会各界的关系,树立良好的形象,获得社会各界的关心和支持,通过公共关系达到宣传促销目的。农业产业化经营系统可以利用报纸、电视台等大众媒体以及其他社会机构为农产品营销创造有利的外部环境。

二、农产品市场营销策略

1. 新产品开发策略

农产品和其他产品一样,有着出生、成长、成熟以至衰亡的生命周期。因此,企业不能只顾经营现有的产品,而必须防患于未然,采取适当步骤和措施开发新产品。这是企业提高竞争力的重要因素,也是企业市场营销活动的主要任务。新产品开发过程一般包括新产品构想的形成、新产品构想的筛选、概念产品的形成与检验、经营分析、制出样品、市场试销、正式生产、投放市场。新产品开发成功以后,还需上市成功,这意味着新产品被消费者采用并不断扩散。

新产品开发是从营销观念出发所采取的行动,因此首先必须是适应社会经济发展需要、试销对路的产品。没有市场的产品,对企业而言再新也没有意义。消费者对奇形异彩农产品的需求,一个产品多种式样,成了新的消费动向,如乌骨鸡、七彩龟、黑小麦等农产品虽分别属鸡、龟、麦类,但因为其颜色非凡,药用价值较高,不仅市场销路好,而且经济效益高。因此,新产品要有自己的特色,并能满足消费者需求的新变化。

2. 农产品价格策略

农产品价格的制定可分为两大类:一类是政府定价,农产品生产经营者对所出售的农产品价格没有决策权,如我国曾长期实行过的粮棉油国家统购统销价;另一类是农产品经营者定价,依据农产品质量、市场供求状况等因素决定其价格。农产品定价目标与程序以农产品生产经营者对其产品是否具备定价权力为前提条件。在市场经济下,为了刺激顾客的消费行为,通常要对基本价格作适当的调整。如价格折扣与折让,即实行让利。抓住顾客的心理进行促销定价,通常利用节假日和换季时节进行所谓的“大甩卖”“优惠酬宾大减价”和“买一送一”活动,把部分产品按原价打折出售,以促进销售。

3. 农产品加工策略

农产品加工是指以农业生产中植物性产品和动物性产品为原料,通过一定的工程技术处理,使其改变外观形态或内在属性的物理及化学过程;同时也是通过一定的治理技术处理,使其由初级产品转变为制成品,连接农业生产与居民消费的经营过程。目前,农产品中直接能够进入生活消费及工业生产的种类并不多,因此,农产品加工是不可或缺的产业。农产品加工作为农业产业的延伸和农产品价值增值的必要过程,是每一个经济体不可缺少的环节。农产品通过加工增值的例子,比比皆是,农民投资办加工企业不仅获得了农产品的增值部分,同时也获得了加工的收入。20 世纪 80 年代,江苏省兴化市不少乡镇的大葱卖不掉,烂在田里,倒进河里,造成河水污染。近几年,本地农民先后投资办起了十多家大葱加工厂,加工脱水葱、方便面调料出口到韩国和我国台湾等地,全市大葱面积由万把亩猛增到 40 多万亩,每年增收几千万元。可见,农产品的加工也在促进农产品市场的发展,我们不能忽视它。

4. 农产品促销策略

农产品促销是指农业生产经营者运用各种方式方法,传递产品信息,帮助与说服顾客购买本企业的产品,或使顾客对企业产生好感和信任,以激发消费者的购买欲望,促进消费者的消费行为,从而有利于扩大农产品的销售。农产品促销有广告推广、人员推销、关系营销、营业推广四种形式。在进行农产品营销的时候要把促销策略灵活运用,与顾客建立长期关系,培养一批忠诚的顾客群。

5. 农产品营销渠道策略

我国农产品流通业的现代化水平、治理水平和组织化程度低,导致渠道效率较低,与市场经济成熟国家相比,存在着较大的差距。蔬菜等农产品在流通过程由于缺乏有效的保鲜包装措施,轻易腐烂变质,这使得农产品的采购量和实际销售量之间存在较大的缺口,损耗严重。据有关资料显示，蔬菜中毛菜到净菜一般有10% ~20%的损耗，这也加大了农产品的成本。物流成本过高导致农产品价格抬高，势必影响农产品向外地市场的扩散。农产品是否能及时销售出去，在相当程度上取决于营销渠道是否畅通。营销渠道的畅通和高效可以有效保证农产品供求关系的基本平衡，保护生产者和消费者的利益，使我国农业生产保持稳定平衡。因此，农产品营销渠道的选择策略，不仅要求保证产品及时到达目标市场，而且要求选择的销售渠道销售效率高，销售费用少，能取得最佳的经济效益。

(1)延伸农产品批发市场的价值链，走垂直一体化道路。一方面有助于寻找到新的利润点，开拓发展空间，快速做大做强。另一方面也可以有效减少渠道环节，通过内部关联交易降低流通成本，稳定并降低市场价格，有助于提高农产品流通效率，对于保护生产者利益和消费者福利也有着积极意义。

(2)改造升级原有的渠道组织，提高流通效率。主要是要对当前农产品流通的主要载体——批发市场和农贸市场进行改造。批发市场在交易方式、治理模式、服务功能等方面要进行完善和发展，提高流通效率，扩大流通半径，使之满足地区间农产品大规模流通的需要。农贸市场则要继续推进超市化改造，改变过去农贸市场“脏、乱、差”和“食品安全无保障”的状况。

(3)加强对渠道体系的梳理和调整，提高渠道绩效。政府相关部门采取各种措施对包括农产品生产、流通、销售、加工、消费等各个环节在内的整体渠道链条进行梳理再造，消除农产品流通不畅的瓶颈制约，使得各个环节都能够畅顺高效运转，提高其整体运营效率。

(4)发展国际化营销渠道，把国内的产品销售出去，解决国内农产品卖难现象。同时采取网上销售、远程运输、窗口直销等现代营销手段，激活流通，拓展市场。

6. 农产品包装策略

在现代商品社会，包装对商品流通起着极其重要的作用，包装质量直接影响到商品能否以完美的状态传输到消费者手中，包装的设计和装潢水平直接影响到企业形象乃至商品本身的市场竞争。随着人民生活水平的提高，原有消费习惯和生活方式的改变节奏不断加快。为适应这种变化，包装设计的一项重要任务就是更好地符合消费者的生理与心理需要，通过更人性化的包装设计让人们生活更舒适、更富有色彩。

(1)突出农产品形象的包装策略。这一策略是指在农产品包装上通过多种表现方式突出该农产品是什么、有什么功能、内部成分、结构如何等形象要素的表现方式。这一策略着重于展示农产品的直观形象。随着购买过程中自主选择空间的不断增大，新产品不断涌现，生产商很难将所有产品的全部信息都具体地向消费者介绍，这种包装策略通过在包装上再现产品品质、功用、色彩、美感等，有助于商品充分地传达自身信息，给选购者直观印象，真实可信，以产品本身的魅力吸引消费者，缩短选择的过程。

(2)突出农产品用途和使用方法的包装策略。这一策略是指通过包装的文字、图形及其组合告诉消费者，该农产品是什么样的产品，有什么非凡之处，在哪种场合使用，如何使用最佳，使用后的效果是什么。

(3)展示企业整体形象的包装策略。企业形象对产品营销具有四两拨千斤的作用，因此，很多企业从产品经营之初就注重企业形象的展示与美誉度的积淀。

(4)突出农产品非凡要素的包装策略。任何一种商品化的农产品都有一定的非凡背景，如历史、地理背景，人文习俗背景，神话传说或自然景观背景等，包装设计中恰如其分地运用这些特殊要素，能有效地区别同类产品，同时使消费者将产品与背景进行有效链接，迅速建立概念。

7. 农产品绿色化策略

农产品绿色化营销策略是随着严重的环境问题而产生的。所谓绿色营销是指以促进可持续发展为目标,为实现经济利益、消费者需求和环境利益的统一,市场主体通过制造和发现市场机遇,采取相应的市场营销方式以满足市场需求的一种治理过程。目前,各国民众日益重视食品安全,环保意识迅速增强,回归大自然、消费无公害的绿色食品已成为人类的共同向往。绿色农产品有利于增强人民体质,改善生存环境。当今世界,人们对绿色农产品越来越青睐。世纪之初,我国已全面启动"开辟绿色通道,培育绿色市场,倡导绿色消费"的"三绿工程"。绿色农产品销售策略包括:

(1)配送策略。城市的不断扩大,使得购买农产品越来越不方便,特别是安全营养的农产品,因此很多家庭需要有品质保证的配送渠道,这样的享受,可以体会配送带来的高效便捷的销售服务,而做好消费家庭的数据库销售目标,建立庞大稳定的销售体系,成就现代消费观念在农产品销售上的突破,也是新的尝试。配送不仅仅是将所需要的农产品送到消费家庭,而是要建立一个消费管道,这个管道包括先进的电子商务、电话、店面等互相配合,协调运行。

(2)免费体验策略。把农产品的优、劣完整体现在消费者面前,通过对产品的观、闻、品、验等手段,让消费者明白什么样的产品符合自己的需求,这样将大大拉近消费者的感官识别,从而建立牢固的产品信任感,促进产品的就地就时消费。体验策略运用的产品非常重要,货真价实是体验的关键。

(3)教育服务策略。社区服务是销售模式的通常做法,一般是依靠社区的组织关系来进行农产品的教育与消费,通过对物业、居委会的联合,把社区教育与服务的关系建立起来,通过对产品的桥梁作用,把农业的场景从田间地头到餐桌进行全过程演绎,使消费者明白农产品怎么生产、加工、运输到消费者手中的,通过怎么样的质量检验保证品质,互相共融,保证常年的农产品供应,建立良好的供应关系与渠道,提高信任度,并且服务当先,做好教育消费的引导工作。

(4)引导对比策略。农产品销售最好的办法,就是对比,对比的方式有很多,比如观望,看外观;品尝,尝品质;比较价格、质量、产地、颜色、品牌等。通过对比手法,强调产品的实质,引导消费者使用产品的诸多好处,消费者通过观望、尝试到消费的过程全部是引导出来的,因此,引导消费策略是农产品销售的重要环节,并不需要广告来扶持。

(5)公众公益策略。农产品走公益的策略也很重要,比如与体育结合,现在流行为奥运生产的农产品,还有会议、旅行、餐饮等诸多公益活动的切入,很多活动把农产品介入进去,提高知名度,这样可以大范围在各种渠道进行销售,农产品品牌建设也可以迅速提高。

(6)小范围团购策略。农产品做团购优势很大,家庭厨房的所有食品均可以做成礼品销售,通过对农产品的包装与贴牌,把简单的一种农产品包装成消费时尚的礼品包装,特别是水产、水果、粮油、蛋等,小范围的团购就是在一定有效的单位里面,包括机关食堂、各办事机构、单位等,由于我们国家节日特别多,所以节庆农产品礼品销售将异常火暴。

(7)社区活动推广策略。社区推广活动历来是农产品销售的好渠道,也是宣传的最好阵地,社区活动主要要贴近消费家庭的实际需求,比如赠送厨房用具,把活动按照社区的特点安排开来,小区设摊、节日活动庆祝、社区组织活动介入等,把社区当作产品宣传的一块阵地,效果非凡。

(8)个体直销策略。农产品在各地可以与当地的社区便利店有效结合起来,比如水站、洗衣店、小卖部、茶楼、社区会所等,通过对接,把农产品的信息发布出去,这样可大大加快产品的直接销售。

(9)媒体网络广告策略。在网络上进行产品宣传将越来越流行,什么样的产品均可以在网上找到,网络重点介绍产品的生产、销售过程,重点突出产品的营养价值,什么样的消费者适应,有什么好处,吃了后能对身体有什么改变等,这样的宣传在网上越流行,产品的知名度就越高,越能够与消费家庭融合。必要的时候可以利用电视与报纸传媒相结合的方式,加快农产品的现代化营销步伐。

第四节　农产品网络营销

一、农产品网络营销的含义

网络营销是指以互联网络为媒体,以新的方式、方法和理念实施营销活动,更有效促成个人和组织交易活动的实现。把网络营销运用到农产品的经营活动中,称为农产品网络营销,指在农产品销售过程中全面导入电子商务系统,利用计算机技术、信息技术、商务技术对农产品的信息进行收集与发布,依托农产品生产基地与物流配送系统,开拓农产品网络销售渠道,以达到提高农产品的品牌形象、增进与顾客的关系、改善顾客服务方式、最终扩大农产品销售的目的。明确农产品网络营销的内涵要注意以下几个方面:

1. 农产品网络营销是整体营销战略的组成部分

网络营销活动不可能脱离一般营销环境而独立存在,许多情况下网络营销理论是传统营销理论在互联网环境中的应用和发展,因此农产品网络营销也不可离开农产品集贸市场、农产品超市、农产品商贩等传统营销方式而独立存在。

2. 农产品网络营销不仅仅是网上销售

网络营销是为实现农产品销售目的而进行的一项销售活动,但并不等于网上销售。农产品网络营销的作用表现在多个方面,如提高农产品品牌价值、加强与客户的沟通、改善服务质量等。网络营销的目的并不仅仅是为了促进网上销售,很多情况下,网络营销活动不一定能实现网上直接销售的目的,但是能促进网下销售的增加,并增加顾客的忠诚度等。

3. 农产品网络营销是经营创新

网络技术的发展和网上市场的迅速扩展,给企业营销创新留下广阔的空间:一方面是营销业务创新。如网络创造了大量的新型业务,比如网上目录和搜索引擎成为网上热门的业务类型;另一方面是营销手段创新,如电话直销迅速被网上直销业务超过,网上分销合作方式正在兴起。

二、农产品网络营销的特点

1. 网络铺设跨时空,营销机会成倍增长

互联网的超越时空约束和限制进行信息交换的特点,使得脱离时空限制达成农产品的交易成为可能,经营者能有更多的时间和更大的空间进行营销,如每周 7 天,每天 24 小时提供全球性的营销服务。

2. 网络连接一对一，营销沟通可互动

网络互动的特性使消费者真正参与到整个营销过程之中成为可能，消费者参与的可能性和选择的主动性得到提高。在这种互动式营销中，买卖双方可以随时随地进行互动式双向交流，而非传统营销的单向交流；互联网上的促销也可以做到一对一的供求连接，使得促销活动顾客主导化、理性化，并能通过信息与交互式交谈，与顾客建立长期良好的关系；网络营销可以连接传送信息的数据库等方式向顾客提供有关农产品的信息，供顾客查询；同时传送信息的数量与精确度远远超过其他媒体，并能适应市场需求及时更新产品或调整价格，能更及时有效地了解并满足顾客的需要。

3. 网络介入全过程，营销管理大整合

互联网是一种功能强大的营销工具，它同时兼具市场调查、农产品推广与促销、电子交易、互动式顾客服务以及提供市场信息分析等多种功能。网络营销从农产品信息的发布，直至发货收款、售后服务一气呵成，因此是一种网络介入全程的营销活动。

4. 网络运行高效率，营销运作成本低

首先，网络媒介具有传播范围广、速度快、无时空限制、无版面约束、内容详尽、多媒体传送、形象生动、双向交流、反馈迅速等特点，有利于提高农产品营销信息传播的效率，增强农产品营销信息传播的效果，大大降低农产品营销信息传播的成本。其次，网络营销无需店面租金成本，能减少农产品流通环节。再次，利用互联网，农户只需极小的成本，就可以迅速建立起自己的销售网，将农产品信息迅速传递到市场中去。最后，购买者可根据自己的特点和需要在全球范围内不受地域、时间的限制，快速找到能满足自己需要的农产品并进行充分比较与选择，较大限度地降低了交易时间与交易成本。

习题

1. 什么是农产品营销？农产品市场营销有哪些特点？
2. 结合本地的特色农产品，谈谈如何打造农产品品牌。
3. 谈谈农产品市场营销的基本方法。
4. 分析农产品市场营销成功要素。
5. 谈谈农产品网络营销的意义。

案例学习及讨论

案例1　中国80后志愿者探索通过网络解决农产品滞销难题

57岁的黑龙江省农民李坚至今不曾拥有一台电脑，但互联网以及热心的80后志愿者，却帮助李坚为滞销半年的几千斤蜂蜜打开了销路。对于这位中国最北省份的森林深处的养蜂人来说，"蜂蜜怎么卖一直是头疼的大事"。2011年，李坚丰收了近5吨蜂蜜，可半年时间只卖了不到100千克。无奈之下，家在黑龙江尚志的李坚和在湖南长沙工作的儿子李继文商量，把3吨蜂蜜用汽车千里转运。但接到蜂蜜后近两个月时间，李继文只卖出了100多千克。

直到这位80后把目光投向了互联网和微博。李继文偶然看到，一个名叫"农享网"的网站正在帮助山东省菏泽市郭村镇农民谢光华卖胡萝卜。在一家微博网站上，"农享网官方微博"发出的叫卖胡萝卜的信息被大量转发。很快，谢光华家的56吨胡萝卜，甚至其所在村子的全部200吨胡萝卜都被抢购一空。

李继文与农享网负责人取得了联系，并承诺将收益的一部分用做公益。为了得到农享网的支持和网友的认可,李继文还专程从长沙回到尚志,给森林环绕的农家小院和蜂箱旁的父母照了相以上网用作证明。

农享网是一个由中国各地志愿者发起建立的旨在帮助解决农产品滞销问题的网络平台。农享网的创始人之一徐亚锋说,这些照片和文字介绍使农产品的产销变得透明,通过互联网传播渠道的放大,可以有效改变长期以来困扰中国农民的供求信息不畅困境。这位出身于陕西贫困农村的80后,现在上海一家知名IT公司工作。虽然生活环境变了,但徐亚锋说,他"对农村农业农民的关心和感情没有变"。

农享网的创始人还有甘肃省平凉市崆峒区白庙乡白庙村的80后女全国人大代表毕红珍。"原来在家乡,整条街上只有我办的小超市能上网,我就通过网上的信息给附近的乡亲邻居介绍外边需要什么。"毕红珍说。

2011年5月上线的农享网则把毕红珍在家乡的"农民信息之家"放大成"一个专门面向全国农村的供求信息交流平台"。据徐亚锋介绍,已经有约25万独立用户使用过"农享网",其官方微博也有着超过11万关注者。为了降低操作难度,"农享网"界面非常简单,也无需注册,发布信息时的"所在地"选项让用户精确到省、市、县、乡和街道的具体名称,以方便供求双方实现"精确定位",官方微博也保持着实时更新。

就是这样,熟悉信息技术的80后年轻人,建立了网站、开设了微博、组织了固定聊天群组,试图为农民提供一个免费的信息发布平台,帮助他们打开农产品销路。

中共中央、国务院2012年"一号文件"指出,要全面推进农业农村信息化,着力提高农业生产经营、质量安全控制、市场流通的信息服务水平。

人大代表毕红珍说,多年的农村生活体验和调研经历表明,信息不对称和交通物流落后困扰着农产品的销售,而中间流通环节过多,不仅使终端消费者没有得到实惠,更挤占了农民的利益。

在经过了一个月的严格审查后,李家的蜂蜜入选了农享网的"城市对接农村"项目,短短2天内就卖出了2吨多,收到蜂蜜的各地网友也对这纯净原生态的东北椴树蜜赞不绝口。

把所有业余时间都投给了农享网的徐亚锋坚定:"希望未来能获得投资,招聘技术人员,开发新模块,并深入农村实地工作,涵盖全国所有村子,让每个村子在网上都有一个自己的橱窗。"

资料来源:

王子辰,《中国80后志愿者探索通过网络解决农产品滞销难题》,摘自新华网,2012-2-12,http://news.xinhuanet.com/fortune/2012-02/12/

讨论题:

1. 结合案例,谈谈如何通过网络解决农产品滞销难题。

2. "农享网"有什么特点? 为什么"农享网"非常适合农民客户?

3. 仔细阅读近几年中共中央、国务院的"一号文件"原文,谈谈这些文件精神对于中国农产品营销的指导意义。

案例2　广东省德庆县打造极品贡柑品牌

历史上,德庆贡柑栽培始于唐开元年间,距今已有1 300多年的历史。据载,宋绍兴年间,宋高宗到德庆府,品尝了德庆的地方特产柑桔后,连连称赞,此后德庆柑桔被尊为御用贡品，贡柑之称由此而来。据专家考证，德庆贡柑是橙与桔的自然杂交种，因而集橙的外形美观、色泽金黄、风味浓郁与桔的肉质细嫩鲜滑、表皮易剥、爽口无渣、甜度适中的双重优点于一身，口感极佳，兼有柚子清香爽甜的风味，是甜橙、糖桔、蜜柚三者优点的集成者。

2000 年 12 月，荣获"中华名果"称号；

2002 年 9 月，获得中国绿色食品 A 级产品认证；

2003 年 10 月，德庆县喜获"中国贡柑之乡"荣誉称号；

2004 年 9 月，荣获"广东省名牌产品"称号；

2004 年 11 月，德庆县荣获"中国柑桔产业十强县"荣誉称号；

2004 年 11 月，获得国家"原产地保护标记"注册认证：

2005 年 1 月，荣获"广东省著名商标"荣誉称号；

德庆贡柑之所以能以优异的品质傲视同群，源自于德庆县独特的地理环境和气候条件：德庆县地处广东省中西部，属低纬度地区，气候温和，热量丰富，雨量充沛，无霜期长，年平均气温 22.2 ℃，年平均降雨量 1 434 毫米，年平均日照时数为 1 662 小时，其东西北三面环山，森林覆盖面积大，山清水秀，南傍中国第二大流量的西江河，从而形成冬暖夏凉常年昼夜温差大的小气候。德庆的山地、耕地土壤以砂壤土为土，经过长期的人为因素改良利用，土层深厚、疏松透气，保水保肥性好，有机质含量丰富。这得天独厚的地理环境、土壤和气候条件，十分适宜贡柑的生长，既可满足贡柑生长的有效积温；更能实现恰到好处的昼夜温差，从而使贡柑的果皮着色和组织软化程度，可溶性固形物、有机糖分、维生素、有机酸、微量元素和矿物质等的含量都达到最佳标准。

近年来，德庆县在质量上发挥科技优势，积极争取了各级科研院所和大专院校的技术支持，建立了贡柑无病毒育苗基地、提纯复壮中心、保鲜加工技术和推广中心、标准化生产体系和产品质量体系，并建立3.5 万亩的贡柑绿色食品生产示范基地，大力推广生物防治技术等，依靠科技不断提高贡柑质量；而且，在经营上按农业产业化方向，走市场化运作道路，广召有实力的客商，携手合作：建立贡柑生产、保鲜、加工、销售一条龙、一体化的经营模式。为了打造"中国第一柑"，投资了 600 多万元，建起了几百亩贡柑母本园和标准化无病毒种苗基地，以及贡柑提纯复壮中心，制订了全国第一个《贡柑生产技术规程》，创建了一个国家级标准化生产示范区和 26 个省市县级标准化生产和规范化管理示范区，制订了《关于加强贡柑沙糖桔生产管理促进产业持续发展的若干决定》，强化了种植和质量管理。扶持发展了数个集生产流通于一体的果业公司和一大批生产、流通大户，扶持成立柑桔协会等，以一系列措施提升贡柑的品质和市场竞争能力。近年来，德庆按照打造"中国第一柑"的理念，曾在北京人民大会堂、钓鱼台国宾馆、上海、东北、西北、华中等地举行各类推介活动，并在珠三角、长三角、京津、东三省、四川、重庆等 50 多个大中城市建立了 130 多个营销网点，同时也拓展了港澳、荷兰、英国、新加坡等海外市场。

德庆贡柑可谓柑桔中的极品，社会各界对其好评如潮：

原全国人大常委会副委员长铁木尔·阿瓦买提所说：我曾主抓过我国的农业工作，走遍了大江南北，却从来没吃过那么好吃的水果，德庆贡柑好吃好看，清甜爽口、无渣、水分足，消滞止渴，多吃不上火，感觉对身体很有益……

广东省农科院果树研究所马培恰教授所说：德庆贡柑果形美观、果色金黄、清甜香密、皮薄核少、肉脆无渣、高糖低酸、口感极佳，为其他柑桔品种难以比拟。其果形、果色、汁胞形状及着生形态似橙，但海绵层薄，囊瓣与果皮及囊之间易分离又具桔的特性，它集中了橙的美观外形、金黄色泽、浓郁风味、具有香气和宽皮柑桔肉质细嫩、易剥皮、可口无渣、甜度适中的双重优点，并兼有柚子清香爽甜的风味，集甜橙、糖桔、蜜柚三者优点于一身。可以断言，21 世纪的柑桔业将是“杂交柑的世纪”。

德庆贡柑因而名声远扬，在当前琳琅满目的果品中，犹如天资国色的宠妃，清新脱俗，独领风骚，秉承着昔日宫庭御用的高贵品质，成为当今果品新贵，柑桔中的极品。

资料来源：

1. 德庆县政府官方网站，http://www. deqing. gd. cn/
2. 根据相关新闻报道整理。

讨论题：

1. 结合案例，谈谈如何发挥科技优势，打造农产品品牌。
2. 结合案例，谈谈如何提升农产品的市场竞争能力。
3. 结合案例，谈谈如何利用口碑宣传传播农产品品牌。

案例 3　美国新奇士桔农协会运作模式

美国新奇士桔农协会具有 100 多年的发展历史，已建立起质量标准体系、产销信息系统，创立了世界级品牌。它的成立对保护弱质性的农业生产、化解小农户与大市场之间的矛盾和增加果农收入作用甚大。我国不乏果树优质资源产品，但在产业化发展过程中难以壮大，往往徘徊于“发展——膨胀——萧条”的怪圈中，其原因是多种多样的。在市场经济环境下，缺乏行业自律与规范管理是存在的共同问题。

一、美国新奇士桔农协会的发展概况

美国新奇士桔农协会是美国 10 个最大非营利性购销合作社之一，主要经营柑桔销售，有 100 多年的发展历史。1893 年以前，美国加利福尼亚州的柑桔是由代理商收购和销售的，由于信息不对称，桔农处于被动地位，只能听凭销售代理商的摆布。代理商通过压低柑桔价格获取尽量多的利润空间，有的还以寄售方式将市场风险转嫁到桔农身上，结果是代理商获得了大部分利润，桔农却承担了所有风险，常常面临亏损。为了抵御市场风险，南加利福尼亚州的桔农联合起来建立了几个小的柑桔销售协会，1893 年 8 月 29 日，由 100 多名桔农代表发起，在洛杉矶成立南加利福尼亚水果销售协会(Southern California Fruit Exchange)。协会制定柑桔分级标准，严格控制产品质量，为本地区 60 户柑桔生产者提供运销服务，在第一个收获季节，共为桔农卖出 600 万箱柑桔，每箱价格比桔农通过销售代理商销售高出 75 美分。后来，随着协会规模的扩大，成员发展到 5 000 户以上，每年运销 1 400 万箱柑桔，占加利福尼亚州柑桔产量的 45%。1905 年更名为“加利福尼亚果农销售协会”。1908 年，确定商标为“Sunkist”。每年在水果交易中有 600 万箱柑桔和 100 万箱柠檬贴上了“Sunkist Orange”商标。1914 年，协会进入加工领域，生产桔子酱、桔子汁等产品。1952 年，协会更名为“新奇士桔农协会(Sunkist Grower)”。20 世纪 60 年代，新奇士桔农协会开始扩展海外市场，1966 年出口柑桔达 1 240 万箱。目前，新奇士桔农协会拥有成员 6 500 户，涵盖所有加利福尼亚州和亚利桑那州的柑桔生产者。

二、美国新奇士桔农协会的运作模式与特点

新奇士桔农协会是一个非营利性的合作社组织，财产由成员共同拥有，在市场运作上采取公司管理模式，实行职业化和专业化经营管理，聘用专职总经理。协会组织结构由社员大会、董事会、总经理、员工 4 个层次组成。协会使用统一的种植标准、统一的商标“Sunkist(中文商标'新奇士')",全球统一价格,避免成员之间的价格竞争。协会运作资金主要来自政府对果农的退税和对农业的预算补贴,以及会员缴交的会费。

新奇士桔农协会的运作模式之一是"合同制",果农、果园管理公司、包装厂等自愿加入成为股东之一,将产前、产中和产后各环节形成合同制的利益分配机制。产品流程是先由协会驻世界各地的代表处将订单传回总部,总部将订单分散到60多个打包厂,打包厂根据情况向果农收购果品。

实行完善的信息化、数字化产销管理。协会除了建立起区域性乃至全球性的销售网络信息体系及客户管理系统外,还建立起果树信息档案管理系统,对每株果树的品种、品质特性及成熟期都有记录,其中成熟期能够精确到周,大大提高了果品收购速度,从接到订单到装箱运输只需2~3天。

积极进行技术应用与推广。为了适应市场的需求,通过新技术的应用与推广、品种改良等手段,调节果实成熟期,使果品分期上市,形成了4~10月成熟的夏橙和10月至翌年4月成熟的脐橙的品种系列,使果实成熟期分布至全年,在不同时期均有果品上市。

重视质量。为确保质量,果实采用全套流水线全自动选果及包装,使果品大小、色泽一致,按72,88,100个三种规格包装,每箱果实都打上包装厂及责任人标记,一旦发现问题,可迅速追查到经办责任人,绝无投机取巧现象。

三、美国新奇士桔农协会的主要作用

美国新奇士桔农协会保证了在土地私有化和生产独立性的前提下,通过参与者的联合从而现实了各成员的利益最大化。在协会内部,各成员是独立的柑桔生产者和经营者,他们拥有土地的所有权,他们通过协会统一组织起来,实现了农药和化肥的购买、新技术的推广应用、果实的加工、产品的销售及出口等产供销一体化。

1. 保护弱质性的农业生产和化解小农户与大市场之间的矛盾。首先,农业是弱质性的。以家庭经营为主的农业生产,规模较小,又都生产几乎无差别的同质产品,故农产品市场被认为是完全竞争市场。在市场上,每个桔农只是价格的被动接受者,无法通过改变自己的产量来影响市场价格。由于果品需求缺乏弹性,在丰收年份,果品供大于求,价格下降,而需求量增加有限,"卖难"问题突出,桔农收入不增反而减少,结果是果农可能会弃种该作物而改种其他作物;在歉收年份,上市果品供给不足,但市场对果品的需求不变,引致价格上升,果农收入反而增加了,该作物的种植数量又将多起来。在长期的生产销售过程中,分散的农户竞争的结果是果品的生产成本与收益相当,果农种植该作物的收成只能弥补生产中消耗的各项支出和机会成本,无法获得更多的经济利益。其次,单个果农在市场上是势单力薄的,在市场交易中,由于信息不对称及搜集信息成本高昂,农户只能处于谈判的被动地位,这样,即使果农辛勤劳动并获得好收成,在市场上也没法卖到好价钱。美国新奇士桔农协会为解决这些问题发挥了重要的作用,它通过柑桔生产者的有机联合及有效管理,以团体的力量进入市场,统一品牌和价格,调节供求平衡,从而增加农户收入,抵御市场风险,例如当柑桔大丰收时,进行储藏和加工,避免了供大于求引起价格下降。

2. 实行信息化管理,有效地应对市场需求组织生产。建立产销信息档案和产品信息化管理是该协会运作的一大特色,也是协会能够发挥有效作用、提高工作效率的基础性工程。产销信息档案及产品信息化,由单个柑桔生产者或经营者建立是不科学的,通过协会组织建立,既经济又使农户避免了信息不对称的不足,是应对大市场的有效办法。同时,详尽的信息资料是科学决策的依据,使协会能在市场交易中立于不败之地,极大地保障了农户的利益。

3. 建立强大的组织营销网络体系，快速应对市场需求。协会按照现代企业的运作模式，建立高效的管理和决策系统，聘请专业人士对产品实行销售策划。如 1999 年中国和美国签订中国加入世界贸易组织（WTO）协议后，该协会就组织了快速抢滩中国市场的成功策略：1999 年 3 月 24 日，一个装满 20 吨“新奇士”橙的集装箱从美国长滩离港，与中国进行“入世”谈判的美国首席贸易代表巴尼舍夫斯基、美国农业部副部长为它“送行”；同日夜，“新奇士”促销团抵达上海，促销团人员一下飞机就抢先举行了新闻发布会；接着促销广告实行地毯式轰炸；最后，“新奇士”橙走进中国各大城市的超市货架。其果品投放时机、地点、数量、节奏配合得如此到位，体现了新奇士桔农协会营销体系的效率。

4. 建立产加销一体化经营模式，提高产品附加价值。为了提高水果附加价值，该协会利用自己的组织系统，将保鲜、加工、包装、运输等环节连接起来，实行产业化经营，提高水果附加价值，让果农分享到产后环节的利润。像新奇士桔农协会这样实行产加销一体化经营的，在发达的市场经济国家里占据很大的市场地位。如西欧农产品市场上由合作社经营的产品份额占 60%，丹麦的奶制品有 90% 是由合作社经销的，荷兰合作社销售的花卉、水果、蔬菜分别占全国市场份额的 95%，78% 和 70%；美国除了水果销售合作社外，谷物合作社控制了全国谷物市场的 60% 的市场份额，并提供了全美出口谷物 40% 的货源。

5. 实现了品牌经营与国际化策略。该协会成功地进行了品牌塑造，“Sunkist”这个商标在全世界各行各业的商标中排名第 47 位，在美国排名第 43 位。在国际市场上，新奇士桔农协会凭借品牌优势，在 53 个国家和地区拥有 45 个执照持有者，年销售额达 11 亿美元，品牌市值超过 70 亿美元。新奇士桔农协会通过强大的品牌效应来开拓国际市场，如该协会运往中国的 20 吨新奇士橙，一到岸就有 1 800 箱新奇士橙在 2 小时内被销售一空，这就是一个鲜活的例子。

资料来源：

陈汉能，《美国新奇士桔农协会运作模式》，摘自《中国果树》，2007 年第 1 期。

讨论题：

1. 请评价美国新奇士桔农协会的运作模式。
2. 请从美国新奇士桔农协会建立的营销网络体系分析农产品网络营销的特点。
3. 美国新奇士桔农协会在打造“Sunkist”这个品牌的过程中扮演了什么角色？

第十三章　奢侈品营销

本章学习要点：

- 基本概念
- 奢侈品的特征
- 奢侈品营销的基本方法
- 奢侈品市场营销策略
- 奢侈品营销的成功要素分析

第一节　基 本 概 念

一、奢侈品的定义

“奢侈”一词来源于拉丁文“Luxury”，原意是指“极强的繁殖力”，也可以理解为极强的“感染力”“传播力”和“延展力”，这种极强的繁殖力通过“奢侈生活”“奢侈品”和“奢侈态度”等形式表现出来。

牛津辞典这样解释 Luxury：a thing that is expensive and enjoyable but not essential。奢侈品在国际上被定义为“一种超出人们生存与发展需要范围的，具有独特、稀缺、珍奇等特点的消费品”，又称为非生活必需品。

1997 年，Kapferer 给出了“奢侈品”一词的符号学解释及其社会学含义：“奢侈品代表的是美好的事物，是应用于功能性产品的艺术。就像光可以带来光明一样。它们提供的不仅是纯粹的物品，他们是高品位的代名词”。

克里斯托弗·贝里在《奢侈的概念——概念及历史的探究》中给出了物品可以成为奢侈品的必要条件和充分条件。首先，奢侈品必须是满足人类的基本需求，人的基本需求包扩衣、食、住、行、娱，这是奢侈品的必要条件，那些为了收藏或者保值而购买的昂贵物品即不属于此列，而该条件也为奢侈品奠定了很多人都想拥有的基础；其次，奢侈品必须具有昂贵、独有、稀有的特征。

奢侈品在经济学上讲，指的是价值/品质关系比值最高的产品。从另外一个角度上看，奢侈品又是指无形价值/有形价值关系比值最高的产品。奢侈品的消费是一种高档消费的行为，奢侈品这个词本身并无贬义。经济学将奢侈品定义为对其需求的增长高于收入增长的物品。它涵盖范围可能很广，从人参、名牌手表到豪华汽车，都可能是奢侈品。

沃尔冈·拉茨勒在畅销书《奢侈带来富足》中这样定义奢侈：“奢侈是一种整体或部分地被各自的社会认为是奢华的生活方式，大多由产品或服务决定。”

奢侈品是人们消费结构中最高级别的消费品，它具有以下含义和特征：它是非生活必需品，是超出人类生存与发展的消费品；具有排他性特征，追求独一无二，是资源稀缺之物，可能无替代品，即使有替代品，也是同类产品中的高档或顶级产品；其本身成本高，但其市场价格定位是为了确保只有收入最高的前1%~2%的消费者能够买得起并能提供足够的利润;具有象征性特征,可显示消费者的富有程度、地位高低、价值观念及生活方式等;具有时代性特征,在不同时期、不同经济发展阶段,表现形式有所不同。

二、新奢侈品和传统奢侈品

新奢侈品是与传统奢侈品相区别而言的。与传统奢侈品单纯强调产品的豪华与高档品位不同,其产品内涵的特点及面向的潜在消费者皆有所不同。旧式奢侈即非创造性奢侈,表现为对稀有原料的消费和耗用,如镶满钻石的劳力士手表、全手工打造的劳斯莱斯汽车、3 克拉的纯天然红宝石戒指。对于这些用来炫耀的老派奢侈品,崇尚自我、喜欢彰显个性的年轻新贵们尚无能力消费也不屑消费。

新式奢侈是用智慧和知识来对待和使用各种原料和材料。旧式奢侈是消耗、破坏,而新式奢侈则提供保护和改善的可能性。如限量版的 Adidas 运动鞋、最低售价为 28 美元的"维多利亚的秘密"内衣、夏奈尔香水、可爱的 Swatch 手表、星巴克咖啡、Coach 手袋、谭木匠的木梳,这些他们偶尔奢侈一把,超越一下自己的日常消费水准就可以拥有的东西,更能打动他们的心。这些产品和服务,与同类商品相比,质量更好,品味更高,也更能让消费者心驰神往,虽然价格不菲,但也还不至于昂贵得让人可望而不可即,我们可以谓之新奢侈品。

美国波士顿咨询公司(The Boston Consulting Group,BCG)高级合伙人迈克尔·西尔弗斯坦(Michael Silverstein)在他 2003 年的专著 *Trading up:The New American Luxury* 一书中给新奢侈品(New Luxury)如下定义:新奢侈品是在同一种产品门类中,能够提供高质量、高品位和较高情感诉求,但在价格上又不是那么高不可及的产品或服务。它是一种质优、价高,能够批量生产,工艺上乘,主要用来满足受价值驱动的人群的产品,它介于普通消费品与奢侈品之间,游离于奢侈品的外沿。它既是时尚流行品,也是个人的符号性主张。从更深的意义上说,新奢侈品是一类具有传统奢侈品的时尚奢华,同时又因区别于传统奢侈品而具有更大受众的商品。

第二节 奢侈品的特征

一、沉淀的历史

三代才能出一个贵族,这句话用在奢侈品领域更是恰如其分。所有的称得上顶级奢侈品的,无一例外,都有着许多让消费者回味和沉醉许久的历史故事,很多品牌甚至以百年计。看起来很时尚的万宝龙正在庆祝其创立百年;宝珀、江诗丹顿等名表则可以追溯到 18 世纪中叶以前。就像陈年的酒可以多出几倍价钱一样,消费者也愿意为这个看不见摸不着的历史买单。

二、独特的品牌

1879 年"伏特加之王"Lars Olsson Smith 在瑞典创造了连续蒸馏法,这种酿造工艺被绝对伏特加沿用并发扬光大。绝对伏特加坚持在原产地小镇,采用深井的天然水来酿造,从而保证每一滴酒的品质。这也成了绝对伏特加的最主要的卖点。不仅如此,绝对伏特加还把自己与波普艺术结合起来,波普艺术大师 Andy Warhol 把绝对伏特加以另一种全新的形式展示在世人面前——绝对艺术。但这都始终围绕着绝对伏特加的品牌诉求——绝对的纯粹而独特。

许多奢侈品都有这样的基因。宝珀表坚持全手工制造而且不镶嵌任何钻石,LV 力求精致与简约,PRADA 追求完美,这些独特的因素成了消费者选择他们的重要理由。他们坚持这些理念,从来不随潮流而变,也不会迎合大众喜好,他们只想把产品卖给那些喜欢它的人。

三、传奇人物的力量

假如追溯这些品牌,不难发现大多数品牌都与一个传奇的人物紧密联系在一起,因此很多奢侈品以它的创立者命名。乔治·阿玛尼、路易·威登、宾利、宝珀、江诗丹顿等都是如此。创立者不但创造了最初的产品传奇,也规定了品牌独特的理念和品牌基因。许多品牌之所以能成为奢侈品,还因为它被当作家族生意世代相传,从而使得其工艺和精神被完好地传承至今。路易·威登品牌由法国人路易·威登本人创立于1854年。创始人路易·威登是十九世纪一位专门替王宫贵族打包旅行行李的技师,他制作皮箱的技术精良,渐渐地就从巴黎传遍欧洲。1896年,路易·威登的儿子乔治用父亲姓名中的简写 L 及 V 配合花朵图案,交织字母印上粗帆布设计的样式,直到今天仍然被沿用。像这样的家族故事在顶级品牌中不胜枚举,许多品牌到了20世纪后开始被大的奢侈品集团收购,并开始了市场化运作,但其品牌精髓一直得以传承。

四、有限的数量

当许多奢侈品被商业化运作以后,虽然售价不菲,但却依然是有钱就能买得到。于是,限量版商品就变成了一种巨大的诱惑,因为它代表着稀有的数量、独特的设计和非凡的纪念意义。限量版产品是“奢侈品中的奢侈品”,其生产原则是要把产品奢侈化到无法复制,限量到只有小部分人出高价才能拥有。限量版的核心价值并不在于产品,而在于它所能提供的梦想和独占性,对于奢侈品收藏家来说更是梦寐以求。每年,世界各大品牌都会为生产限量版产品而绞尽脑汁。从经济角度上讲,限量版产品并不能为品牌带来很高的收益,但很多品牌还是愿意牺牲一部分经济利益而推出限量版产品。厂商更希望从中得到消费者对产品的忠诚度和认可,而不是短期的利益。假如没有限量版产品的推出,那这个品牌肯定到不了奢侈品的殿堂。

五、手工艺的秘密

在机械化和流水线盛行的年代,人们对于手工的东西都有非凡的亲切感。人们理所当然地认为,手工生产的东西更加“地道”,品质精良,内涵丰富。所以,大多数有历史的奢侈品都保留了其手工艺时代所留下的传统。手工耗时巨大,价格昂贵也就不足为奇。侏罗山谷的工匠门日复一日地用简单的工具加工复杂的钟表;LV 坚持每一个铆钉都用手工打造;很多时装都是一针一针用手工缝制。在大量高质量廉价商品进入市场时,手工艺似乎成了奢侈品保持高价的最主要因素。

第三节 奢侈品市场营销的基本方法

一、结缘名流

19世纪中叶，蒂芙尼珠宝被世界各地君主指定为御用珠宝。这段历史让蒂芙尼成功地攀上了贵族的高枝，从此以后，拥有蒂芙尼珠宝成了许多人的梦想。许多奢侈品牌都有与皇家贵族结缘的历史。到了近代，皇家的代言作用转移到了明星身上。也有许多品牌虽然不请名人代言，但却对自己的名人客户如数家珍。每年的奥斯卡颁奖晚会均被厂商打造成了一场名副其实的时装发布会，这种对品牌的宣传非广告所能企及。所以每次奥斯卡颁奖典礼都会有一场炒作大战。

二、盛大的发布

每年巴黎时装周总会成为世界最绚丽的舞台。最顶级的品牌，最知名的模特，加上时尚杂志的编辑和时尚界的评论家们聚在一起，向全世界宣告下一年流行趋势的到来。Chanel 虽然很独特，但也不想错过巴黎时装周，每年在时装周上的发布是 Chanel 最为重要的活动之一。2006 年巴黎时装周，Chanel 将秀场铺上红地毯，当第一位超级名模 Linda Evangelista 出场后，鱼贯现身的 Amber Valletta、Shalom Harlow、Naomi Campbell、Kristen McMenamy、Eva Herzigová 与 Nadja Auermann 也一同登上红毯，担任 Chanel 经典 No.5 香水广告模特儿的 Nicole Kidman 与导演 Baz Luhrmann 也连袂出席。她们全部穿上 Chanel 经典的黑色小礼服，布满自信地微笑着，向在场观众挥手致意，搭配新生代名模如 Karen Elson、Élise Crombez 与 Erin Wasson 等人，现场如同星光大道般热闹，同时也适切地传递出本季 Chanel 的讯息。当然这只是几十场发布会的其中之一而已，假如你想让你的品牌变得够奢侈，从一个奢侈的发布会开始吧。

三、给昂贵一个理由

让消费者掏高于普通产品几十倍的价钱购买一个不是必需的商品总不是那么轻易的事。要让消费者觉得物有所值，这种价值不仅体现在产品本身，也体现在产品所体现的精神上，奢侈品就是要提供比物质本身更为丰富的享受。

四、强调产地和选材

“英雄不问出身，奢侈品要看产地”，几乎所有奢侈品牌都会强调其原料的产地和选材的严格，如伏特加、红酒等强调其原料特性和原产地印象，钟表则强调其瑞士血统，等等。这样的信息传递能让奢侈品的价值得到最直观的体现，从而使奢侈品昂贵的价格合理化。

五、渲染制作工艺

马爹利、XO 等洋酒除了向受众介绍其出身名门外，更是浓墨重彩地渲染其精致超凡的制作工艺；而服装等一些耐用消费品，每寸多少针、经过了多少道工序都是其营销诉求的重点。奢侈品的工艺必须体现缜密与细致，加上传统手工艺的纯正，让奢侈品享用者将这种缜密的工艺与高品质直接联系起来。

六、瞄准独特品质

奢侈品必须具有唯一性而且不可复制，这也是奢侈品牌独特价值所在。劳斯莱斯代表尊贵，提到阿玛尼则代表简洁，LV 象征经典，积家表是精准的代名词——这就是营销的结果。这些品质不一定是绝对的，但一定是在消费者心目中根深蒂固、奉为信条的品质。奢侈品的营销过程就是不断强化这种独特品质的过程。

七、在彰显与低调中寻求平衡

奢侈品消费者在自己喜欢的品牌中寻求品味，并不喜欢被人称作是暴发户。但在保持低调的同时，也希望能让人理解到他消费的奢侈含意，所以奢侈品营销就需要在“彰显”与“低调”中寻求平衡，换句话说，所谓“低调的奢华”。假如没有传播，品牌精神不能被人理解，就谈不上销售；假如传播泛滥，品牌贬值，作用适得其反。顶级的奢侈品靠口碑传播，大众的奢侈品在杂志上和圈子里做营销，而假如上了电视广告，那就离大众品牌不远了。对于奢侈品来说，品牌历史、品牌精神比产品本身更为重要。奢侈品营销就需要选一个好的传播渠道，用正确的方式把品牌精神传递到目标群体当中去。

八、不要推销

任何促销和推销手段都会伤及品牌，在奢侈品领域尤其如此。假如你的品牌在打折销售而不是在收藏家市场看涨，那这个品牌的状况就很糟糕了。为了保持其高贵的姿态，奢侈品始终维持一种“拉”的姿势。多数奢侈品产量有限，保持其高贵的姿态更能吸引消费者，虽然消费者不知道你到底生产了多少。一位资深的奢侈品营销人说：“假如一个人走进店里，不要试图用任何方式和他套近乎，你可以表示出热情，但不要离得太近，保持 1 米以上的距离是合适的。当顾客提出需求时，他需要专业的解答而不是夸大其辞。”可以看出，不但在营销上需要做出高贵的姿态，在店面里也是如此。

第四节 奢侈品市场营销策略

一、定位策略

奢侈品坚守专一的品牌定位，不轻易将高端品牌向中低级延伸。奢侈品不会为了追求利润，扩展品牌的产品种类。开发给高端人群的品牌，绝对不会在二线或大众品牌中使用。就如从不打折的万宝龙和永远将一线和二线品牌界限划得极清的阿玛尼。奢侈品专一的品牌定位有利于维护品牌形象，锁定高端客户。

二、价格策略

高价位本身并不能与高销售收入、利润等指标必然联系起来，但是高价却能必然反映企业的高端定位，因为高价位反映极品形象。

沃夫冈·拉茨勒在《奢侈带来富足》中这样描述：奢侈品的制造商并不是可以不考虑费

用,但费用不应该是最关键的因素。奢侈品的营销颠覆了“4C”理论,没有过分关注产品制造过程中的成本因素,奢侈品制造商将可以传递给消费者的东西全部传递给消费者,并在最大程度上形成了消费者满意,从而保证其高价策略得以持续支撑其高利润。

高价反映企业的高端定位,高价位也反映其极品形象。SK-II 凭借高得离奇的价格策略,在进入市场之初就成功吸引了大众的眼球,成为区别大众普通化妆品的顶尖品牌。高价格也让奢侈品成为少数有钱人的专利。人民币 10 万元以上的百达斐丽,十几万元的阿玛尼西服,多数人仰看,少数人拥有的感觉大大提高了奢侈品的消费效应值。

三、渠道策略

营销活动必须以目标顾客的消费行为和消费习惯为基础,否则,营销活动将难以收到效果。三星 Diva 奢侈品路线的失败最终反映的是自身不合理的渠道策略。三星 Diva 曾为了维护其高贵的形象,主要面向处于金字塔顶端的女性顾客。但是,三星最终没有能够彻底了解这些高贵的女性顾客,导致终端渠道与目标消费者严重脱节。最终结果就是:这款手机的目标顾客无法接触到 Diva,而能够接触到 Diva 的又根本不会购买。

高质量、低产出使奢侈品始终处在一种不饱和的状态。在产品质量、服务甚至消费环境方面,奢侈品力求做到最好,追求少而精。很多奢侈品仅在全国一线城市的顶级贸易区才设专柜,某些新款只在东京和纽约的个别旗舰店有售,限量版顶级产品还需要提前预订。梅塞德斯-奔驰 2007 年与著名腕表制造商 Mühle-Glashütt 合作推出的一款配合新跑车的特别版腕表——CL Time,全球仅售 216 只,每款上面都有唯一无二的编号,有限的购买渠道激发了奢侈品的无穷价值。

奢侈品不参与价格战,不进行轰炸式的广告宣传。只以艺术和文化的名义进行推广。奢侈品制造商是各种艺术活动、社会活动的常客。奢侈品通过参与社会政治和文化活动的方方面面来推广品牌,如轩尼诗的酒文化、法国的香水配方和瑞士的腕表工艺等。奢侈品利用名人故事、卓越工艺和悠久传统来营造非凡的身价。

因此,奢侈品营销渠道必须要做到有的放矢,透视目标顾客的心理及行为方式,找准顾客的接触点,这样才能为成功营销奠定基础。

四、促销策略

奢侈品促销要有别于一般产品追求覆盖率、方便消费者购买的做法,因为奢侈品恰恰是不能提高产品便利性的,相反,奢侈品要适当控制产品的销量,在促销活动中有意识地控制消费群体,使消费者产生一种“千金难求”的急切购物心理,这种“饥饿营销”正是对资源“稀缺性”的维护。譬如“熊猫”牌香烟供不应求的状态,反而使得目标消费者更加感受到能够拥有产品是一件非常荣耀的事情。

广告是对奢侈品的视觉传达。根据两种不同消费人群的消费心理,分别采用两种广告宣传方式。对于“切分奢侈”,奢侈品的广告需要集中在高档时尚杂志上,特别是已经在全球市场都取得不错口碑的杂志。而对于“炫耀性奢侈”,则可以选择面向大众的广告,这种广告浪费可能达到 90% 以上,远远高于普通产品 50% 的丢失率,因为这些广告并不是面向目标消费者。但是这些广告是必要的,奢侈品之所以能够在高价下还能被接受,很大一部分源于羡慕者,是羡慕者的“羡慕”和“无法得到”制造了一种距离感,烘托出了奢侈品的价值,从而成为促进购买的因素。

每个奢侈品牌都源于特殊的文化土壤，品牌背后都有一个人人皆知的动人故事，这种发生在原产地的故事情节折射出来的文化，就是奢侈品魅力的根源，正是这种文化，成就了今天的奢侈品牌。因此，企业应该时时传达一种与文化相协调的氛围，包括企业内部的管理氛围和针对顾客的营销氛围：得到员工普遍认同的企业文化、与定位一致的促销活动和积极有效的顾客关系管理活动都是对企业文化的有效宣传。

第五节　奢侈品市场营销的成功要素分析

一、文化为本

几乎每一个真正意义上的奢侈品品牌都是以深远的历史文化为着力点。如同文物一样，悠久的历史和独特的文化赋予了这些品牌无法取代的内涵。要卖出高于同类商品数倍甚至数十倍的价格，奢侈品的价值肯定不仅仅在于产品本身，更重要的是它所代表的价值内涵和品牌精神。

在奢侈品营销的文化角力中有两种方式：一是借助与产品相关联、真实的历史文化为营销点，或是挖掘产品历史溯源，赋予品牌特有的文化内涵和价值。5 年前，Celine 的销售额不断下滑，亏损达 1 600 万美元。面对这种状况，LVMH 集团董事长兼首席执行官阿诺特构想了这样的战略：挖掘品牌历史，找到合适的设计师去表现，清晰地定义品牌的特质。他任命路易·威登的二号人物让·马克·卢比耶担任 Celine 的负责人。卢比耶发现 Celine 在 1945 年开业时是巴黎的高档鞋零售商。“我想我们可以把这个日期当作一项资产，把 Celine 说成是最早的现代奢侈品品牌，说它是巴黎和欧洲复兴的象征。”卢比耶把 Celine 重新塑造成熟悉都市生活、游历世界各地的巴黎女性形象，取得了成功。2003 年，Celine 的销售额比 2000 年上涨了 40%，达到 2.03 亿美元，并且实现了 10 年来的首次盈利。

二、名人传奇

奢侈品品牌与享用它的名人从来都是分不开的，大多奢侈品品牌的创始人本身也是该行业的开山鼻祖或是顶尖知名人士，他们对自身所处的社会精英阶层非常了解。通过宣传和利用社会名人，将他们的特质与其品牌进行协同塑造是奢侈品营销的必杀技。还记得好莱坞明星妮可·基德曼在星光大道上如丝般柔顺的金色礼服吗？将她妙曼高挑的身材勾勒到极致。在挥霍了无数菲林的同时，范思哲专卖店的同款套装接到了来自全球的大量订单。不仅是范思哲，这种借力明星的双赢营销模式已为很多品牌所效仿和实践。

三、细节放大

奢侈品无论在制造或者销售过程，对细节的苛求几乎都到了疯狂的程度，放大对细节的推崇同样是奢侈品营销的着力点之一。对细节的追求最好地契合了奢侈品享用者购买奢侈品的心理动机。

创造令人无法抗拒的购物体验，而不仅仅是专卖店。如何让你的东西看上去就感到好是奢侈品品牌成功与否的一个关键。品牌运营者必须明白，奢侈品就是为少数富贵人服务的，决不能和大众品牌混为一谈。它必须要以悠久的历史、传统或无与伦比的工艺材质为支撑。

没有顶级的品质，就没有顶级的品牌。虽然奢侈品牌的无形价值要大大高于它的使用价值，但毕竟产品的使用价值是生命的基础。奢侈品品牌在媒介选择上也有独到之处，几乎天生就明白市场细分的重要意义。

1. 制造距离感

奢侈品注定只让一部分人买得起。只有用多数人望而生畏的价格，才能产生仰望感和距离感。钢笔品牌中的派克在价格降到大多人能接受的时候便不再代表奢侈品了，相反，"万宝龙"却因提价而跻身奢侈品行列。高昂的价格并不是一种准确的概念，但却是清晰的。正如高价的不全是奢侈品，但奢侈品全是高价的一样，奢侈品的重要价值之一就是用高昂的代价换取特殊的体验。

2. 营造珍稀感

奢侈品非但只有一部分人买得起，而且只有更小部分人能拥有。瑞典的 DUXIANA 床垫，由于其手工制作、限量生产而成为床垫中奢侈品的第一品牌；法国珍藏版的铂金包也正因为其产量稀少而成为女人们追捧的对象。毕加索的名画随着毕加索的去世而成为绝版，而正由于此才卖出了天价。

3. 形同名片，具有符号性

拥有和消费奢侈品，如同在社交和商务场合出示个人的名片，表明其身份、地位、职务。奢侈品的价格严重"背离"实用价值，其使用价值重在符号上。"捷达"和"奔驰"都是代步工具，在使用价值上相差不大，但代表的意义却大不相同。"奔驰"的符号价值在于成功、财富和身份。

4. 塑造高贵血统

奢侈品往往都被赋予悠久的历史、拥有传统或无与伦比的工艺、材质。在欧洲，许多奢侈品是家族企业出品，讲究传承与血统，比如伏特加酒，再比如轩尼诗 XO，他们都蕴涵着丰富的故事、文化，这就是奢侈品之所以成为奢侈品的一个重要理由，是丰富的品牌内涵所在。

5. 展示顶级精湛工艺质量

首先，产品必须在工艺层次上取得成功。超过行业平均水平数倍的制造时间，大量的手工制造，用料的苛刻讲究，制作程序的复杂构成了奢侈的理由。其次，梯级的中间层是功能，工艺上的差异必须转化成功能上的真正不同。最后，阶梯的最后一级是情感不同，产品在工艺上的优势必须结合其他因素，与消费者在情感上产生共鸣。劳斯莱斯车头上的吉祥物(Mascot)——带翅膀的欢乐女神的产生与制造过程就是一个例证。这尊女神像的制作过程极为复杂，它采用传统的蜡模工艺，完全用手工倒模压制成型，然后再经过至少 8 遍的手工打磨，再将打磨好的神像置于一个装有混合打磨物质的机器里研磨 64 分钟，做好的女神像还要经过严格的检验。

四、匹配媒体

奢侈品品牌在媒介选择上也有独到之处，几乎天生就明白分众和市场细分的重要意义。我们一般只能在高档杂志期刊上，特别是已经在全球市场都取得不错口碑的杂志上看到奢侈品广告，读者会主动通过这样的杂志来寻求他们喜爱的奢侈品品牌信息。不仅如此，许多奢侈品品牌甚至拥有自己的杂志，百达翡丽在 1996 年 10 月正式发行了《百达翡丽国际杂志》,以英、法、日、中、德、意6种语言版本发行。从营销过程的源头——商品,到销售中间环节,再到销售终端,奢侈品营销都有着自成一派的独门绝技。“我是最好的,我是最贵的,我是最值得你拥有的!”这个核心营销信息的有力传达是奢侈品营销百年不败的奥秘。

习题

1. 结合奢侈品的定义,谈谈你对奢侈品的认识。
2. 谈谈新奢侈品和传统奢侈品的异同。
3. 谈谈奢侈品的特征以及奢侈品市场营销的基本方法。
4. 分析奢侈品市场营销的成功要素。
5. 奢侈品市场营销策略有哪些?

案例学习及讨论

案例1　蓝带1844啤酒:百年橡木桶酝酿　缔造经典传奇

一、百年历史

在人类历史上,几乎每一件尊贵稀有、备受推崇的艺术珍品,皆历经岁月的雕琢,长久不息。蓝带1844的经典传奇一直广为流传,3L橡木桶蓝带啤酒的诞生,也正是诠释了蓝带1844啤酒光辉而历久弥新的发展史。

美国独立战争后,国内的啤酒生产几乎陷于停滞状态。1789年,政府颁布法令,规定对啤酒酿造商实行五年免税政策,以刺激啤酒的生产和消费。十九世纪初,美国啤酒业开始复苏。1840年前后,大批德国移民迁徙到美洲,他们不仅带来了先进的储藏啤酒的酿造技术,更推动了美国啤酒业的迅猛发展。大大小小的啤酒企业,如雨后春笋般在北美大地茁壮成长。1844年,德国世代酿酒师雅各布·贝斯特(Jacob Best)带着四个儿子举家从美丽的莱茵河畔迁移到美国,在威斯康星州的密尔沃基市(Milwaukee)创建啤酒厂(Best Brewery)。这个啤酒厂生产规模不大,第一年生产300桶(35 kL)啤酒。

在有着多年船长经历的帕布斯特的带领下,蓝带啤酒将坚韧、严谨与执著的“船长精神”贯注于啤酒酿造全过程,从此未有丝毫改变。极致严苛的选料标准,经典的蓝带传统酿造工艺,赐予它高人一等的高贵血统,更令它成为美国经典文化的代表之一。蓝带啤酒从此开始不断创造发展奇迹,1874年蓝带成为全美第一大啤酒公司,1876年更荣获费城世博会最高荣誉——蓝色授带。为了纪念这一骄人的成绩,在1876年,帕布斯特先生特别选用美国300年以上的纯正白橡木,酿造了1 844桶3 L橡木桶装的蓝带啤酒,并专供给美国总统、参议员、企业家、艺术家和电影明星等社会精英群体,就此奠定了蓝带啤酒最为纯正和尊贵的美国血统。此传统一直延续至1920年美国禁酒令颁布为止。

二、船长精神

蓝带1844的“船长精神”从古至今从未改变。

15世纪复古工艺重现,19世纪的皇室尊享珍酿,历久弥香的限量版橡木桶装1844,带领消费者体验穿越两个世纪的经典历史文化,也因此铸就了现代啤酒的贵族品牌。

“蓝带1844”具有生产工艺独特、感官品鉴优异、包装设计独特等特点,是一款以优质特种进口麦芽及酒花,结合橡木桶储存酿出的明显区别于普通啤酒的新型特种啤酒。色泽独特,香气(果香、酒花香、橡木香、麦芽香)馥郁、优雅、宜人,酒体丰满、圆润、柔和协调,堪称啤酒中的极品、超高端产品。

作为中国唯一一款橡木桶啤酒，蓝带1844啤酒的原料选择及酿造过程苛求完美：它精选顶级进口澳麦和顶级特种麦芽，以及美国雅基玛山谷的上乘酒花，并且在恒定温度0 ℃，无一切自然光源的环境下，采用独创的两罐法发酵，更要在来自美国本土的百年白橡木桶中经过298天发酵储藏才能在市场上出售。

三、高贵依然

2009年11月8日，在中国首款橡木桶啤酒“蓝带1844”发布现场，由蓝带啤酒有限公司董事长倪庆伟、蓝带酿酒师康伦及当红影星孙红雷共同签名的全球第一瓶“蓝带1844”啤酒以22万元的天价拍出，自此，中国高端啤酒的定义被重新改写。

古老而神秘的橡木桶酝酿，使得蓝带1844在凝聚精华流淌而出之前，最终得以向最质朴的自然回归。选材苛刻的白橡木桶透过适度的氧化使酒的结构稳定，并通过具有透气性的桶壁渗入适量氧气柔化酒液，使橡木桶自然的清香与酒自然相融，再加上蓝带1844的历史积淀，均使得蓝带啤酒被视为啤酒中的“奢侈品”。

“蓝带1844”不仅能够满足这个时代的人们对于品质生活的追求，对于历史、文化等精神体验的需求，而且还为社会中最懂生活、最有品味、最有消费能力的精英人士及成功人士带来非凡的感受。

资料来源：

根据蓝带1844高级俱乐部网站资料整理，http://www.1844club.com/

讨论题：

1. 蓝带1844啤酒何以跻身“奢侈品”行列？

2. 请你为蓝带1844啤酒在中国市场的营销提几点建议。

案例2　路易·威登："随变"的奥秘

路易·威登创立于1854年，创始人为路易·威登，现隶属于法国专产高级奢华用品的Moet Hennessy Louis Vuitton集团。1896年，路易·威登的儿子乔治用父亲姓名中的简写L及V配合花朵图案，设计出到今天仍蜚声国际的交织字母印上粗帆布(Monogram Canvas)的样式。100年来，世界经历了很多变化，人们的追求和审美观念也随之而改变，但路易·威登仍声誉卓然，“LV”标志也保持着无与伦比的魅力。1999年，路易·威登在香港中环置地广场开设了一间旗舰店，占地两层共6 600平方米。2007年，路易·威登位列《福布斯》世界顶级奢侈品牌榜顶级服装品牌。2008年度，路易·威登在《商业周刊》全球最佳品牌100强排行榜位居第16位，品牌价值约为216亿美元。

一、传承“DNA”

一个成熟的品牌企业通常会有一个成熟的盈利模式，尤其是一个有着百年传统的企业，因为它的经营架构往往是定型的。当它在面临环境压力和挑战的时候，这种模式特有的天赋和对市场需求的敏感往往是不可或缺的，并且对企业持续发展起着至关重要的作用。在历史的长河中，有许多大企业都具备了这样的模式，路易·威登便是其中之一。没有来过香榭丽舍大道，不算真正到过巴黎；没有来过路易·威登的总店，就不算真正到过香榭丽舍大道。这一点，可以在巴黎的香榭丽舍得到佐证。

已经具有154年历史的路易·威登公司拥有如此超人的魅力，其经营秘诀就是“随变”

而“僵化”。“随变”的是,路易·威登根据对环境变化趋势的预测非常及时果断地调整产业结构与产品策略,创造性地采取一系列营销手段顺势成长。“僵化”的是,公司对消费需求的关注和产品质量的苛求,坚守着名牌的灵魂。

这种“随变”和“僵化”的经营模式鞭策着路易·威登百年来一直把崇尚精致、品质、舒适作为设计的出发基础,满足顶尖层次的消费潮流。因此,路易·威登这个名字现也迅速传遍世界,成为奢侈用品最精致的象征。

经营传承百年的奢侈品牌,要求一代又一代的继承人都要有将名字传承下去的决心。拥有手工艺者特有天赋和对不同时代需求敏感的威登家族是这方面的典范。

1837 年,路易·威登出生于一个法国木匠之家,父亲是磨坊主,他童年时跟父亲做了大量的木工活,10 岁时已经能凭自己的手艺生存了,并且充分掌握了各种木材特性。14 岁那年路易·威登想到巴黎去发展,因为付不起车资,他只能徒步,一路上靠打零工维持生计。不过路易有个很“大”的梦想来抚慰心灵:开一间属于自己的小店。

初到巴黎的生活还是按部就班,在一家行李箱作坊度过数年学徒生涯后,他开始为法国皇室服务,成为一名捆衣工。当时正值拿破仑二世登基,法国版图的扩大激起了拿破仑乌婕妮皇后游历欧洲的兴趣。但是,旅行的乐趣却常常因为一些小问题而大打折扣,因为,那些华美的衣服总是不能妥帖地呆在行李箱中。此时,穷小子路易·威登凭借自己多年的手艺,把皇后的衣装巧妙地绑在旅行箱内。就因为这个,从乡下来的年轻人路易很快得到了拿破仑乌婕妮皇后的留意和信任。

同时,在为皇后服务的过程中,旅行者们的苦乐引起了路易·威登的注意。当时交通工具的革命方兴未艾,乘坐火车成为旅行者最时髦的选择,然而这也给他们带来了很大的麻烦:不是旅行箱把衣服弄得皱巴巴,就是行李包在火车的颠簸中一次次摔倒。路易·威登认为自己能为更多的人免除旅行之忧,便于 1854 年结束了为宫廷服务的工作,在巴黎创办了首间皮具店,主要产品就是平盖行李箱。

这个用“Trianongrey”帆布制成的箱子很快便成为巴黎上流社会喜欢出行的贵族们出行的首选物品。四年后,路易·威登扩大了皮具店规模,在巴黎近郊 Asnières 设立了第一间工厂。这时,设计、生产的过程更注重于解决旅行者们的实际问题,以实用的设计理念为基础,路易·威登在时尚和专业化方面不断深入。

1871 年,路易·威登在 Scribe 大道上开设了一家新店;四年后分店开到了伦敦市中心。公司的发展为产品的创新提供了更坚实的基础。就在这段时间,路易·威登品牌的经典产品——坚硬旅行箱也于 1889 年诞生,它适应长途旅行的颠簸,带给旅行者最需要的安心与舒适——迄今为止,它依然是路易·威登的骄傲。

暮年后,路易·威登的儿子乔治·威登,继承了心灵手巧的家族传统,在 1890 年发明了特殊的锁扣“5 - tumbler”——特点在于只要用一把钥匙,就可以打开客户本人所有的路易·威登皮箱,避免了旅行者在裤子上拴一大堆钥匙的麻烦。1896 年,他更是在 Monogram 帆布上印制了著名的“LV”商标,这令路易·威登开始作为品牌象征注入人们的思想观念。

到第三代传人卡斯顿·威登展现家族创造力时,手工艺这一传统行业逐渐拥有了现代社会的产业形式。卡斯顿和当时的欧洲艺术家来往密切,经常邀请他们参与自己的设计过程,力图将自己喜爱的古典元素转化为经久不衰的时尚经典。不知不觉中,路易·威登的产品日渐奢华。比如,LV 各种旅行袋、提包、后背包、可以放各种证件的皮夹、护照夹等各种款式,约一个月就会推出新品、新款式。不论是时髦的仕女或成熟的男性,甚至是活泼的年轻人，都可以在LV找到符合自己的皮件用品。精致的LV可为不同的需要量身订制，不论是可放两瓶佳酿的酒袋还是可折叠的桌椅，都会呈现出“LV旅行哲学”的真正象征。这样的“象征”，早在路易·威登很小的时候就有了深深的烙印，但没有什么能证明他为什么会有这种思想。正如前面所说的，当他在创业时，就毫不犹豫使用了自己的名字作为箱子的品牌名称。他在给路易·威登家族制定的“家规”中规定：他的后代凡是女孩，名字中必须有“路易斯”这个词；凡是男孩，名字中必须有“路易”这个词。150多年来，威登家族都执行了他的规定。

路易·威登能够长期屹立于国际精品业的翘楚地位，根本原因在于有着自己特殊的“DNA”。路易·威登不仅自己一直继承了他追求品质、精益求精的态度。他的第二代传人乔治·威登则开始为品牌添加国际视野和触觉。第三代卡斯顿·威登又为品牌带来了热爱艺术、注重创意和创新的特色。同时，不单是家族的后人，每一位为路易·威登工作的设计师和其他工作人员，都必须了解路易·威登的历史，并且从中领悟到它特有的这些“DNA”。

二、与时俱进

路易·威登对新款式有着狂热的激情，主要是因为它的每一款新设计，很快就会被别人模仿，只有不断用更新的款式去打击对手。它的行为造成了“时尚总是变化最快”的现象，使得巴黎那些追赶时尚的人们不得不经常光顾它的商店，免得一夜之间就落伍了。

事实上，150年的经验不仅缔造了一个传奇品牌，路易·威登的经营者们也逐渐培养起独到的眼光和洞察力。在1997年，路易·威登公司董事会决定聘请“时尚简约主义”的代表马克·雅各布加盟。他倡导的设计理念和繁复的贵族式设计风格，实际上和路易·威登的设计理念相矛盾。但是，正是路易·威登董事会这个勇敢的决定，使得这个品牌再一次证明了自己是社会地位的象征。

马克利用“从零开始”的极简哲学开始对路易·威登进行改革。例如他根据对流行时尚敏锐的感受能力，发挥自己的想象力和创造力，在传统Monogram产品上增添小型金属装饰。在他的帮助下，路易·威登重新塑成熟悉都市生活、游历世界各地的巴黎时尚形象。路易·威登的产品吸引了芝加哥、东京等各地的消费者，它的产品有华贵的大红色仿羔皮呢紧身外套、双面驼绒窄身裙以及貂皮围巾等。

除此之外，经营奢侈品牌必须长期推出新广告，这是路易·威登早在1870年就确认的营销定律。直到今天，全世界所有的奢侈品牌商都不敢违抗这条铁律，从地中海岸到大西洋岸边、从嘎纳影后到好莱坞影帝、从变形金刚到海底总动员“一扫而光”。其实，路易·威登是奢侈品牌商做广告的先驱，当时巴黎的报业方兴未艾，报界尽力诱惑商人打广告，但商人们认为花那么多钱做广告不划算。有趣的是，由于当时办报纸的都是文人，在报纸上做广告的基本上也都是文人，像雨果这样的文豪自己掏钱在报纸上打广告都是极自然的事情。多年以后，商人们才发现广告的魅力。路易·威登是先知先觉者，1880年路易·威登在50家报刊不断地做广告，成了新闻媒体的宠儿，报刊又反过来力推“LV”品牌，路易·威登的知名度不逊色于当时任何的新闻人物。

奢侈的店面橱窗，在当代仍然是奢侈品牌的主要营销手段。但很少有人知道这也是路易·威登的创举。1875年，路易·威登的店面设置了华丽的橱窗，里面摆满行李箱，整个巴黎都被吸引了，在他的橱窗前，可以碰到王室、贵族、政客、富豪等等上流人物，他们都是来欣赏什么叫时尚的。

奢侈品牌的旗舰店更是当代的营销潮流，旗舰店的雏形也是路易·威登的创举。当年，路易·威登遇到的主要对手来自英国同行，并不是因为英国人做得比他更好，而是很多法国贵族认为英国货更洋气，这激发了路易·威登要到伦敦去和英国人当面较量的雄心。

如今的路易·威登在巴黎的旗舰店，如同一座艺术博物馆，已经成为巴黎时尚的丰碑，是巴黎最迷人的旅游景观之一。很多人消费不起"LV"，也要到此一游，只是为了见识一下奢侈品的样子。

三、战略不变模式变

从20世纪的80年代至90年代，法国高档名牌行业经历了一个剧烈兼并、整合和集中的过程，在这个时期造就了今天在法国最富有的高档名牌行业领军人物，如路易·威登集团的贝尔纳阿尔诺，使得一批经过兼并大潮洗礼的百年家族老店继续保持了传统的生产和经营风格，并与大集团在国际市场上分庭抗礼。当然，在经济全球化无所不在的今天，也有一些法国著名品牌或被外资介入，或被国外企业收购；而路易·威登集团则更多地把外国著名高档品牌纳入到自己的经营范围。

路易·威登CEO伯纳德·阿诺特管理着酩悦香槟、Thomas Pink衬衫等数十个奢侈品品牌，但公司利润的60%来自路易·威登一个品牌。阿诺特面临的挑战是如何复制路易·威登的成功。比起其他消费品行业，奢侈品行业的品牌打造更要艰难，因为你必须让人们对并不真正需要的东西产生渴望。

58岁的阿诺特风度翩翩，20年前他就开始涉足奢侈品行业。当时，35岁的阿诺特用家族提供的资金，再加上银行贷款，收购了博萨克集团，这是一家破产的法国纺织品集团，曾在1946年资助克里斯汀·迪奥成立了首家时装店。阿诺特剥离了除迪奥以外博萨克的所有业务，并通过这家企业大量收购"LVMH"公司的股票，收购至旗下的路易·威登与酩悦轩尼诗合并，成立了新的路易·威登。在20世纪90年代，他开始大举收购当时比LVMH还要高档的奢侈品牌，其中包括衬衫制造商Thomas Pink、卓美珠宝、芬迪皮具、Pucci和Donna Karan时装、Krug香槟以及豪雅表等。

通过全新的并购经营模式，阿诺特赋予了路易·威登产品强烈的现代气息。同时，他还极为关注品牌的质量。路易·威登在法国迪塞的生产厂的院子里有一台粉碎机，专门用于销毁那些不合格的产品。检验员清点手提包皮带上的针脚数目，哪怕只差了一个针脚，提包也会被送入粉碎机。

随着路易·威登的竞争力日益增强，阿诺特多管齐下，开始营造至关重要的影响力。最能制造品牌影响力的，是公司每个季度限量推出的高价产品。2006年的产品是售价5 550美元的Theda手包，这款表面以蓝绿色鸵鸟皮和绸缎制成的手包最初只在美国纽约第五大街的专卖店有售，在英国的专卖店只分到了10个。到了2007年3月，伦敦和纽约的消费者都要等上数月才能买到这种手包。路易·威登的解释是：这种手提包的目的并不是为了赚钱，而是要激起人们的羡慕。这其实就是路易·威登高明的策略。

进入2007年，路易·威登集团已经成为世界最大的高档名牌产品生产和销售集团，它将时装与皮具、香水与化妆品、香槟酒与烈性酒、钟表与首饰等4大类精品的60家著名品牌汇集在集团旗下，其中包括世界驰名的路易·威登箱包、迪奥和纪梵希香水、芬迪时装、尚东香槟酒和轩尼诗干邑等极品品牌，并经营着一个巨大的销售网络和巴黎的两家著名大型商场。同时，路易·威登集团的营业额也达到了153亿欧元，并且以接近10%的速度增长，实现营业额34亿欧元，利润率高达45%。路易·威登既可充分利用多种类、多品牌的协同优势，又发掘出了企业的潜能，充分发挥了各品牌的独立发展能力。利用品牌效应，将最著名品牌由单一产品向多种产品延伸，创造出更大的附加值。

经营一个顶级奢侈品品牌，是经营一种梦想，也是在抵制着无穷无尽的欲望。要在奢侈品品牌定位上长久地坚持下去，就必须能够经受得住盈利的考验，任何的冲动和急功近利都会对品牌本身造成难以弥补的伤害。

整整一个世纪过去了，印有“LV”标志这一独特图案的交织字母帆布包，伴随着丰富的传奇色彩和雅典的设计而成为时尚之经典。150 多年来，世界经历了很多变化，人们的追求和审美观念也在不断改变，路易·威登不但声誉卓然，而且依旧保持着无与伦比的魅力。

资料来源：

王新业，《路易·威登："随变"哲学的奥秘》，摘自《董事会》，2008 年第 5 期。

讨论题：

1. 何谓品牌个性，路易·威登的品牌个性有哪些？
2. 150 多年来，路易·威登随时代进行了哪些营销组合变化？
3. 路易·威登的品牌延伸有何启示？
4. 你认为路易·威登的经营哲学是什么？

案例 3 哈根达斯

哈根达斯冰淇淋 1921 年诞生于纽约布朗克斯市的一个家庭。20 世纪 50 年代，由于冷冻技术和科技的发展而导致很多冰淇淋制造商在产品中加入更多的空气、稳定剂和防腐剂以延长产品的保质期限和降低经营成本。因而使冰淇淋的质量大不如前，鲁本·马特斯当时便立下宏愿要生产纯天然的、高质量、风味绝佳的冰淇淋产品，让世人享受真正高品质的冰淇淋美味。

鲁本·马特斯生产了三种口味的冰淇淋：香草，巧克力和咖啡，主要把产品提供给一些高级的餐厅和商店，口碑载道。产品于 1961 年正式命名为“Häagen-Dazs”，是马特斯根据北欧语系而创造的，这是因为他年幼时曾在丹麦尝过他认为最好的冰淇淋，所以运用此语系为产品命名。

哈根达斯的冰激凌有多种不同味道，亦被称为“超级品牌”，因为其冰激凌密度较高，在生产时混合的空气比较少，亦有较高的牛油脂肪。

哈根达斯的名称很欧洲化，但其实并不来自欧洲，只是由两个合成的字所组成，它甚至在北欧没有任何分店。其创办人则是来自波兰的欧洲移民。哈根达斯的品牌现在由通用磨坊持有。在美国和加拿大，产品为雀巢旗下品牌。哈根达斯通过独特的营销策略，在中国已经成为了顶级冰激凌品牌，月饼冰激凌口味深入人心——甚至成为某种生活标志，哪一个小资不知道它的大名呢。高端的消费阶层固然是它的忠实顾客；中低端的消费者也被它所吸引，一旦有了闲钱，也会奢侈一把。哈根达斯在已经成熟的冰激凌市场取得了高档次消费者的认可与欢迎，其“奢侈品”营销手段成为业内经典案例。

如今，不仅在全美，哈根达斯在全球都是极受欢迎的品牌。无论在那里，一提到“哈根达斯”，人们就会想起极其美味诱人的冰淇淋。在中国也是如此，她似乎更像是优质生活和品味的象征。

哈根达斯提倡“尽情尽享，尽善尽美”的生活方式，鼓励人们追求高品质的生活享受。在提供冰淇淋的同时，哈根达斯非常注重营造一种氛围，使品尝哈根达斯冰淇淋成为一种难忘的体验。这也就是“哈根达斯一刻”。其著名的广告词“爱她,就请她吃哈根达斯(If you love her, take her to Häagen-Dazs.)”可以说是家喻户晓。

哈根达斯采用纯天然材料,不含任何防腐剂、人造香料、稳定剂和色素。脱脂奶的选用更将美味与健康绝妙融合。纽约时代杂志曾赋予哈根达斯“冰淇淋中的劳斯莱斯”的美名。

哈根达斯(Häagen-Dazs)的矜贵是出了名的。动辄上百的定价比普通冰淇淋贵了10倍以上,而这款昂贵的冰淇淋却总是引得大批信徒趋之若鹜。似是无理,却又合理,从其制作原料到其休闲小店甚至到其消费群体的定位,都让人想到一个词——矜贵。它卖的不是冰淇淋,而是对生活的梦想。

一、瞄准市场空挡

鲁本·马特斯(Reuben Mattus)1921年与他的母亲从波兰移民到纽约,17岁时,马特斯就开始套上马车,在闹哄哄的纽约布朗克斯大街(Bronx)上叫卖自制的冰淇淋和水果冰。马特斯家族4代制造了各种牌子的冰淇淋,但只有一个品牌让这个家族闻名全球,它就是哈根达斯。

20世纪50年代,40多岁的马特斯早已深谙冰品市场的发展现状,他敏锐地发现低价冰淇淋市场已渐趋成熟,小作坊式的冰淇淋生产商根本不可能在大公司的竞技规则中发展壮大,更别说在竞争中获胜。另外,当时的冰淇淋制造商为迎合消费者的要求,纷纷寻求各种途径来降低产品价格,如在冰品中加入稳定剂、防腐剂及增加空气含量。

鲁本·马特斯瞄准了当时高价冰淇淋的市场空挡,决定将赌注压在质优价高的冰淇淋市场上。马特斯走出的这条“曲高和寡”路线无疑具有风险性,但同时又极富前瞻性,他制造的冰淇淋——哈根达斯一炮走红,在全球带来了一场冰淇淋革命。尽管后来哈根达斯几易其主,但其矜贵形象却从未改变。马特斯独到的商业洞察力和其后对其高贵品牌的坚持,让哈根达斯在几十年后,仍独步顶级冰淇淋行业。连通用磨坊(General Mills,1989年哈根达斯成为其旗下一员)CEO斯蒂芬·森格也承认:“在哈根达斯的经营中,现在应该说还没有真正的竞争对手。就这个产品的品质和质量来说,还没有其他竞争对手达到这么高的品质和标准。”

二、做世上最好的冰淇淋

“制造最好的冰淇淋!”马特斯明确地喊出了自己的宣言。如何调制出口味最好的冰淇淋?马特斯的宗旨是不吝成本,舍弃当时偏重外在颜色而将口味退而次之的做法,制造出口感一流的冰淇淋。他严格地选用最纯净、天然的原料,新鲜牛奶、鸡蛋和其他高级原料都是不可掺和的。马特斯还在冰淇淋中加入更多的乳脂,大大降低空气含量。经过10年的不断试验,1959年,马特斯终于制造出满意的冰淇淋。至今,哈根达斯仍延续了这一优良传统,全球出售的哈根达斯都是选用最好的原料,而且每道制作工序都实行严格的质量检测。

两年后,马特斯突发奇想,以一个丹麦名字——“Häagen-Dazs”为他的冰淇淋命名。他认为这个名字可以唤起新鲜、天然、健康及高品质的感觉,恰到好处地表现了其冰淇淋的独到之处。第一批以哈根达斯命名的冰淇淋有香草、巧克力和咖啡3种口味。其中,黑巧克力特意从比利时(Belgium)挑选,香草豆则从非洲的马达加斯加岛(Madagascar)精挑细选过来。对高品质孜孜以求的马特斯很快又为哈根达斯增添了第四种口味——草莓味。

哈根达斯上市后掀起的冰淇淋狂潮证明了马特斯眼光的独到,哈根达斯的名字在人们口中竞相传道,所有的溢美之词都用来形容这种极其可口的冰淇淋。这种口头广告又让更多的人对哈根达斯想一尝为快,一时供不应求,哈根达斯也成为第一个全美国知名的冰淇淋品牌。

三、梦想营销学

产品好,质量过硬,自然好卖。但要做成品牌,而且是深入人心的国际顶尖品牌,质量还只是一块跳板。哈根达斯让其大批信徒像吸毒一样难戒其瘾,这还得归功于其成功的营销策略,尤其当现代消费者越来越将好质量看成是商品理所应当的元素,如何让其品牌形象变得卓尔不群呢?哈根达斯的品牌营销策略与德国大众的甲壳虫汽车和苹果电脑一样,均将一种生活理念注入品牌生命,成为品牌营销学的成功典范。

哈根达斯贯彻了其矜贵策略。首先,哈根达斯自设专卖店,绝不在人流熙攘的普通超市和杂货店里抛头露面,与廉价冰淇淋混成一堆。哈根达斯休闲小店均设于时尚繁华路段,店里店外由设计师精心布置,极力营造高雅情调,有时,一间旗舰店的布置会耗资数百万美元。

哈根达斯几乎不做有广大受众群的电视广告,这不仅是一种资源浪费,还有损哈根达斯苦心经营的矜贵形象。所以在广告宣传上,哈根达斯相对而言显得吝啬,它的广告大部分是极富视觉冲击力的平面广告。当然,顾客们无数的口头宣传也是哈根达斯的有力武器。

哈根达斯另外一大撒手锏是将产品贴上爱情标签,一句"爱她就请她吃哈根达斯"的广告词,几乎令所有的女生对哈根达斯衍生出对冰淇淋以外的诸多美好遐想。哈根达斯俨然成为情人们的爱情信物和感情见证人。在今天,哈根达斯已在全球55个国家拥有约700个专卖店,年销售额逾10亿美元(约合63.8亿元人民币)。哈根达斯当之无愧地成为全球最具人气的顶级冰淇淋品牌。在美国本土,哈根达斯的市场占有率为6.1%,在法国为1%,在日本为4.6%,在新加坡为4%,在香港为5%。

矢志走"曲高和寡"路线的哈根达斯还是赢来了广大顾客的追随,准确的市场定位、执著的品牌目标和对梦想恰到好处的市场运用,才是它成功的真正秘诀。

资料来源:

郭霞丽,《哈根达斯:一个国际名牌的前世以及今生》,摘自《品牌》,2006年第1期。

讨论题:

1. 哈根达斯的品牌个性有哪些?
2. 哈根达斯进行了哪些营销组合变化?
3. 你认为哈根达斯真正的成功秘诀是什么?

第十四章　网 络 营 销

本章学习要点：

- 网络营销的概念及主要特征
- 网络营销与传统营销的比较
- 网络营销的基本方法及常见的推广方法
- 网络营销策略研究
- 网络营销的成功要素分析
- 网络营销策划

第一节　基 本 概 念

一、定义

在英文中，Cyber Marketing，Internet Marketing，Network Marketing，E-marketing 等，都表示网络营销，不过，内涵有一定的差异。Cyber Marketing 主要是指网络营销是在虚拟的计算机空间进行运作；Internet Marketing 是指在 Internet 上开展的营销活动；Network Marketing 是在网络上开展的营销活动。目前，比较习惯采用的术语是 E-marketing，e-表示电子化、信息化、网络化，既简洁又直观，而且与电子商务（E-business）、电子虚拟市场（E-market）等相对应。

网络营销（On-line Marketing 或 E-marketing）全称是网络直复式营销，是整个营销体系的一部分，是企业营销实践与现代信息通信技术、计算机网络技术相结合的产物，是以国际互联网络为基础，利用数字化的信息和网络媒体的交互性来辅助营销目标实现的一种新型市场营销方式。概括来说，网络营销就是以互联网技术为基本手段，为达到一定目的而开展的营销活动。

网络营销是企业整体营销的一个重要组成部分，最终目标是要为企业的整体营销活动提供支持与帮助。它具有很强的实践性特征。所以，关键要理解网络营销的一般规律与方法。通过熟悉互联网这种新型的营销环境，熟练掌握各种网络营销工具的应用从而为企业创造更大的利润。

二、网络营销的主要特征

随着互联网技术发展的成熟以及联网成本的低廉，互联网络像一种“万能胶”将企业、团体、组织以及个人跨时空联结在一起，使得他们之间信息的交换变得“垂手可得”。市场营销中最重要也最本质的是组织和个人之间进行信息传播和交换，如果没有信息交换，交易也就是无本之源。因而，互联网络具有营销所要求的某些特性，使得网络营销呈现出跨时空、多媒体、互动式、个性化等特点。

1. 跨时空

时间、地域的概念,对于网络营销不再是限制,企业可每周 7 天,每天 24 小时随时随地地提供跨时间、地域的营销服务。这一特点最主要表现在“国际化”。“国际化”是近几十年来市场营销的一个发展趋势。然而传统的国际营销要受到种种限制,如要负担巨额费用,营销活动的深入程度参差不齐等,无论在参与主题个数还是活动内容上,都仅仅是准国际营销性质。而在网络营销中,所有企业,不管实力强弱、规模大小、产品多少,只要是国际互联网络成员,都能平等地参加国际营销。Internet 正在使地球日益成为一个村落,营销的国际化程度进一步提高了。

2. 互动性

互联网络不仅可以展示商品信息、链接商品信息,更重要的是,可以实现和顾客互动双向沟通,收集顾客反馈的意见、建议,从而切实地、有针对性地改进产品、服务,提供高效的客户服务。传统的市场营销是单向式的。以广告为例,电视、报纸、广播、路牌都是通过单向信息吸引受众的视觉、听觉,试图将有关信息强加给受众。而在网络营销中,消费者手中掌握着鼠标,他们能够由被动成为主动,参与到双向互动营销过程中。消费者有权自由访问,既可以只看标题,粗略浏览,也可以从头到尾详细查看。在交互式广告页面下,受众对感兴趣的话题可以一步步深入查询,直到满意为止。“消费者是上帝”在网络营销中将得到充分体现。

3. 个性化

互联网更便于收集用户的信息资料,从而更能够发现、满足用户的需求,通过信息提供与交互式沟通,可以实现一对一的个性化服务,促销也更具有针对性,更易于与消费者建立长期良好的关系。传统的大规模市场营销以电视广告、超级市场、大规模生产为营销活动的基础,厂商试图通过规模经济降低营销成本。而网络营销费用较低,它体现出或者说不得不具备个性化特征,因为消费者有选择权,他只会去看符合自己口味的主页。

4. 多媒体

互联网络上的信息,不再停留于文字,声音、图像、流媒体等都可在互联网上实现并被提供,信息交换可以以多种形式存在和进行,营销人员可以充分发挥创造性和能动性,以多种信息形式展示商品信息,打动消费者。

5. 整合性

互联网络上的营销可由商品信息至收款、售后服务一气呵成,因此也是一种全程的营销渠道。另一方面,企业可以借助互联网络将不同的传播营销活动进行统一设计规划和协调实施,以统一的传播咨询向消费者传达信息,避免不同传播的不一致性而产生的消极影响。

6. 超前性

互联网络是一种功能最强大的营销工具,它同时兼具渠道、促销、电子交易、互动顾客服务,以及市场信息分析与提供的多种功能。它所具备的一对一营销能力,正符合营销的未来趋势。

7. 高效性

电脑可储存大量的信息,待消费者查询,可传送的信息数量与精确度远超过其他媒体,并能适应市场需求,及时更新产品或调整价格,因此能及时有效了解并满足顾客的需求。

8.经济性

通过互联网进行信息交换,企业可以传递准确的信息,避免因信息错误带来交换的损耗,能极大地降低经营成本和交易成本。通过网络平台,企业可以非常方便地与消费者达成最终交易,节约了大量的人力、物力,提高了交易效率。更重要的是,这样可降低企业的竞争成本,为企业提供更全面的竞争平台。在网络时代,市场调查、广告促销、人员推广、经销代理等传统的营销手法将与网络相结合,并充分运用网上的各项资源,形成以最低成本投入获得最大市场销量的新型营销模式。

三、网络营销与电子商务的区别

根据联合国经济合作和发展组织(OECD)的定义,电子商务指的是发生在开放网络上的包含企业之间(Business to Business)、企业和消费者之间(Business to Consumer)的商业交易。也就是说,电子商务的侧重点在于网上交易,网上买卖活动;而网络营销则是贯穿营销的整个过程。电子商务是网络营销的一部分,是网络营销的一个重要环节。我们从电子商务的英文 E-commerce 和网络营销的英文 E-marketing 也可看出两者的区别。

首先,两者研究的范围不同。电子商务侧重电子化交易,而网络营销侧重的是以互联网为手段的营销活动。由此可见,在电子商务中占重要地位的网络安全、网上支付及相关法律等问题并不适合全部包含在网络营销任务中。

其次,两者关注的核心内容不同。网络营销主要任务在于交易前的策划与推广,电子商务的标志则是电子交易。从某种意义上来说,电子商务可以看成是网络营销的高级阶段。即使企业没有完善的电子商务环境(企业内部网与外部网),依然可以开展不同层次的网络营销活动。由此可见,两者又是密切联系的,开展电子商务一定要以网络营销为基础。

第二节　网络营销与传统营销的比较

网络营销是信息网络时代新的营销方式,它与传统营销相比,能够超越时间约束和空间限制,更直接地满足消费者的需要,从而具有更大的优势。网络营销不仅为企业营造了崭新的营销环境,同时还彻底重组了企业的营销理念,创新了传统营销的组合策略和手段。网络营销虽然是传统营销的发展,但它给传统营销带来的创新和变革是前所未有的。在买方市场下,市场竞争日益激烈。依靠传统的营销手段,企业要想在市场中取得竞争优势也越来越难。网络营销的出现彻底地改变了原有市场营销理论和实务存在的基础,营销和管理模式也发生了根本的变化。

一、网络营销中顾客概念的整合

传统的市场营销学中,顾客是指与产品购买和消费直接有关的个人或组织(如产业购买者、中间商、政府机构等)。在网络营销中这种顾客仍然是企业最重要的顾客。但是,网络社会的最大特点就是信息“爆炸”。在因特网上,面对全球数以百万的站点,每一个网上消费者只能根据自己的兴趣浏览其中的少数站点。而应用搜索引擎可以大大节省消费者的时间和精力。面对这种趋势,从事网络营销的企业必须改变原有的顾客概念,将搜索引擎当作企业的特殊顾客,因为搜索引擎不是网上直接消费者,却是网上信息最直接的受众,它的选择结果直接决定了网上顾客接受的范围。

二、网络营销中产品概念的整合

市场营销学中将产品解释为能够满足某种需求的东西,并认为完整的产品是由核心产品、形式产品和附加产品构成,即整体的产品概念。网络营销一方面继承了上述整体产品的概念;另一方面比以前任何时候更加注重和依赖于信息对消费者行为的引导,因而将产品的定义扩大了,即产品是提供到市场上引起注意、需要和消费的东西。网络营销主张以更加细腻的、更加周全的方式为顾客提供更完美的服务和满足。因此,网络营销在扩大产品定义的同时,还进一步细化了整体产品的构成。它用五个层次来描述整体产品的构成:核心产品,一般产品,期望产品,扩大产品和潜在产品。在这里,核心产品与原来的意义相同;扩大产品与原来的附加产品相同,但还包括区别于其他竞争产品的附加利益和服务;一般产品和期望产品由原来的形式产品细化而来;潜在产品指出了现有产品可能的演变趋势和前景,它是在核心产品、一般产品、期望产品、扩大产品之外,能满足消费者潜在需求的,尚未被消费者意识到,或者已经被意识到但尚未被消费者重视或不敢奢望的一些产品价值。

三、网络营销中营销组合概念的整合

网络营销过程中营销组合概念因产品性质不同而不同。对于知识产品,企业直接在网上完成其经营销售过程。在这种情况下,市场营销组合发生了很大的变化(与传统媒体的市场营销相比)。首先,传统营销组合的4P中的三个——产品、渠道、促销,由于摆脱了对传统物质载体的依赖,已经完全电子化和非物质化了。因此,就知识产品而言,网络营销中的产品、渠道和促销本身就是电子化的信息,它们之间的分界线已变得相当模糊,以至于三者不可分。其次,价格不再以生产成本为基础,而是以顾客意识到的产品价值来计算。第三,顾客对产品的选择和对价值的估计很大程度上受网上促销的影响,因而网上促销的作用备受重视。第四,由于网上顾客普遍具有高知识、高素质、高收入等特点,因此,网上促销的知识、信息含量比传统促销大大提高。

四、网络营销对企业组织的整合

在企业组织再造过程中,在销售部门和管理部门中将衍生出一个负责网络营销和公司其他部门协调的网络营销管理部门。它区别于传统的营销管理,主要负责解决网上疑问,解答新产品开发以及网上顾客服务等事宜。同时,企业内部网的兴起,将改变企业内部运作方式以及员工的素质。在网络营销时代到来之际,形成与之相适应的企业组织形态显得十分重要。

网络营销的产生和发展,使营销本身及其环境发生了根本的变革,以Internet为核心支撑的网络营销正在发展成为现代市场营销的主流。长期从事传统营销的各类企业,必须处理好网络营销与传统营销的整合。只有这样,企业才能真正掌握网络营销的真谛,才能利用网络营销为企业赢得竞争优势,扩大市场,取得利润。

第三节 网络营销的基本工具及常见推广方法

网络营销信息传递的原则之一是建立尽可能多的网络营销信息传递渠道,网络营销信息传递需要借助于各种有效的网络营销工具。数字化降低了使用因特网的成本,21 世纪的当今社会,几乎所有的企业和许多个人用户都具有经济支付能力来加入上网者的行列,再加上因特网的易用性,使得因特网将数十亿的人们连接起来并创建了一个全新的营销环境,这便是网络营销。网络营销为营销者创造了新的商业机会和挑战。当然,网络营销需要营销信息传递的工具,只有借助于这些工具,网络营销才可以实现信息的发布、传递、与用户的交互,以及为实现销售营造有利的环境。

一、网络营销的基本工具

在现阶段的网络营销活动中,网络营销的常用工具包括企业网站、搜索引擎、电子邮件、网络实名/通用地址、即时信息、浏览器工具条等客户端专用软件、电子书、BLOG、RSS 等。

1. 企业网站

在所有的网络营销工具中,企业网站是最基本也是最重要的一种工具。企业网站相当于企业在网络上的名片,大部分信息和营销手段都是通过企业网站这个平台发布或实施的,可以说没有企业网站基本就无法进行正常的网络营销活动。企业网站大概可以分为三类:

(1)电子商务型。主要面向供应商、客户或者企业产品(服务)的消费群体,以提供某种直属于企业业务范围的服务或交易、或者为业务服务的服务或交易为主。

(2)多媒体广告型。这类网站主要面向客户或者企业产品(服务)的消费群体,以宣传企业的核心品牌形象或者主要产品(服务)为主。这种类型的网站无论从目的上还是实际表现手法上相对于普通网站而言更像一个平面广告或者电视广告,因此用“多媒体广告”来称呼这种类型的网站更贴切。

(3)产品展示型。这一类网站主要面向需求商,展示自己产品的详细情况,以及公司的实力。对产品的价格、生产、详细介绍等作最全面的介绍。这种类型的企业站点是展示自己产品的最直接有效的方式,在注重品牌和形象的同时也要重视产品的介绍。

在实际应用中,很多企业网站并不能单纯地归到某一种类型里,往往是一个网站的建站目标和表现方式涵盖了两种或者两种以上的类型。

2. 搜索引擎

搜索引擎是常用的互联网服务之一,它的基本功能是为用户查询信息提供方便。现在网络上常见的搜索引擎主要有全文索引引擎、目录索引、多元搜索引擎和垂直搜索引擎,除此以外还有一些非主流的搜索引擎,例如几何知识库搜索引擎、门户搜索引擎、免费链接列表等。搜索引擎的主要作用就是为了使顾客能够便利地访问目标网站而提供的一种便捷性工具。高效的站内搜索可以让顾客快速而准确地找到目标信息,从而更加有效地促进产品/服务的销售;另一方面,企业也可以通过对用户搜索行为的深度研究进一步探索用户需求,制定更为有效的网络营销策略。

3. 电子邮件

电子邮件又称电子邮件(Electronic Mail,简称 E-mail,标志:@,也被大家昵称为“伊妹儿”)电子信箱、电子邮政,它是一种用电子手段提供信息交换的通信方式,是互联网应用最广的服务。通过网络的电子邮件系统,用户可以用非常低廉的价格(不管发送到哪里,都只需负担电话费和网费即可),以非常快速的方式(几秒钟之内可以发送到世界上任何你指定的目的地),与世界上任何一个角落的网络用户联系。这些电子邮件可以是文字、图像、声音等各种方式。同时,用户可以得到大量免费的新闻、专题邮件,并实现轻松的信息搜索。现在电子邮件已经不单单是一种个人交流工具,其日益与企业经营活动密不可分,因此,E-mail 也成为有效的网络营销信息传递工具之一,在网络营销中具有极其重要的作用。但是我们强调的电子邮件营销工具使用的前提是“许可营销”,即要先获得潜在客户的许可,企业才可以向目标客户投放信息,否则会引发客户的不满,给企业带来负面影响。电子邮件营销与直邮广告、电话营销等直复营销方式比较,它的优势主要体现在:营销成本低、回应率高;可满足顾客个性化要求(这一点在许可式电子邮件营销中体现得尤为突出);反应迅速;可实现营销效果监测;具有相对保密性;针对性强,减少浪费。但它也存在着一些缺陷和问题,主要体现在:用户资料不好收集;营销定制化程度不够。这就要求企业采用各种措施搜集用户资料,例如增加网站访问量,提供以电子邮件方式发送的奖励,拓宽订阅渠道等方式。电子邮件在网络营销中的作用:展示企业品牌形象、在线客户服务、会员通信与电子刊物、电子邮件广告、网站推广、产品/服务推广、收集市场信息、在线市场调查等。现在比较常用的一些主要电子邮箱有微软睿邮(微软)、Hotmail mail(微软)、MSN mail(微软)、Gmail(谷歌)、Yahoo mail(雅虎)、QQ mail(腾讯)、FOXMAIL(腾讯)、163mail(网易)、126 邮箱(网易)、188 邮箱(网易)、139 邮箱(移动)、189 邮箱(电信)、梦网随心邮、新华邮箱、人民邮箱、中国网邮箱等。

4. 博客与 RSS

博客有些地方也称为网志或者网络日志。当博客以名词形式出现时,通常指在网络上发表博客文章的人或者文章内容;当博客作为动词时,则指写博客文章。现在博客不仅被用于发布个人的网络日志,也成为企业发布信息的工具,因而成为一种新型的网络营销工具。RSS 相对于博客来说,知名度会低很多,而且至今还没有一个非常贴切的中文词汇,也许以后无需中文名,大家都习惯于直接叫 RSS 了。RSS 之所以同博客一样会被认为是热门词汇的一个原因是,RSS 将要对互联网内容的浏览方式和信息传递方式产生巨大影响。RSS 是一种描述信息内容的格式,是目前使用最广泛的 XML 应用。RSS 搭建了信息迅速传播的一个技术平台,使得每个人都成为潜在的信息供应者,是网站用来和其他站点之间共享内容的一种建议方式。

5. 其他网络营销工具

其他网络营销工具还有论坛(BBS)、新闻组、网络广告等。

二、常见的网络推广方法

随着网络营销的发展,会有越来越多的网络营销工具应用到网络营销活动中来,这些工具本身的使用并没有多大的难度,我们需要考虑的是要让企业如何正确、有效、充分地利用这些工具为营销活动服务。

1. 博客推广

博客推广，即利用博客这种网络应用形式开展的一种推广方法。博客一般分为独立博客、第三方博客和行业博客3种。独立博客像名人博客这样，需要独立的域名和空间，独立管理的一种形式；第三方博客是大型门户网站提供一种附加服务，如新浪博客、百度空间、网易博客、腾讯空间等；行业博客是行业门户网站提供的博客服务，如一些财经类门户网站的博客。

2. 论坛推广

论坛推广，即以论坛为载体进行的各类推广活动。论坛推广首先要熟悉论坛的使用，目前主流的论坛开源程序为Discuz和PHPwind，这两种程序的市场占有率为80%以上，所以熟悉了这两种论坛程序的使用，也就基本熟悉了大部分论坛的使用。当熟悉论坛程序后，论坛常用的推广方法也就基本清楚了，如好友私信、空间留言、发帖邀请好友参与、帖子加分、帖子点评、论坛活动等。

3. 微博推广

微博推广，一种新兴的推广媒体，是网友快速获取信息的一种途径，同时也是商家用来信息传播和推广的工具。要相信，有人的地方，就会有营销存在。微博市场目前竞争还不是很激烈，正是切入的最佳时机。经过几轮的微博实战总结出一个道理，谁拥有更多的人脉谁就拥有更多的钱脉。

4. 网摘推广

网摘提供的是一种收藏、分类、排序、分享互联网信息资源的一种服务，主要使用它存储网址和相关信息列表，常见的有百度搜藏、QQ书签、新浪收藏夹等；一些订阅器也可以归结为此类，如抓虾、谷歌订阅器、QQ订阅器等。这种推广方式带来的访问量一般，但从SEO角度分析，对网站的优化有很大帮助。

5. 问答推广

问答推广，采用一问一答互动式的方法进行推广。主要有百度知道、腾讯问问、新浪爱问、天涯问答、淘宝打听等。通过这种推广方式获得的流量质量很高，基本上都是通过搜索相关关键词而来的意向用户，再加上专业的客服转化率应该非常不错。同时，这种方式也是做品牌推广的一种常用方式。

6. 分类信息推广

利用分类信息发布平台，对产品进行大量宣传的方法。知名的分类信息有：58同城、百姓、赶集等，这些分类信息平台，每天的访问量是非常惊人的，据不完全统计，这些分类信息平台每天会有将近2亿的访问量，本身就是一个信息及商品的发布平台，上面聚集着大量的准客户群体，也是商家不可错失的一块宝地。主要适合电子商务型的企业进行产品推广。

7. SNS社区推广

SNS，是一种社会性互联网应用，指人与人之间的关系网络。如人人网、开心网、朋友网等。SNS社区能让网友之间的距离更近，在推荐产品的时候更容易让网友接受，一般大部分这样的社区都采取了实名制。实名制让大家在心里感觉更真实、更可信，商家因此博得了受众的信任。

(1)软文推广。软文推广，是相对于硬广告而言的，一种不拘泥于形式的文字表达方式。常见的形式有很多种，比如我们天天看的报纸、新闻、杂志等就是新闻式的软文，还有悬念式、故事式、情感式、经验式、案例式、连载式、体验式的等等。从打造品牌效果上来看，连载式软文杀伤力还是比较强悍的；从客服角度出发，体验式软文的效果是最好的。

(2)SEO。SEO即搜索引擎优化，主要是将目标关键词做到搜索引擎首页的相关位置，获取大量流量的方法。这种方法最大的弊端是需要时间周期，一般1～3个月才会有产生效果，之后定期维护关键词排名就可以了。SEO属于一次性投资，终身受益的推广方法。

(3)口碑推广。口碑推广，是指企业通过朋友、亲戚的相互交流将自己的产品信息或者品牌传播开来。业内也将其称为“病毒推广”，口碑推广运用得好，会像“病毒”一样，一传十，十传百扩散开来，最终借助消费者的力量来获取更多的市场份额。这种推广方法最大的优势是宣传成本很低，可信度很高，但必须建立在产品的性价比很高的基础上。

(4)视频推广。视频推广主要是将自己的产品巧妙地融入到视频中，利用传播视频的方法进行推广，有硬广告和软广告之分。赤裸裸的企业宣传片就是硬广告；一些娱乐视频中间穿插的广告就属于软广告。“西单女孩”的走红，就得益于视频，视频推广也越来越多地受到了企业的重视。这种推广模式更多地应用于电子商务企业。

(5)电子书推广。借助电子书这种媒介和手段进行营销活动的一种推广形式。将自己的产品广告巧妙地融入到电子书中进行大范围的推广，这种推广方式比邮件推广更精准，比广告联盟更有效，比软文、活动等更具生命力。

(6)群发推广。群发推广，利用各类群发软件，对目标客户进行大批量发布广告信息、活动信息等。常见的群发推广包括邮件群发、QQ群发、旺旺群发、短消息群发等。群发是建立在其他推广方式基础上的，只是选择了工具代替了人，大大地提供了工作效率与工作量。群发要靠量取胜，讲究的是一个概率问题。

(7)网址导航推广。网址导航是一个集合较多网址，并按照一定条件进行分类的一种网址站。如国内著名的导航网站hao123，每天的访问量是惊人的，有资料说在上面做广告的人都要排队的，即使有资金也未必能购买到一个首页链接。当然，这种推广方法可以依据公司的实力来选择合适的导航站进行推广，如果导航站访问量很低的话，可以选择采取交换友情链接的形式互换。

第四节　网络营销策略

一、产品策略

(1)企业可以通过分析网上的消费者总体特征来确定最适合在网上销售的产品。要明确企业产品在网络上销售的费用要远远低于其他渠道的销售费用，像电脑软件等一些产品，在网上销售要比其他渠道方便得多，自然花费也就低得多，这样无形中降低了企业成本，提高了企业产品在市场上的竞争力。

(2)产品的市场涵盖面要广，而且目标国的电信业、信息技术要有一定的水平。目前，世界上180多个国家和地区开通了互联网，市场涵盖面较为宽广，这可以大幅度提高交易机会，为企业赢得更多的利润。

(3)企业应利用网络上与顾客直接交流的机会为顾客提供定制化产品服务，同时企业应及时了解消费者对企业产品的评价，以便改进和加快新产品研究与开发。另外企业在开展网络营销的同时，可以降低创新风险，减少开发费用。

二、价格策略

价格是网络营销中最为复杂和困难的问题之一,因为价格对于企业、消费者乃至中间商来说都是最为敏感的话题。网上销售可以使得单个消费者同时得到某种产品的多个甚至全部厂家的价格,以作出购买决策,这就决定了网上销售的价格弹性较大。

(1)由于网上价格随时会受到同行业竞争的冲击,所以企业可以开发一个自动调价系统,根据季节变动、市场供需情况、竞争产品价格变动以及促销活动等因素,在计算最大盈利基础上对实际价格进行调整,同时还可以开展市场调查,以及时获得有关信息来对价格进行调整。

(2)价格是网络营销中最为复杂和困难的问题之一,因为价格对于企业、消费者乃至中间商来说都是最为敏感的话题。因此,企业在制定网上销售价格时,应充分考虑检查各个环节的价格构成,以期作出最合理的价格。开发智慧型议价系统与消费者直接在网上协商价格,即两种立场(成本和价格)的价格策略直接对话,充分体现网络营销的整体特点。

(3)考虑到网上价格具有公开化的特点,消费者很容易全面掌握同类产品的不同价格,为了避免盲目价格竞争,企业可开诚布公地在价格目录上向消费者介绍本企业价格制定程序,并可将本产品性能价格指数与其他同类产品性能价格指数在网上进行比较,促使消费者作出购买决策。

三、促销策略

(1)网络广告是目前较为普遍的促销方式。网络广告不像其他传统广告那样大面积的播送("推"),而是由消费者自身去选择("拉")。网络的强大功能几乎囊括了所有的媒体广告的优势。企业在做广告策划时,应充分发挥网络的多媒体声光功能、三维动画等特性,诱导消费者作出购买决策,并达到尽可能地开发潜在市场的目标。

(2)利用网络聊天的功能开展消费者联谊活动或在线产品展销活动和推广活动。这是一种调动消费者情感因素,促进情感消费的方式。在这方面成功的典型是在线书店 AMAZON,在网站下开设聊天区以吸引读者,使其年销售额达到34%的递增,其中有44%是回头客,早在1996年其销售额就突破了1 700万美元,充分展示了网上促销的魅力。

(3)与非竞争性的厂商进行线上促销联盟,通过相互线上资料库联网,增加与潜在消费者接触的机会,这样一方面不会使本企业产品受到冲击,另一方面又拓宽了产品的消费层面。将网络文化与产品广告相融合,借助网络文化的特点来吸引消费者。如将产品广告融于网络游戏中,使网络使用者在潜移默化中接受了促销活动。通过组建用户俱乐部可吸引大批的网友来交流意见,也可以实现网络文化传播的作用。

四、渠道策略

(1)结合相关产业的公司,共同在网络上设点销售系列产品。采用这种方式可增加消费者的上网意愿和消费动机,同时也为消费者提供了较大的便利,增加了渠道吸引力。

(2)在企业网站上设立虚拟店铺,通过三维多媒体设计,形成网上优良的购物环境,并可进行各种新奇的、个性化的,随一定时期、季节、促销活动、消费者类型变化而变化的店面布置以吸引更多的消费者进入虚拟商店购物。虚拟橱窗可24小时营业,服务全球顾客,并可设虚拟售货员或网上导购员回答专业性问题,这一优势是一般商店所不能比拟的。

(3)消费者在决定购买后,可直接利用电子邮件进行线上购物,也可通过划拨电汇付款,由企业通过邮局邮寄或送货上门进行货物交割。现在网络并不十分发达,尤其是网上付款安全性问题并没有彻底解决,这种"网上交易,网下付款"将会持续一段时间,但随着网络技术的日新月异,网上交易必将会愈来愈完善。

第五节　网络营销的策划原则及成功要素分析

一、网络营销的策划原则

1. 系统性原则

网络营销是以网络为工具的系统性的企业经营活动,它是在网络环境下对市场营销的信息流、商流、制造流、物流、资金流和服务流进行管理的。因此,网络营销方案的策划,是一项复杂的系统工程。策划人员必须以系统论为指导,对企业网络营销活动的各种要素进行整合和优化,使"六流"皆备,相得益彰。

2. 创新性原则

网络为顾客对不同企业的产品和服务所带来的效用和价值进行比较带来了极大的便利。在个性化消费需求日益明显的网络营销环境中,通过创新,创造与顾客的个性化需求相适应的产品特色和服务特色,是提高效用和价值的关键。特别的奉献才能换来特别的回报。创新带来特色,特色不仅意味着与众不同,而且意味着额外的价值。在网络营销方案的策划过程中,必须在深入了解网络营销环境尤其是顾客需求和竞争者动向的基础上,努力营造旨在增加顾客价值和效用,为顾客所欢迎的产品特色和服务特色。

3. 操作性原则

网络营销策划的第一个结果是形成网络营销方案。网络营销方案必须具有可操作性,否则毫无价值可言。这种可操作性,表现为在网络营销方案中,策划者根据企业网络营销的目标和环境条件,就企业在未来的网络营销活动中做什么、何时做、何地做、何人做、如何做的问题进行了周密的部署、详细的阐述和具体的安排。也就是说,网络营销方案是一系列具体的、明确的、直接的、相互联系的行动计划和指令,一旦付诸实施,企业的每一个部门、每一个员工都能明确自己的目标、任务、责任以及完成任务的途径和方法,并懂得如何与其他部门或员工相互协作。

4. 经济性原则

网络营销策划必须以经济效益为核心。网络营销策划不仅本身消耗一定的资源,而且通过网络营销方案的实施,可改变企业经营资源的配置状态和利用效率。网络营销策划的经济效益,是策划所带来的经济收益与策划和方案实施成本之间的比率。成功的网络营销策划,应当是在策划和方案实施成本既定的情况下取得最大的经济收益,或花费最小的策划和方案实施成本取得目标经济收益。

5. 协同性原则

网络营销策划应该是各种营销手段的应用,而不是方法的孤立使用。诸如论坛、博客、社区、网媒等资源要协同应用才能真正达到网络营销的效果。

二、网络营销的成功要素

1. 考察市场,找到正确的切入点

网络营销不是单纯地通过在网络上发布广告这么简单,更多的是要将自己的企业或者产品抑或是网站通过网络这个大环境,植入到相应的市场之中。而如何植入就成了关键要素,要想找到正确的植入方法,就要充分了解当前市场的变化和趋势。顺势而为的网络营销,往往能够做到事半功倍;而逆势而为,就可能导致满盘皆输,所以说,考察市场是做好网络营销的第一步。

2. 突出重点,拥有自己的拳头产品

很多企业或者网站在网络营销时只注重全方位的营销,缺乏清晰的重点,没有形成独特的优势以和竞争对手相区隔,最终很容易被竞争对手突破,导致营销效果不理想。很多人在网络营销时,或是为了提升网络的流量,或是为了提升产品的销量,看起来似乎是正确的营销,但却因为所要营销的产品根本在市场上就没有竞争优势,以致消费者即使通过你的营销购买了你的产品,也会因为别人的更具竞争力的优势而在以后不再选择你,所以要懂得利用自己的核心优势来进行营销。

3. 明确目标人群,增强营销的针对性

很多企业或者网站网络营销的热情很足,喜欢大范围地进行广告投放,可是最终的效果却不理想,导致广告的投入产出比极低。其实,造成这个现象的根本原因就是营销针对的目标人群不明确,没有把营销的重点放在这些目标人群里,相应的营销投资就会变得非常分散,形成不了集中优势的营销法则!所以在网络营销之前,一定要结合自己的企业和网站定位来定位自己的目标人群,然后再有针对性地进行营销就能够起到事半功倍的作用了。

4. 换位思考,与目标人群互动

当找到重点营销人群后,不是简单地向他们宣传自己网站或者企业的优势,而是要懂得换位思考,让自己站在用户的角度来进行互动,让他们能够感受到营销的真诚,而不是一味地吹嘘自己。要认真服务好他们,以服务带动营销,以营销进一步开拓服务人群,从而获得更多忠诚的用户,要想实现这一点,那就是要真正和目标用户互动起来。

第六节　网络营销方案的基本模板

策划网络营销方案是为达到一定的营销目标而制订的综合性的、具体的、可操作的网络营销策略和活动计划。一份完整的以网站为基本网络营销平台的网络营销策划方案必须包括以下几个基本要素:网站诊断分析、网站优化、综合网络推广、网络营销培训、收费形式、经典案例、联系我们等七大模块。

一、网络营销策划分层

1. 信息应用层策划

这是最简单、最基本的一层。在这个层次上,企业主要通过利用 Internet 来发布信息,并充分利用网络优势,与外界进行双向沟通。在这个应用层中,不需要企业对信息技术有太高的要求,只是最基本的使用。比如:通过发 E-mail 与消费者进行沟通、交流,定期给客户发各种产品信息邮件、产品推荐邮件、电子刊物等,加强与顾客的联系;建立企业主页,将一些有关企业及其产品、服务的介绍放在上面,辅之精美的图文,供访问者浏览;通过专用数据专线上网。

2. 战术营销层策划

(1)网络营销调研。利用 Internet 在线调研可以轻松地完成大量复杂的调研工作,能够充分满足各种统计数据的要求,提高营销调研的质量。由于其使用电子问卷,从而大大减少了数据输入工作,缩短了调研时间。

(2)网上销售。这是目前网络营销最具诱惑力的地方之一。数以千计的企业在网上安营扎寨,销售产品种类繁多。而实际中,这个企业也许仅仅就是一台电脑,没有厂房,没有员工,没有办公大楼。他们是网上的"虚拟巨商",却又是如此的真实。网上销售与传统商业销售的实物流程相分离,是一种信息时代的营销手段。

(3)营销战术系统。主要包括一些用于管理库存的子系统,用于宣传产品、链接网站的子系统及用于答复用户意见、反馈信息的子系统。决策者们利用网上的这一系统分析工具,进行着各种各样的决策活动。

3. 战略营销层策划

这个层次是建立在战术营销层基础上,将整个企业营销组织、营销计划、营销理念等完全融入网络,依靠网络指定方针,开展战略部署,实现战略转移,缔结战略同盟等战略决策。

二、网络营销策划应注意的要素

1. 倾听客户

网络营销策划服务的基本出发点是为了满足顾客需求,它们的站点设计的共同特点之一就是便于顾客使用,这使顾客能够直接给企业反馈信息。顾客们能告诉企业何种产品何时是适应市场需求的,或他们要求产品做哪些具体的改进等。很多企业发现顾客直接反馈系统能激发工作人员最好的思想,促使质量的提高。供应商、零售商、顾客应是整个营销过程的重要参与角色,由此可形成一个互动的系统。

2. 循序渐进

应将每一种服务和产品都视为一个多步骤、循序渐进的过程,而不是一蹴而就的事。这要求每天都要对站点进行不断的改进,比如更换图形、修补破损的链接,改正拼写错误等。从这些小事做起,使站点精益求精。由此,顾客也会赞赏企业所做的这些持续的努力。

3. 关注变化

企业设立站点的最初原因就是要减少电话服务。但现在顾客仍然可能会打电话,就一个技术细节或比较棘手的问题求助技术服务部门。顾客经过吸取网络站点的信息,对服务的要求与以前相比已大大地不同了——他们对产品的知识基础、信息需求的水平都大大提高了。公司为了适应这种需求的增长,无疑也应不断地积累、增长自身的知识。

4. 保持灵活性

网络媒体允许企业不断地完善和扩展其内容,可以一步一步地扩展,而不必也不可能一下子就尽善尽美,有很大的灵活性。

5. 建立应急支持系统

应将开发、运送、培训的部门都包括到网络顾客服务支持小组中来。如果他们都不知道网络服务是怎样运用的,就无法通过网络工具帮助顾客。同时还要考虑到某种灾难性事件发生的可能性:如果每天有10 000个顾客利用站点要获得帮助,可是有一天系统突然出现故障,怎么办?所有企业都要保证有一个应急的支持系统,支持在线数据库分析系统或其他解决问题的方法。

6. 先知先行

随着科学技术的发展、网民数量的激增,网络在人们的日常生活中扮演着越来越重要的角色;同时,网络营销推广也凭借其诸多优点正在逐渐成为最重要、最有效的营销推广方式。据网络策划人段中洋统计,在国外,80%的个人和企业都选择网络媒介进行营销推广,并从中获得了极好的效果。而在中国,虽然选择"网络营销"的人只有7%~8%,不到国外的十分之一,但仅仅在这选择了网络营销的"十分之一"中,都有多半的公司、个人因为网络营销的强大力量,得以在与对手的竞争中崭露头角、赢得商机。随着网络影响的进一步扩大,随着人们对于网络营销理解的进一步加深,以及越来越多出现的网络营销推广的成功案例,人们已经开始意识到网络营销的诸多优点并越来越多地通过网络进行营销推广。

三、网站评估指标体系

1. 网站硬性指标

您的网站是否能够让客户很轻松、方便地登录和记住,包括域名种类分布、域名品牌一致、网站语言版本、域名解析时间、请求响应时间、主机连接时间、下载时间、HTML综合质量、图片综合质量、首页布局质量、首页信息类型等。

2. 网站推广指标

您的网站推广是否能让更多的客户与您往来,包括搜索引擎排名、网站知名度、推广方案设计、网络广告设计等。

3. 网站服务指标

客户是否愿意与您往来,包括您的回应时间、目标客户、客户区、联系层次、联系细分、FAQ、帮助导航、网站地图、服务流程、帮助是否全面、产品分类、产品描述、产品图片、价格建议等。

4. 网站互动指标

您与客户的互动效果如何,包括客户回应、解决时间、认真程度、产品了解、准确程度、客户社区、客户鉴别、客户忠诚度、深化服务、兴趣调查、需求调查等。

习题

1. 简述网络营销的概念及主要特征。
2. 比较网络营销与传统营销的异同。
3. 介绍网络营销的基本方法及常见的推广方法。
4. 网络营销策划应注意哪些要素?
5. 描述一下网络营销方案的基本模板。

案例学习及讨论

案例1　轰动全球的经典事件营销:世界上最好的工作

一、澳大利亚昆士兰州旅游局策划"世界上最好的工作"

全球金融危机爆发,大部分的企业因为受到冲击而纷纷采取裁员减薪等方法以度过危机。在经济危机的时候企业还有其他什么办法冲出重围吗?澳大利亚昆士兰州旅游局的这个经典的事件营销给了我们出人意料的答案。

2009年1月份,澳大利亚昆士兰州旅游局的一份招聘岛屿看护员的广告吸引了全世界的目光。该广告号称将面向全球提供一个"世界上最好的工作",这份工作的内容比较简单,但是提供的待遇和福利却非常的吸引人,半年的年薪高达15万澳元(约75万元人民币)。接下来的几个月里,这个招聘活动赚足了全世界的眼球,2009年6月30日,我们在百度输入"世界上最好的工作",搜索结果达到了100万篇,而用Google搜索同一关键词的结果则高达1 720万条查询结果之多!"世界上最好的工作"引爆了一颗"旅游策划的原子弹",超过200多个国家和地区的34 000多人来参加应聘,英国广播公司、日本NHK电视台等世界多家著名媒体也相继追踪报道海选过程。

二、"世界上最好的工作"招聘广告

(一)"世界上最好的工作"招聘广告内容

招聘职位:昆士兰州哈密尔顿岛看护员

工作时间:2009年7月1日至12月31日

工作内容:清洁鱼池,喂鱼;收发信件;发表文章及上传照片、视频;接受媒体采访;巡游水域内其他岛屿等。

职位薪酬:15万澳元/半年(约75万元人民币)

福利待遇:豪华住宿,工作地及申请人居住城市之间的往返机票、工作期间的保险、工作产生的交通等其他费用。

申请条件:年满18周岁,英语沟通良好,热爱大自然,会游泳,勇于冒险尝试新事物。

招募过程:招募活动2009年1月中旬起,申请人先上网填写申请表,上传自制60秒英文短片,说明申请理由。2月22日申请截止,然后初选出50名候选者。昆士兰旅游局再联同国际市场的代表挑选出10位最佳人选,再加上1位由招募网站访客投票选出的"外卡"候选人。5月初,入选的11人将前往群岛上面试,最后选择1人成为哈密尔顿岛看护员。

（二）世界上最好的工作是怎样炼成的

一个成功的事件营销要首先符合法律和道德规则，更要容易引起受众共鸣，容易参与及容易传播。从这一点上看，澳大利亚昆士兰州旅游局的这一事件营销策划毫无疑问是非常成功的。那么，“世界上最好的工作”究竟是如何运作成功的呢？根据相关研究人士的分析研究，一致认为以下几点是其成功的关键：

第一，充分利用了“金融危机”的大背景。在全球都充斥着裁员、减薪的大环境下，能提供一份“世界上最好的工作”当然能吸引无数人的眼球。

第二，做了大量细致的准备工作。一项涉及数万人的全球海选活动，在操作上面临各种风险。事实上，昆士兰州旅游局把每个细节都算得很精，这确保了活动的圆满成功。根据相关报道，昆士兰州旅游局为了筹备这一活动，足足筹备了3年的时间，做了最充分的准备。同时，他们在细节方面也非常的到位。

第三，“海选”模式。如此待遇丰厚的工作，按理应有很高的门槛。但昆士兰旅游局却偏偏采取了“宽进严出”的政策。没有学历要求，没有太多年龄限制，更没有性别和国籍要求。

第四，采多元化的互动式传播。除了传统的平面、电波媒体外，互联网媒体被一次又一次利用。昆士兰旅游局在海选活动中有一个硬性规定：“申请者必须制作一个英文求职视频，介绍自己为何是该职位的最佳人选，内容不可多于60秒，并将视频和一份需简单填写的申请表上传至活动官方网站。”最后，绝大多数申请者都借助 YouTube 提交自己的求职视频。

第五，善于造势。昆士兰旅游局“世界上最好的工作”活动的时间拉得很长，从2009年1月9日接受申请，到2010年1月护岛人结束工作合同，将近1年。通过精心设置活动议程，不断造势吸引眼球。

资料来源：

刘兴发，《决胜网络营销》，人民邮电出版社出版，2010年版。

讨论题：

1.“世界上最好的工作”究竟是如何运作成功的呢？

2. 结合本案例，分析如何策划和定位一个网络项目？

3. 结合当前，简要描述当前我国的网络营销发展现状与趋势？

案例2　QQ推广：可口可乐火炬在线传递病毒营销

一、“火炬在线传递，可口可乐荣誉呈献”大型宣传活动简介

2008年3月24日，举世关注的北京奥运圣火在雅典古奥林匹亚遗址点燃。与此同时，可口可乐公司也通过QQ在网络上发起了一个名为“火炬在线传递，可口可乐荣誉呈献”的大型宣传活动。

在这个活动开始前，可口可乐通过网站招募了8 888名第一棒火炬在线传递大使。活动开始以后，就以这8 888名传递大使作为8 888条路线的起始点开始推进，所有QQ用户都可以参与到活动中来。

活动的办法是，所有成功邀请好友参加活动的第一棒火炬在线传递大使均能获得由可口可乐提供的专享奖品，而其他参与用户的QQ则拥有点亮的火炬图标和获赠的QQ秀胜

利徽章。这些成为“火炬大使”或“火炬手”的用户，在其QQ好友面板个人头像处都能获得一枚未点亮的图标，图标在2008年5月4日之前为“徽章”样式，之后为“火炬”样式。当鼠标停留在这个“徽章”上时，则将出现一个小页面，展示用户所参与的“火炬在线传递”路线的火炬状态，包括参与人数、目前所处的区域等，当然，这个页面链接的是可口可乐的奥运营销网站。截至活动结束，已经有超过6 200多万的QQ用户参与了这一活动。通过QQ强大的即时通信用户平台，可口可乐成功实现了在较短时间内用户深度参与的品牌营销传播。

可口可乐的这个奥运火炬在线传递营销活动，是基于QQ软件这样一个有着巨大影响力的独特的载体构建的。在这个活动中，通过QQ用户之间的在线火炬传递，使在线火炬传递活动以“野火燎原”之势在神州大地蔓延。该活动前期没有进行任何宣传，最初只邀请了8 888名QQ用户作为在线火炬传递活动的第一棒火炬手，而最后却成功的让六千万人参与了其中，其病毒式营销的威力可见一斑。

可口可乐除了与腾讯联合发起在线火炬传递活动，还与搜狐共同开展了“圣火到我家”活动，把在线火炬传递与现实中的火炬传递结合起来。“圣火到我家”是可口可乐和搜狐联合运作的一个迎接奥运圣火的大众互动平台。用户可以拥有自己的圣火空间，还可以在全国各地的三维城市地图中发表文章、贴图片，展示自己家乡的风土人情、趣闻异事。消费者通过结识更多来自全国各地的朋友，在与大家一起分享奥运激情的同时也能有机会获得大奖。“圣火到我家”以奥运火炬境内传递路线为切入点，通过网络平台，实现了可口可乐火炬营销的线上线下互动整合。通过“在线火炬传递”活动和“圣火到我家”活动，可口可乐把“奥运火炬传递”这一社会热点事件的运用发挥到了极致，成功地运用技术及通路带来的可能性，以邀请代替灌输，以互动代替单向沟通，创造了消费者与品牌间的价值交流，并且运用这种交流带来的新平等关系与消费者交心，进而达到预设的营销目的。

同时，可口可乐通过构建互动参与平台，提供独特的参与价值，实现了受众的品牌营销传播活动卷入。可口可乐通过一场轰轰烈烈的在线火炬传递活动，不论是从受众参与传播角度，还是品牌蔓延扩散角度去考量，都是一次成功的营销活动。可口可乐成功地利用社会热点和受众的关注点，巧妙地实现了“受众参与体验，品牌蔓延扩散”的目的，其营销活动无处不在的公众参与性，正好与奥林匹克运动的品牌精神，与其乐观奔放、积极向上的核心品牌价值对应起来，使奥运精神、品牌内涵和消费者连成了统一的整体。

二、关于“病毒式营销”

(一)“病毒式营销”的概念

“病毒式营销”无疑是要像病毒传播那样，用指数级别的传播速度来传播信息。病毒营销和口碑传播的实质是一样的，都是想达到迅速、高美誉度的传播效果。但是病毒营销更多是站在企业一方的角度，它强调的是广告主来提供一个可以被人们广泛传递的病毒源，然后开始迅速扩张、膨胀；而口碑传播则是由于消费者自身的自觉行为，他们发现了产品或者服务的极大优点，急切地想把自己的新发现跟别人分享，是站在消费者角度来定义的一个概念。

(二)“病毒式营销”的主要特征

1. 主动传播。传统的传播往往是客户被动地接受信息，可以简单称之为干扰式传播。而在“病毒营销”中，受众被动地接受信息后会主动地传播出去。

2. 传播快而广。信息像病毒一样传播和扩散，利用快速复制的方式传向数以千计、数以百万计的受众。

3. 成本低廉。制造一个病毒其实很简单，只要是人们感兴趣的话题，都可以创意发挥，当然幽默和惊喜是不可或缺的。

（三）"病毒式营销"的六要素

1. 提供有价值的产品或服务。

2. 提供无需努力地向他人传递信息的方式。

3. 信息传递范围很容易从小向大范围扩散。

4. 利用公共的积极性和行为。

5. 利用现有的通信网络。

6. 利用别人的资源。

资料来源：

1. 刘兴发，《决胜网络营销》，人民邮电出版社出版，2010 年版。

2. 王蕊婷，《从"可口可乐火炬在线传递"看病毒式营销》，摘自合作经济与科技，2009 年第 13 期。

3. 徐孟晓，王旭，《病毒营销传播渠道研究》，摘自《云南财经大学学报（社会科学版）》，2009 年第 1 期。

4.《全面解析病毒营销的传播渠道》，http://www.ebrun.com/online_marketing/

5. 张瑞，《病毒营销：可口可乐火炬在线传递》，摘自 IT 商网，http://www.seo.cn/

讨论题：

1. 可口可乐是如何抓住时机，进行网络营销的？

2. 谈谈可口可乐是如何整合网络推广工具的？请结合本案简要分析。

3. 搜索一下国内近年来成功的病毒营销案例并加以分析。

4. 结合本案例，分析如何策划一个网络营销项目？

案例 3　比萨的创意推广："It's Your Day"

2011 年，美国传出了一个特殊的在线营销案例，这个案例出现在一个很小间很小间的位于爱德华州的比萨店，叫"Flying Pie"。它的官方网站破破烂烂，充满大大小小花色的字体，眼花缭乱，完全不知道该如何使用。可是它竟然能推出很有趣的在线营销方案，已经默默地推行了好几年，让该城里的每个人都默默地知道了，你相信吗？

Flying Pie 这个极成功的在线营销方案叫"It's Your Day"，它以自身的经历证明不必做太多网站内容，也可以利用网络达到传播的效应。每天，Flying Pie 都会喊出一个"名字"，譬如 2 月 16 日是"Ross"，2 月 19 日则是"Joey"，2 月 20 日是"Tamarra"。他们邀请五位名叫这个名字的幸运民众，让他们在当天下午 2 点到 4 点或晚上 8 点到 10 点这两个比萨店比较空闲的时间，来到他们宽敞的厨房，制作他们自己免费的 10 吋比萨，还拍一张照片发上网。

接下来，Flying Pie 在他们的网站上，每周公布新一周的名字，"请常常回来看这个列表。如果你看到你朋友的名字，欢迎告诉他，然后叫他过来！"一位曾来参加的幸运顾客叫 Kendra，她的老板每周都会 check 此网站一次，有一天就告诉她，"Kendra 日"来了，赶快去吧。

新的名字又怎么选？Flying Pie 会请每个来参加过的人提供名字，并且投票，他们会把这个票数当参考决定下一周的幸运名字。这样的做法是希望这些参加者想想他们还有哪些朋友会过来,甚至让参加者回报当初介绍他来参加的那个看到网站的人。一个同事或朋友告诉你,你的名字在上面,你就过来了。接下来,你再告诉他们你的朋友可能叫什么名字,他们知道你也会回来这个网站,回来以后看到自己朋友的名字也去找来这个朋友,这样一来,这个族群会继续地往外联结、继续地往外联结。这些新客户彼此之间是像肉粽一样地串在一起的,一个连一个下去。

更有趣的是,美国的 Practical eCommerce 专栏作家还将这个案例实地调查了一下。这位作者当初是从他的朋友知道 Flying Pie 比萨店的,他先收到一封信,通知他这家比萨店将在几月几日办"Armando 日",这个作者的名字正是"Armando"。这位作者先是非常讶异这家比萨店的存在,还打电话给寄信给他的朋友,这位朋友说她吃过这家比萨,还不错,而且还承认她每天会去检查还有哪些新名字,每天的名字都会让她想起某几位这个名字的朋友,她每天也养成习惯会寄信给这些朋友,通知他们"Flying Pie 提到你的名字啰!"。

专栏作家还说,他问了这么多人,竟然找不到一个人真的有得到那个免费的比萨过的。换句话说,看起来 Flying Pie 每天只让五个人来参加免费比萨活动,其实大家都忙,真的来的不多;就算这些人不来,其实也无损这些人们四处帮忙传播"Flying Pie"在办"Armando 日"的消息。

Flying Pie 实在是一则非常棒的营销案例,效果如此之好,其构思却又出奇地简单。撇去花哨的形式,追求实实在在的营销成效,即便是破破烂烂的网站也无妨。Flying Pie 的"It's Your Day"其精妙之处在于将目标客户群体织成了一支网,让朋友告诉朋友,让客户带着客户来。

其一,大多数比萨店常常举办折扣促销与礼品赠送,投入不小,却早已不再稀奇,引不起客户的兴趣,而 Flying Pie 每天邀请五名幸运客户来店里亲手制作一份比萨,让他们体会参与的快乐,还拍照上网跟其他人分享,让他们感受他人羡慕的目光,自然更受欢迎。或许可以称为"体验式营销"。

其二,"It's Your Day",以名字作为挑选幸运客户的标准,既让被选中的人感到温暖与亲切,也让其他未被选中的人翘首期待,从而将几乎所有的人都一网打尽。其实,人们并不一定真的要去领免费的比萨,但他们依然会为自己被选为幸运客户,并被大家所知晓,而感到兴奋。它已然成了朋友间闲来谈论的话题,成为大家共同的语言,达到"口碑营销"的效果。

其三,Flying Pie 并未在家自顾自地选择幸运客户,也没有为了所谓的"公正、公平、公开"而随机选取,而是让已被选中的幸运客户来提供自己朋友的名字,经由投票选出。最终,Flying Pie 所赢得不再是最初的某个人,而是他背后的整个朋友圈子,由一而二,由二而三,"像肉粽一样地串在一起的,一个连一个下去"。

资料来源:

广州聚我网络营销顾问机构,http://www.juwood.com/

讨论题:

1. 案例中,店主主要通过什么方式进行市场推广,提高知名度的?

2. 什么是"体验式营销"? 在案例中,客户又是如何参与体验的?

3. 除了案例中已有的方式,你是否还有更好的网络推广方式?

参 考 文 献

[1]刘燕. 汽车行业营销渠道变革的新思路[J]. 汽车工业研究,2008(8):32－34.
[2]朴世镇. 文化营销的战略及模式探究[J]. 商业时代,2007(8):27－28.
[3]董碧松,张超. 中国汽车营销渠道研究[J]. 中国商贸,2009(15):10－11.
[4]苏立宁. 企业文化营销的特征分析[J]. 安徽工业大学学报:社会科学版,2005(5):72－73.
[5]栾淑梅. 房地产市场营销实务[M]. 北京:机械工业出版社,2010.
[6]贾昌荣. 汽车营销的“八大趋势”[J]. 中国机电工业,2011(3):82－84.
[7]游丽颖. 不走寻常路——汽车企业如何玩转“文化营销”[J]. 中国汽车界,2010(14):98－100.
[8]苏朝晖. 航空公司的市场营销策略[J]. 中国市场,2005(6):46－47.
[9]梁琳娜. 基于消费者需求变化的企业文化营销研究[J]. 经济论坛,2009(9):116－118.
[10]卢良志,吴江. 旅游策划学[M]. 北京:旅游教育出版社,2009.
[11]薛文谦,叶斐. 国外汽车营销的成功做法及其借鉴[J]. 经济研究参考,2007(41):34－38.
[12]郑利霞,孟保佐,翁伟. 基于培养客户忠诚度的汽车营销策略[J]. 职业时空,2011(4):28－29.
[13]王君磊,王兆凯. 低碳经济下汽车营销策略研究[J]. 价值工程,2010(13):17－18.
[14]马东杰,杜保义. 色彩营销在汽车营销中的应用[J]. 上海汽车,2011(7):57－59.
[15]林振生. 我国汽车营销模式探讨[J]. 现代商贸工业,2011(16):3－4.
[16]韩顺平. 浅谈市场营销理论的演进[J]. 江苏企业管理,2002(2):41－42.
[17]郭庆然. 我国网络营销发展中存在的问题及对策研究[J]. 江苏商论,2006(11):42－43.
[18]孔伟成,陈水芬. 网络营销[M]. 北京:高等教育出版社,2002.
[19]沈美莉,陈孟建. 网络营销与策划[M]. 北京:人民邮电出版社,2007.
[20]龚丽敏. 基于STV三角模型的奢侈品营销策略研究——以CL高尔夫俱乐部为例[J]. 西北农林科技大学学报:社会科学版,2008(6):77－80.
[21]李长江,汪艳霞. 浅析奢侈品的营销策略[J]. 商业时代,2006(26):32－33.
[22]许中伟,卢司正. 浅析中国奢侈品消费行为及营销特征[J]. 当代经济,2008(6):56－57.
[23]王平聪,田茂东. 中国奢侈品消费市场营销策略探析[J]. 合作经济与科技,2008(22):104－105.
[24]李小川. 快速消费品品牌传播研究[D]. 昆明:云南财经大学,2008.
[25]董云展. 快速消费品营销渠道的构建方法[J]. 企业活力,2004(5):32－33.
[26]包圣涛. 基于体验经济下我国零售业体验营销策略研究[J]. 现代经济信息,2009(17):9－10.

[27]李广.论我国零售业的发展现状及对策[J].现代商贸工业,2008(7):84-85.
[28]王景信.快速消费品营销策略的有效运用[J].科技致富向导,2011(3):30-32.
[29]部慧.零售业市场营销策略应用分析[J].煤矿现代化,2010(3):127-128.
[30](美)凯琳(Kerin R).战略营销:教程与案例[M].大连:东北财经大学出版社,2000.
[31]耿建华,王霞,谢钧,等.通用航空概论[M].北京:航空工业出版社,2007.
[32]菲利普·科特勒,凯文·莱恩·凯勒.营销管理(第13版·中国版)[M].卢泰宏,高辉,译.北京:中国人民大学出版社,2009.
[33]谢彦君.基础旅游学[M].北京:中国旅游出版社,2006.
[34]李天元.市场定位还是形象定位——旅游企业市场营销中的定位问题[J].旅游学刊,2001(2):57-59.
[35]李庆雷.旅游创意策划初步研究[J].乐山师范学院学报,2011(1):74-77.
[36]苏坤.奢侈品营销十大攻略助你角力黄金产业[J].现代营销:经营版,2008(5):40-41.
[37]韩进军,罗立.消费品牌传播[M].北京:北京大学出版社,2007.
[38]葛光明.医药市场营销学[M].北京:中国医药科技出版社,1997.
[39]刘晶夫,安祥林,方芳.医药市场营销的特点及其策略[J].牡丹江医学院学报,2005(2):84-87.
[40]史刚.我国农产品企业品牌运营中的误区[J].企业技术开发,2009(9):102-104.
[41]张世昕.传媒产业的经济特征浅析[J].宏观经济管理,2005(7):46-47.
[42]赵晓飞,田野.我国农产品流通渠道模式创新研究[J].商业经济与管理,2009(2):16-22.
[43]周修亭,陈大志.打造农产品高端品牌的策略[J].蔬菜,2009(11):39-41.
[44]杨宗锦.我国农产品营销渠道优化研究[D].湘潭:湘潭大学,2006.
[45]林晖."双重转型"态势下中国传媒业发展战略[J].新闻记者,2009(9):22-26.
[46]楼红平.基于顾客忠诚的营销管理——以航空公司的常客计划为例[J].商场现代化,2007(6):192-193.
[47]刘雯娟.基于社区的媒体营销模式研究[D].长沙:中南大学,2009.
[48]江南春.2006我的进步 传媒机会九个关键词[J].竞争力,2007(1):34.
[49]方英,张东红.提升中国传媒业的国际竞争力[J].经济师,2006(4):193,195.
[50]李东东.以创新精神迎接传媒业的美好未来[J].青年记者,2007(19):20-21.
[51]程东.我国汽车市场STP营销战略简析[DB/OL].百度空间,[2008-11-13].http://hi.baidu.com/wochdo/blog/.
[52]灵创农业智业策划机构.如何做好农产品的品牌运营[DB/OL].第一农业网,[2011-02-25].http://www.nongye1.com/.
[53]魏建波.21种常见的网络推广方法(一)、(二)、(三)[DB/OL].SEO研究中心,[2012-03-16].http://www.moonseo.net/.
[54]刘建湖,紫石.关于奢侈品经济概念的研究[J].商业时代,2009(24):13-16.
[55]冯秀荣,王斌.关于奢侈品概念及其功能的思考[J].北京机械工业学院学报,2007(3):70-73.
[56]苏广文,韩笑.一个新的营销概念:奢侈品牌[J].商场现代化,2006(12):104-105.

[57]张佳."高端概念"的现代奢侈品商业平台设计——体验PRADA纽约旗舰店[J].商场现代化,2008(34):23-24.
[58]吴珂.快速消费品营销中的中国元素视觉表现[J].文艺生活(艺术中国),2012(1):130-131.
[59]于兆轩.生活方式营销的应用研究——以房地产住宅市场为例[J].商品与质量,2011(3):20-21.
[60]韩结.浅析国家宏观调控下房地产市场营销策略[J].现代经济信息,2011(4):12,14.
[61]田容.快速消费品行业营销渠道研究[J].东方企业文化,2011(14):282.
[62]魏新政,康鹏飞.论快速消费品的营销渠道与管理[J].中国商贸,2011(34):96-97,114.
[63]康浩.浅谈我国房地产市场中的绿色营销[J].长春师范学院学报,2012(2):15-17.